곽선희 목사 설교집
56

한 지성인의 고민

곽선희 지음

계몽문화사

머 리 말

'복음은 들음에서'—이는 진리이며 우리의 경험입니다. 하나님께서 우리에게 주신 복 가운데 가장 큰 복은 말씀을 주신 것입니다. '말씀이 육신을 입어서 오신 것'입니다. 말씀을 주셨고 들을 수 있게 하셨고 마음문을 열고 받아 믿게 하신 것, 참 놀라운 은혜입니다.

말씀은 단순한 지식이 아닙니다. 추상적인 이론이 아닙니다. 말씀은 선포되는 하나님의 계시적 능력인 것입니다. 말씀의 권능, 그 능력을 알고 체험하면서 비로소 '말씀 안에서 태어나는 생명적 기적'이 나타나게 됩니다. 오늘도 그 말씀이 증거되고 새롭게 선포되고 있습니다. 설교가 곧 말씀입니다. 성령의 역사와 함께 끊임없이 이루어지는 생명의 역사입니다. 이 선포되는 말씀, 증거되는 진리를 통하여 구원의 능력은 항상 새로워집니다. 말씀 안에서 새 생명이 탄생하고 말씀 안에서 영혼이 소생하며, 그 큰 능력 안에서 우리는 강건해집니다. 우상을 이기는 능력의 사람으로 성장해가는 신비롭고 놀라운 사건을 강단에서 늘 경험하고 있습니다.

여기에 또다시 설교말씀을 모아 책자로 내어놓습니다. 예수소망교회 강단을 통하여 하나님께서 우리에게 주신 말씀입니다. 이제 그 말씀을 책자로 엮어 내어놓음으로써 우리가 시간과 공간을 초월하여 개별적으로 하나님을 만나게 되는 '말씀의 역사'에 귀중한 방편이 되고자 합니다. 책자라는 그릇에 담긴 이 말씀들은 읽는 자의 마음 안에서 또다른 '말씀의 신비한 기적'을 낳게 되리라 확신합니다.

한 시간 한 시간의 설교를 위하여 간절히 기도해주신 모든 성도들과 이 책자를 출간하기까지 수고해주신 여러분께 진심으로 감사를 드립니다. 그리고 또다시 영광을 오직 하나님께 돌리면서……

곽선희

차 례

머리말 ——— 3

내 아버지 집에(눅 2 : 41 - 50) ——— 8

한 곤고한 사람의 고백(롬 7 : 14 - 25) ——— 18

온유한 자의 승리(시 37 : 1 - 11) ——— 29

사람을 자랑하지 말라(고전 3 : 18 - 23) ——— 38

예수님의 감사현장의 신비(요 11 : 32 - 44) ——— 48

한 지성인의 고민(마 19 : 16 - 22) ——— 58

스스로 지혜롭게 여기는 자(잠 26 : 10 - 17) ——— 67

소망의 이유에 대답하는 사람(벧전 3 : 13 - 17) ——— 75

믿음을 상실한 한 선지자(눅 7 : 18 - 23) ——— 85

원초적 신앙의 본질(롬 4 : 18 - 25) ——— 95

더 나은 본향을 사모하는 자(히 11 : 13 - 16) ——— 107

이 마음을 품으라(빌 2 : 5 - 11) ——— 118

소망 중에 즐거워하라(롬 12 : 9 - 13) ——— 128

나중까지 견디는 자(막 13 : 9 - 13) ——— 136

준비하시는 하나님(창 22 : 8 - 19) ——— 145

잃으면 찾으리라(마 16 : 24 - 28) ──── 154
주여 누구시니이까(행 9 : 1 - 9) ──── 163
지식을 버린 자의 말로(호 4 : 6 - 10) ──── 174
하나님이 구하시는 것(미 6 : 6 - 8) ──── 185
은혜를 헛되이 받지 말라(고후 6 : 1 - 10) ──── 194
네가 낫고자 하느냐(요 5 : 1 - 9) ──── 204
구속을 기다리는 자(롬 8 : 18 - 25) ──── 214
가난한 자가 없으리라(신 15 : 4 - 11) ──── 224
뒤를 돌아보는 자(눅 9 : 57 - 62) ──── 234
겸손한 왕의 신비(마 21 : 1 - 11) ──── 244
다 이루었다(요 19 : 28 - 30) ──── 254
마음에 더디 믿는 자들(눅 24 : 13 - 27) ──── 264
너는 내 양을 먹이라(요 21 : 15 - 18) ──── 274
은혜로 내게 주신 자녀(창 33 : 1 - 11) ──── 283
네 부모를 기쁘게 하라(잠 23 : 22 - 26) ──── 292
곽선희목사 설교집·강해집·기타 ──── 301

곽선희 목사
장로회 신학대학 졸업
프린스턴 신학석사
풀러신학 선교신학박사
인천제일교회 목사
장로회 신학대학 교수 역임
숭의여자전문대학 학장 역임
서울장로회신학교 교장 역임
소망교회 원로목사
예수소망교회 동사목사

곽선희 목사 설교집 제56권
한 지성인의 고민

인쇄 · 2017년 5월 5일
발행 · 2017년 5월 10일
지은이 · 곽선희
펴낸이 · 김정수
펴낸곳 · 계몽문화사
등록일 · 1993년 10월 11일
등록번호 · 제2016-2호
전화 · (02)995-8261
정가 · 22,000원
총판 · 비전북 / (031)907-3927
ISBN 978-89-89628-39-2   03230

* 잘못 만들어진 책은 바꾸어 드립니다.

한 지성인의 고민

내 아버지 집에

그의 부모가 해마다 유월절이 되면 예루살렘으로 가더니 예수께서 열두 살 되었을 때에 그들이 이 절기의 전례를 따라 올라갔다가 그 날들을 마치고 돌아갈 때에 아이 예수는 예루살렘에 머무셨더라 그 부모는 이를 알지 못하고 동행 중에 있는 줄로 생각하고 하룻길을 간 후 친족과 아는 자 중에서 찾되 만나지 못하매 찾으면서 예루살렘에 돌아갔더니 사흘 후에 성전에서 만난즉 그가 선생들 중에 앉으사 그들에게 듣기도 하시며 묻기도 하시니 듣는 자가 다 그 지혜와 대답을 놀랍게 여기더라 그의 부모가 보고 놀라며 그의 어머니는 이르되 아이야 어찌하여 우리에게 이렇게 하였느냐 보라 네 아버지와 내가 근심하여 너를 찾았노라 예수께서 이르시되 어찌하여 나를 찾으셨나이까 내가 내 아버지 집에 있어야 될 줄을 알지 못하셨나이까 하시니 그 부모가 그가 하신 말씀을 깨닫지 못하더라

(누가복음 2 : 41 - 50)

내 아버지 집에

저와 신학대학 동기동창으로 한평생을 가까이서 목회하던 친구가 하나님의 부름을 받아서 한 달 전에 세상을 떠났습니다. 그는 한 2년 동안 치매로 고생을 했습니다. 가끔 정신을 잃어서 한 번 집을 나가면 어디로 갔는지 찾을 수가 없어 온 집안 식구와 온 교회가 그를 찾느라고 수고를 많이 했습니다. 언젠가는 집을 나갔는데, 무려 5시간 동안 온 동네를 헤매고 다녀 교인들까지 다 동원해서 찾았는데, 마지막에 찾고 보니 교회 문 앞에 서 있었습니다. 그래 제가 본인을 만나서 그랬습니다. "천당은 가겠구먼!" 정신이 없어도 교회로 갑니다. 정신이 혼미해진 그 순간까지도 교회를 사랑합니다. 교회를 향한 마음, 이것이 바로 신앙입니다.

성경을 보면 하나님의 사랑을 많이 받은 사람들이 있습니다. 특별히 하나님께서 사랑하신 사람들이 있습니다. 어떤 때는 하나님께서 좀 편애하시는가 싶을 정도로 하나님께서 특별히 사랑하신 사람들이 있습니다. 그들의 특징이 뭐냐 하면 하나님을 특별히 사랑했다는 것입니다. 특별히 사랑한 사람이 특별한 사랑을 받은 것 아니겠습니까. 사랑이라는 것이 무엇입니까? 첫째는 longing, 보고 싶은 마음입니다. 마음에 그리움이 있습니다. 자나 깨나 생각합니다. 생각하면 벌써 마음이 움직입니다. 가슴이 뜁니다. 요새 이런 유행어가 있습니다. '느낌으로 안다.' 느낌이 옵니다. 느낍니다. 교회를 생각하면 벌써 그 거룩한 마음이 옵니다. 보고 싶은 마음, 그리워하는 마음입니다. 가까이하고 싶고, 그 음성을 듣고 싶습니다.

둘째는 좀 더 가까이하고 싶은 마음입니다. 몸으로 움직여서 되도록 가까이 가고 싶습니다. 오래 전 이야기입니다마는, 제가 소망교회에서 목회할 때 새벽기도회에 교인들이 한창 많이 나올 시기였습니다. 어떤 때는 무려 2,000명이나 새벽기도에 나왔습니다. 그야말로 기도의 붐이 일어났을 때였습니다. 그때 가끔 어느 장로님이 저를 보고 "목사님, 저도 새벽기도에 나와야 될 줄을 압니다마는, 집이 워낙 멀어서요" 하기에 제가 "집이야 팔면 될 텐데……" 하고 대답한 적이 있었습니다. 공기 좋은 데 가서 금붕어처럼 공기 마시다 갈 것 아니지 않습니까. 그렇다고 오래 사는 것 아닙니다. 웬만하면 교회 가까이로 이사 와야 됩니다. 제가 이름은 대지 않습니다마는, 그런 분이 몇몇 있었습니다. 교회 가까이 이사 와서 늘 문을 열어놓아서 주일이면 젊은 사람들이 찾아와 차를 마시며 놀다가 가는 집, open house. 그렇게 사는 분들이 있었습니다. 너무나 아름답지 않습니까. '교회 가까이. 좀 더 교회 가까이.' 이렇게 사는 것이 바로 하나님을 사랑하는 마음입니다.

또한, 이름을 소중히 여겨야 합니다. 하나님께서는 어디에나 계십니다. 그러나 이 성전은 하나님의 이름으로 불리는 곳입니다. 하나님의 이름이 여기에 있습니다. 문제는 이름이라는 것입니다. 그 장소와 건물과 시설이 바로 하나님의 이름이요, 따라서 그 이름을 소중히 여길 줄 알아야 됩니다. 효자가 누구입니까? 부모님의 이름을 소중히 여기는 자식입니다. 또 부모가 자식을 사랑한다면 그 자식의 명예를 소중히 여겨야 합니다. 이름을 높이는 것입니다.

이름, 하면 생각나는 이야기가 있습니다. 오래도록 가정재판소의 판사를 지낸 어떤 장로님이 언젠가 저더러 본인이 별의 별 재판을 다 해봤다고 하기에 무슨 재판이었느냐고 물었더니, 막 결혼한 어느 신혼부부 이야기를 해주었습니다. 사정이 있어서 아주 어렵게 결혼을 한 신혼부부입니다. 한데 결혼하고 나서 불과 얼마 안 되었을 때 신부가 결혼반지를 잃어버렸습니다. 얼마든지 잃어버릴 수 있는 일이지요. 그래 신랑이 신부한테 "어쩌다가 그걸 잃어버렸느냐?"고 물었더니 신부의 대답이 기가 막힙니다. "그까짓 몇 푼도 안 되는 걸 가지고 왜 이 난리에요? 남들은 다이아반지인데, 이까짓 몇 푼 안 되는 반지 하나 가지고 이렇게 채근을 해요?" 둘은 이 문제로 한동안 싸우다가 그만 이혼을 하게 되었습니다. 판사가 신랑한테 이혼하라고 했답니다. 결혼반지를 소중히 여기지 못하는 여자하고 살지 말라고요. 반지가 얼마짜리인가가 중요합니까? 중요한 것은 그 이름입니다.

제가 좀 부끄럽게 여기는 일이 하나 있습니다. 제가 미국에 처음 공부하러 갔을 때 미국 사람들이 제가 동양인이라서 제 나이를 잘 모르고 아주 어린 사람으로 생각하고 있었습니다. 그러니 함께 어울려 지내는 데에 큰 문제가 있었습니다. 그때 저는 결혼반지가 없었습니다. 한데 거기서는 어른이 반지를 끼지 않으면 전부 싱글로 생각했습니다. 그래서 이런저런 일이 많이 생겼습니다. 그래 하는 수 없이 값싼 반지를 하나 사서 손가락에 끼우고 다녔습니다. 어느 날 한 할아버지의 가족모임에 갔는데, 그분이 자기가 끼고 있던 반지를 보여주면서 이렇게 자랑을 합니다. "난 이거 결혼식 날 신부가 딱 끼워준 건데, 지금까지 끼고 있네." 참 존경스러웠습니다. 사실 우리는 이런 점이 좀 부족합니다. 저도 반지가 없는데, 잘못입니다.

이름, 아버지의 이름, 하나님의 이름, 그 이름이 있는 것을 소중히 여기는 마음이 바로 하나님을 향한 마음이요, 부모님을 향한 마음이요, 나아가 사랑하는 자를 향한 마음입니다. 바로 구체적인 표현입니다. 다윗은 성경에 제일 많이 나오는 이름입니다. 신구약 성경을 통틀어 무려 8백 번이나 나옵니다. 하나님께서는 늘 말씀하실 때마다 '내 종 다윗처럼'이라고 하셨습니다. 다윗이 축복받은 자의 표본입니다. 하나님께서는 다윗을 지극히 사랑하셨습니다. 그러나 다윗은 의인이 아닙니다. 확실히 의인이 아닙니다. 어찌 보면 보통 사람만도 못한 사람입니다. 그러나 그는 하나님의 사랑을 받았습니다. 왜냐하면 그가 구체적으로 하나님을 사랑했기 때문입니다.

사무엘하 7장 1절 이하에서 다윗은 백향목으로 궁전을 만든 다음, 거기에 거하면서 편안히 지낼 때 이런 생각을 했습니다. '하나님의 집은 저 수달피 가죽 속에 있고, 저렇게 천막으로 있는데, 나는 궁전에 있구나. 아, 이건 안 될 일이야.' 그래 그는 나단 선지를 불러 성전 세울 의논을 합니다. 성경을 자세히 읽어보면 그때 하나님께서 너무너무 기뻐하십니다. "누가 너더러 성전을 지으라고 하더냐? 어찌 그런 생각을 했느냐? 아, 내가 여기 있다고 해서 뭐가 불편하다고 했느냐? 왜 그런 좋은 마음을 가졌느냐?" 하나님께서 얼마나 기쁘시면 이런 말씀을 하시겠습니까. 그리고 말씀하십니다. (하나님께서도 약간 오버하시는 것 같습니다.) 너무나 기쁘신 나머지 "너는 내 집을 지어라. 나는 네 왕위를 영원히 견고케 하리라" 하십니다. 다윗에게 아주 듬뿍 복을 주셨습니다. 영원한 축복을 주셨습니다. 그 뒤로 다윗이 예수님의 조상이 됩니다. 얼마나 굉장한 이야기입니까. 그 성전 짓는 마음이 바로 하나님을 향한 구체적인 사랑입니다. 이것을 하나님께서는 이렇게 기뻐하십니다.

다윗의 하나님, 그 사랑은 특별합니다. 아니, 구체적입니다. 성전 사랑으로 나타납니다. 시편 84편은 읽을수록 우리한테 은혜가 되는 말씀입니다. "주의 집에 사는 자들은 복이 있나니……(4절)" 참 귀한 말씀입니다. 그는 비단길에서 하나님의 집을 생각하며, 거기 성전에 오늘도 갈 수 있는 사람은 복이 있다고 생각했습니다. 그래서 제비를 부러워했고, 참새를 부러워했습니다. "참새와 제비는 마음대로 날아가는데……" 여호와의 집을 그리워하고 있습니다. 그리고 귀중한 말씀이 있습니다. "그 마음에 시온의 대로가 있는 자는 복이 있나이다(5절)." 예루살렘으로 가는 길, 곧 성전으로 가는 그 길이 그 마음에 있는 사람이 복이 있다는 말씀입니다. 항상 시온으로 가는 마음이 있고, 성전으로 가는 마음이 그 속에 있습니다. 바로 그 사람이 복 있는 사람입니다. 여호와의 집에 거하는 자는 복이 있습니다. 성전에 출입하는 사람, 성전에 마음대로 와서 예배드리는 사람은 복이 있습니다. 바로 그 마음이 하나님을 기쁘게 해드렸고, 다윗은 복 받는 사람이 되었습니다. 하나님의 사랑이 이처럼 구체화되었던 것입니다.

오늘본문에는 열두 살 되신 예수님께서 나오십니다. 이스라엘 사람들은 한 사람이 열두 살이 되었을 때부터 그를 성인으로 인정합니다. 그래 그 전에는 부모슬하에 있지마는, 일단 열두 살이 되면 본인 스스로 성전에 나가야 합니다. 그러니까 어떻게 생각하면 예수님께서 생전 처음으로 예루살렘성전을 방문하게 되신 것입니다. 여기서 예수님께서는 하나님의 말씀을 들으시다가 제 부모님이 다 고향으로 돌아간 사실도 몰랐습니다. 또 여기서 그 부모라는 사람들도 좀 아둔합니다. 하룻길을 가서야 아들이 없다는 사실을 알고 부랴부라 찾아 나섰습니다. 아무튼 이래서 사흘 뒤에 다시 성전에서 예수님을 만나게 되는데, 그때 예수님께서는 너무나 담담하게 말씀하십니다. "내가 내 아버지 집에 있어야 할 줄을 모르셨습니까?" 내 아버지 집, 이 예루살렘 성전, 이 아버지의 집, 이 성전에 출입할 때 하나님의 사랑, 하나님의 그 크신 은총이 가득히 가슴에 느껴지는 것입니다. 그런 마음이 열두 살 예수님의 마음입니다. "내가 내 아버지 집에 있어야 할 줄을 모르셨습니까?" 아버지, 참 귀중한 말씀입니다. 예수님의 신관은 아버지입니다. 주기도문에도 '하늘에 계신 우리 아버지'라고 되어 있고, '하나님'이라는 말씀은 없습니다. 바로 예수님의 마음입니다. 하나님께서는 아버지십니다. 그리고 유명한 탕자의 말씀을 하십니다. 집을 나간 아들을 기다리는 아버지, 그 아들이 돌아왔다고 잔치를 베푸는 아버지, 바로 그 아버지입니다. 탕자의 아버지가 바로 너의 아버지다! 곧 '내 아버지'라고 말씀하십니다. 아버지의 개념 속에 사시는 것입니다.

요한복음 18장 11절에 유명한 말씀이 있습니다. 십자가를 앞에 놓으시고도 예수님께서는 이렇게 고백하십니다. "아버지께서 주신 잔을 내가 마시지 아니하겠느냐……" 참 훌륭한 아들입니다. 아버지께서 아들한테 주시는 십자가를 달게 받으시겠다는 말씀입니다. 누가복음 23장 46절에서도 예수님께서는 임종의 순간 이렇게 말씀하십니다. "내 영혼을 아버지 손에 부탁하나이다……" 그리고 마지막을 가십니다. 요한복음 14장 2절은 너무나 잘 알려져 있는 말씀입니다. "내 아버지 집에 거할 곳이 많도다……" 성전이라고 하는 아버지 집에서 예수님의 아버지 집, 곧 하늘나라로 가십니다. 하늘나라도 아버지 집, 성전도 아버지 집입니다. 이 성전개념이 아주 중요합니다. 천국은 아버지 집입니다. 이스라엘 사람들은 그래서 집을 지을 때도 꼭 예루살렘 쪽을 향하게 짓습니다. 동쪽이나 남쪽은 생각하지 않습니다. 성전 예루살렘, 그쪽을 향한 창문을 열어놓고, 예루살렘을 바라보며 기도합니다. 그들이 포로가 되어 살던 중에도 예루살렘 쪽을 향한 문을 열어놓고 하나님 앞에 기도했다는 사실을 우리가 알고 있지 않습니까. 성전 쪽을 향해서 기도하는 것입니다. 해외에 나가 있을 때에도 한국 쪽을 향해서, 이 성전 쪽을 향해서 기도하는 이 마음이 바로 하나님 사랑의 구체적인 표현입니다. 얼마나 중요합니까. 성전을 향하여 창문을 열고 기도하는 그 거룩한 본을 우리가 이어가야 한다고 생각합니다.

제가 언젠가 어렸을 때 새벽기도 갔는데, 그때는 오늘날의 새벽기도회처럼 예배를 따로 드리지 않았습니다. 그저 각자가 나가서 기도하고 돌아오는 시절이었습니다. 비가 많이 오던 어느 날 우산을 쓰고 교회에 갔습니다. 아무도 없는 줄 알았는데, 장로님 한 분이 예배당 한가운데 앉아서 통곡을 하고 있었습니다. 제가 그 장면을 보았습니다. 비가 많이 오는 장마철이라 예배당 지붕에서 빗물이 샜습니다. 그래 빗물이 자꾸 떨어져 내리니까 그 자리에 물통을 갖다 놨는데, 그것도 넘쳤습니다. 여기 새고 저기 새고 해서 밤새껏 여기저기를 막다가 마지막에는 속상하니까 거기 주저앉아서 통곡을 하고 있었던 것입니다. 그때 장로님이 이렇게 기도하는 것을 제가 직접 들었습니다. "하나님, 제가 죽일 놈입니다. 장마가 되어 우리 집 지붕에서 비가 샐까봐 감독을 했습니다. 하나님의 집에서 비가 샐까 하는 걱정은 하지 않았습니다. 제가 죽일 놈입니다." 그렇게 통곡하는 모습을 제가 직접 보았습니다. 하나님의 집을 사랑하는 그 마음이 바로 하나님을 사랑하는 마음의 구체적인 표현 아니겠습니까.

제임스 구스타프손(James M. Gustafson)이 새로 「Say Something Theological」이라는 책을 썼습니다. 이 책에서 그는 이렇게 말합니다. '인생이란 의존감각이 있어야 한다. 혼자서 살 것처럼 까불지 마라. 하나님을 의존하고, 하나님께 의존하는 마음, 이것이 중요하다. 또한 그런고로 모든 것이 객관적으로 밖에서 주어지기 때문에 감사한 마음을 가져야 한다. 동시에 의무감각이 있어서 청지기 직분을 생각해야 한다. 항상 자기를 성찰하며 회개해야 한다. 또한 소망의 세계를 바라보며 가능성의 감각을 가져야 한다.' 마지막으로 향한 것이 뭐냐 하면 방향감각입니다. 하나님 아버지의 집을 향한, 하나님께로 가는 영원한 집을 향하는 방향감각이 분명해야 인생을 바로 살아갈 수 있습니다.

베토벤은 말년에 귀가 점점 어두워졌습니다. 음악을 하는 사람이 귀가 어두워지면 끝나는 것 아닙니까. 그는 어두운 귀를 가지고 마음 아파하면서 시골로 갔습니다. 거기에 있는 많은 숲 속을 거닐면서 그는 다시 작곡을 합니다. 듣지도 못하는데 작곡을 합니다. 그것이 유명한 교향곡 제9번입니다. 바로 '환희의 찬가'입니다. 이것이 널리 알려져서 마침내 연주회를 하게 됩니다. 주최 측에서 작곡자인 베토벤한테 지휘를 부탁했습니다. 그는 귀로는 듣지 못하지만 앞에 있는 오케스트라를 눈으로 보면서 '환희의 찬가'를 지휘했습니다. 나중에 그는 세상을 떠나면서 이렇게 말했다고 합니다. "나는 천국에서 환희의 찬가를 연주하게 될 것이다."

'참으로 주님을 사랑한다. 교회를 사랑한다.' 아주 중요한 말입니다. 하나님의 사랑이 교회 사랑으로 바뀌어야 합니다. 우리가 교회에 올 때마다 보면, 벌써 10년이 됐습니다마는, 늘 깨끗하고, 바로 며칠 전에 새로 지은 집처럼 깨끗한 것을 봅니다. 청소가 잘 되어 있어 마음이 좋습니다. 아주 기쁩니다. 그러나 어떤 교회에 가보면 아주 어지럽고, 심지어는 창문에 유리가 깨졌는데도 깨진 채 그대로 둔 것을 볼 때가 있습니다. 강대상에 딱 서서 이렇게 봅니다. 보시는 대로 여기 등 하나도 꺼진 것이 없습니다. 어떤 교회에 가면 벌써 몇 개가 꺼져 있습니다. 언제 꺼졌는지도 모릅니다. 이럴 때마다 '이게 이 사람들의 모습이요, 이 목사의 모습이요, 이 장로의 모습이 아닐까?' 하고 생각해봅니다. 그리고 '이 교회가 은혜를 받겠는가?' 하는 생각을 합니다.

　내 아버지 집, 아주 중요합니다. 그래서 제가 우리 교회에는 좋은 피아노와 오르간을 들여왔습니다. 피아노를 산다고 하니까 어느 분이 그걸 기증하겠다고 했습니다. 제가 "조금 비쌀 텐데요?" 했더니, 얼마라도 괜찮다고 스타인웨이를 기증했습니다. 좋은 피아노입니다. 아버지의 집이니 제일 좋은 것으로 해야 합니다. 한 해에 그렇게 많이 연주할 일은 없지만, 교회의 물건, 성전의 물건은 이유 불문하고 최고의 것으로 장만해야 합니다. 이것이 바로 우리 하나님을 향한 구체적인 마음, 교회를 사랑하는 마음 아니겠습니까. 이 교회를 사랑하는 마음, 구체적으로 하나님을 사랑할 때 하나님께서는 다윗에게 복을 주신 것처럼 우리한테도 복을 주십니다. '너는 내 집을 지어라. 나는 네 나라 위를 영원히 견고케 하리라.' 축복이 여기에 있음을 잊지 말아야 합니다.　△

한 곤고한 사람의 고백

　우리가 율법은 신령한 줄 알거니와 나는 육신에 속하여 죄 아래에 팔렸도다 내가 행하는 것을 내가 알지 못하노니 곧 내가 원하는 것은 행하지 아니하고 도리어 미워하는 것을 행함이라 만일 내가 원하지 아니하는 그것을 행하면 내가 이로써 율법이 선한 것을 시인하노니 이제는 그것을 행하는 자가 내가 아니요 내 속에 거하는 죄니라 내 속 곧 내 육신에 선한 것이 거하지 아니하는 줄을 아노니 원함은 내게 있으나 선을 행하는 것은 없노라 내가 원하는 바 선은 행하지 아니하고 도리어 원하지 아니하는 바 악을 행하는도다 만일 내가 원하지 아니하는 그것을 하면 이를 행하는 자는 내가 아니요 내 속에 거하는 죄니라 그러므로 내가 한 법을 깨달았노니 곧 선을 행하기 원하는 나에게 악이 함께 있는 것이로다 내 속사람으로는 하나님의 법을 즐거워하되 내 지체 속에서 한 다른 법이 내 마음의 법과 싸워 내 지체 속에 있는 죄의 법으로 나를 사로잡는 것을 보는도다 오호라 나는 곤고한 사람이로다 이 사망의 몸에서 누가 나를 건져내랴 우리 주 예수 그리스도로 말미암아 하나님께 감사하리로다 그런즉 내 자신이 마음으로는 하나님의 법을 육신으로는 죄의 법을 섬기노라

(로마서 7 : 14 - 25)

한 곤고한 사람의 고백

　어느 날 차를 몰고 운전하는 중에 라디오 방송에서 들은 이야기입니다. 아주 평범한 이야기지만, 우리 마음에 깊은 충격을 주기에 특별히 오래오래 기억하고 있습니다. 한때 고등학교 교사였던 어떤 여인이 남편과 사별하였습니다. 그래 가장 없이 아이들과 살 길이 막막해서 포장마차를 했습니다. 거기에는 부엌과 식당이 따로 없습니다. 음식을 만들면서 손님들이 무슨 이야기를 주고받는지 다 들을 수 있습니다. 사람들이 초저녁부터 친구들과 같이 와서 한데 어울려 음식을 먹고 술을 마시는 모습을 많이 보게 됩니다. 처음에는 다들 사이가 참 좋아 보입니다. 서로서로 제 살을 베어줄 듯이 친분을 과시합니다. 그러나 조금씩 술기운이 오르면서 이 말 저 말 하다가 그만 비위가 상합니다. 결국 대판 싸우게 되고, 어떤 경우에는 포장마차의 집기들까지 때려 부숩니다. 심하면 경찰까지 동원되는 일도 가끔 생깁니다. 여인은 그런 많은 사건들을 직접 겪고 보면서 이런 생각을 했습니다. '저들은 도대체 무엇 때문에 싸울까? 돈 때문일까? 아니면, 인간관계 때문일까? 서로 잘 어울리다가 어느 틈에 갑자기 싸우기 시작하는데, 도대체 이 싸움의 원인이 뭘까?' 여인은 교사 출신이라서 이 문제를 놓고 나름대로 연구를 해보았습니다. 그리고 거기에 진리가 있다는 사실을 깨달았습니다. 딱 이 한마디 때문에 싸우는 것입니다. 모든 사람이 다 그렇습니다. "사람이 그러면 못써!" 그 한마디에 기분이 확 상합니다. 이거 굉장히 중요한 사건입니다. 사람이 사람을 이렇게 건드리면 안 됩니다. "사람이 그러면 못써!"

이 한마디를 못 참고 대판 싸우게 되는 것입니다. 이런 일들을 보면서 여인은 인생에 큰 교훈을 얻었다고 말합니다. 정말 잊을 수 없는 이야기였습니다.

여러분은 혹 회사를 경영합니까? 직원이 한 번 실수를 저질렀다고 칩시다. 그럼 그를 불러다놓고 이렇게 타이르면 됩니다. "자네, 이런 실수를 했구먼." "예, 그렇습니다." "앞으로는 조심하게." 여기까지만 말하면 되겠는데, 그 순간에 "사람이 그러면 못써!" 하고 나무라면 상대는 절대로 그 충고를 받아들이지 않습니다. 문 열고 나가면서 속으로 이런 생각 합니다. '사람이야 내가 낫지.' 그러고 가는 것입니다. 안 될 일입니다. 부부싸움을 할 때도 마찬가지입니다. 남편이 실수를 했든, 아내가 그릇을 깼든, 좌우간 무슨 사건이 있으면 그것만 가지고 이야기해야 합니다. "친정에서 그렇게 배웠냐?" 이렇게 상대방 족보까지 들추는 충고 받아들일 여자가 없습니다. 이런 충고는 안 됩니다. 절대로 안 됩니다. 도대체 "사람이……"라는 말을 하면 안 되는 것입니다.

고대 그리스의 철학자 소크라테스는 우리가 너무나 잘 아는 가르침을 주었습니다. "게우시아우토스(너 자신을 알라)!" 아닙니다. 자신을 알기만 해서는 안 됩니다. 더 나아가 자신을 인정해야 합니다. 자신을 계속 살펴야 합니다. 내가 어디까지 와 있는지를 생각해야 합니다. 내가 한 번 생각했다고 그대로 되는 것이 아닙니다. 스스로 자꾸 변화를 일으키고 있으니까 지금 내가 어디까지 와 있는지, 어느 시점에 와 있는지를 스스로를 열심히 살펴야 한다는 교훈입니다.

오늘본문은 저 개인적으로 굉장히 중요하게 생각하는 말씀입니다. 사도 바울은 확실히 위대합니다. 인간적으로도, 신앙적으로도 존경하지 않을 수 없습니다. 그는 지금 자기 얼굴을 보지 못한 로마의 그리스도인들한테 편지를 쓰고 있습니다. 내가 어떤 일로 인해서 순교를 하고, 그래서 로마에 가지 못할는지도 모르니까 편지가 자신을 대신해주기를 바라는 마음으로 정성을 다하여 기독교복음을 지금 저술해나가고 있습니다. 로마서 8장은 참 중요합니다. 여러분이 혹시라도 마음에 근심이 있을 때는 로마서 8장을 읽으십시오. 유명한 말씀이 있습니다. 영국의 유명한 대영박물관관장인 필립스가 한 말입니다. "어찌어찌 되어 천지개벽으로 세상에서 성경이 다 없어졌다고 하자. 그때 로마서 하나만 있어도 구원받을 수 있다. 또 로마서가 다 없어졌어도 로마서 8장만 있으면 우리는 구원받을 수 있다." 읽어보고, 읽어보고, 또 읽어봐도 로마서 8장은 복음이요, 복음의 선포입니다. 기독교복음의 절정이라고 할 수 있습니다. 이처럼 귀중한 복음인 로마서 8장을 말씀하기 직전에 7장에서 사도 바울은 자기 고백을 합니다. 논리적인 것이 아닙니다. 간증입니다. 기독교란 이렇고, 진리란 저렇고, 예수님이 어떻고…… 이런 이야기가 아닙니다. "나는……"입니다. 자기 간증입니다. 이것이 아니면 진리가 진리 될 수 없습니다. 책 읽은 이야기, 상식적인 이야기, 세상 이야기, 철없는 진리…… 모든 것을 다 말해도 내 깊은 체험에서 오는 자기 간증이 없다면 아무 소용이 없습니다.

 오늘본문에서 사도 바울은 자기 자신의 정체를 조금도 숨김없이 말씀합니다. 로마서 7장에 있는 이 말씀을 읽을 때마다 바울은 참 솔직한 사람이라는 생각이 듭니다. 그는 정말로 정직한 사람입니다. 우리에게 그는 그가 정말로 하나님의 사람이라는 생각을 하도록 만듭니다. 왜냐하면 그는 가감 없이 자기 속에 있는 깊은 악을 다 고백하기 때문입니다. "나는 이런 사람이다"라고요. 오늘본문은 말씀합니다. "오호라 나는 곤고한 사람이로다……(24절)" 절규입니다.

우스운 간증입니다마는, 제가 옛날 신학대학에서 공부할 때 기숙사의 제 방에는 조그만 책상이 하나 있었습니다. 그 바로 앞 벽에 '팔라이포로스'라는 헬라어를 종이에다 크게 써서 붙여놓은 적이 있었습니다. 물론 다른 사람들은 뭔지 모르지요. '오호라 나는 곤고한 사람이로다'라는 뜻입니다. 제가 5년 동안 날마다 그 글자를 쳐다보고 자기반성을 하며 신학을 공부한 경험이 있습니다. '오호라 나는 곤고한 사람이로다.' 원문대로 하면 '이 불쌍한 사람이로다. 이 구제불능한 사람이로다'라는 뜻입니다. 한마디로 '불쌍한 사람'이라는 의미입니다. 그가 바로 사도 바울입니다. 자기를 객관시할 수 있었습니다. "이 불쌍한 사람아!" 자기 자신을 비참한 사람이라고 평가하고, 또 그렇게 로마 교인들한테 말씀하고 있는 것입니다. 자기 혼자 속으로만 반성하는 것이 아닙니다. 사람은 자기 스스로는 '나는 죽일 놈이다. 나는 못된 놈이다. 나는 구제불능이다. 나는 게으르다. 나는 못됐다' 하고 생각하면서도 막상 다른 사람이 자기한테 그 비슷한 말이라도 할라치면 '내가 왜?' 하고 뻗대게 마련입니다. 여기에 문제가 있습니다. 스스로 자신을 반성하지마는, 정작 다른 사람이 나에 대해서 무슨 듣기 싫은 평가를 하면 그걸 받아들이지 못합니다. 그래서 사도 바울은 스스로 '나는 곤고한 사람이로다' 하고 생각합니다. 아니, 곤고하다고 말할 뿐만 아니라, 자기 얼굴을 보지 못한 로마 교인들한테까지도 고백합니다. "나는 곤고한 사람입니다!"

미국의 남북전쟁 때 아브라함 링컨 대통령과 전쟁터의 최일선에서 싸우는 총참모장 사이에 의견충돌이 있었습니다. 이번에 공격해야 되느냐 말아야 되느냐는 문제를 놓고 대통령과 참모총장 사이에 서로 의견이 맞지 않았는데, 아무래도 지위로는 대통령이 참모총장보다 위니까 대통령이 말합니다. "이번 작전은 밀어붙여!" 그러니 참모총장은 안 된다고 반대하다가도 결국은 어찌할 수 없지 않습니까. 그래 대통령의 명령대로 작전을 전개했는데, 결과는 아군의 완전한 패전이었습니다. 이에 참모총장은 머리끝까지 화가 났습니다. "내가 하라는 대로 했으면 됐을 텐데, 대통령이 고집해가지고 이 모양을 만들었다"며 분을 참지 못하고 있는데, 대통령의 비서가 참모총장을 찾아왔습니다. 그리고 메모지를 놓고 갑니다. 거기에 씌어 있는 대통령의 말입니다. 'I'm sorry. from Abraham Lincoln(미안하오. 아브라함 링컨).' 이 메모지를 보는 순간 참모총장은 더 화가 났습니다. 그리고 "That's ridiculous guy(이 멍청한 놈)!"라고 소리쳤습니다. 안 보는 데에서는 누구를 욕하지 못하겠습니까. 이렇게 대통령에게 욕을 해버렸습니다. 이제 대통령의 비서가 링컨한테로 돌아갔습니다. 아브라함 링컨이 껄껄 웃으면서 메모지는 잘 전달했느냐고, 참모총장이 뭐라고 하더냐고 비서한테 물었습니다. 이때 비서가 솔직하게 사실대로 대답했더랍니다. "'멍청한 사람'이라고 했습니다." 그때 아브라함 링컨 대통령은 웃으면서 이렇게 말했다고 합니다. "그 사람, 사람 볼 줄 아네." 그가 위대한 사람입니다.

나는 내가 죄인이라는 사실을 압니다. 나는 내가 죄인임을 말할 수 있습니다. 다른 사람이 나를 죄인이라고 할 때 평안한 마음으로 "그 사람, 사람 볼 줄 아는구나" 하면서 그 사실을 받아들일 수 있어야 된다는 말씀입니다. 바로 이 언덕을 넘지 못해서 부부싸움을 하고, 우리 마음도 편안하지를 못한 것입니다. 그래서 사도 바울이 위대한 것입니다. 자기 정체를 말씀합니다. 정체 의식이 있고, 윤리 의식이 있습니다. 그는 자신이 아직도 육신에 속해 있다는 것을 인정합니다. 그는 거룩한 문을 향해서 가는 과정에 있을 뿐이지, 자신은 아직도 옛사람한테 얽매인 바가 많다고 말씀합니다.

여러분은 어떤 변화를 원합니까? 예수님을 믿자마자 내가 그냥 확 변해서 딴사람이 되면 좋겠지요? 손수건을 들고 소리치면 비둘기가 갑자기 나오고 없어지는 마술을 하는 것처럼 사람이 갑자기 변하면 얼마나 좋겠습니까마는, 그렇지가 않습니다. 가장 위대한 이야기입니다. 모세가 시내 산에 올라가서 40일을 하나님과 동행합니다. 신비로운 체험입니다. 그러고 나서 십계명 판을 받아서 산을 내려오는데, 백성들이 우상 섬기는 모습을 봅니다. 모세는 다짜고짜 십계명 판을 내동댕이칩니다. 저는 이런 생각을 해봅니다. 하나님께서 주신 것이니 그걸 바닥에 잠깐 내려놓고 소리치면 될 텐데, 아니면, 다른 돌을 들어서 치든지 말든지 하면 될 텐데, 어쩌자고 하나님께서 주신 것을 다 깨지도록 내동댕이치는 것입니까. 이 사람이 모세입니다.

마술적으로 내 인격이 확 변하리라고 생각하지 마십시오. 아닙니다. 여전히 사도 바울은 말씀합니다. '아직도 나는 죄에 속한 사람이다. 죄 아래 팔렸다. 자유가 없다.' 내 속에 있는 죄가 나를 주장합니다. 그래서 오늘본문 15절은 말씀합니다. "내가 행하는 것을 내가 알지 못하노니 곧 내가 원하는 것은 행하지 아니하고 도리어 미워하는 것을 행함이라." '내가 미워하는 것을 행하고 있고, 하나님의 법을 즐거워하면서도 그것은 행하지 못한다. 마음으로는 하나님의 법을 따르지만, 육신으로는 아직도 세상에 매여서 헤어나지 못하고 있다.' 이렇게 솔직하게 인정했습니다. "내가 알지 못하노니." 특별히 신비로운 말씀입니다. "이것을 내가 알지 못한다." 무의식중의 역사입니다. 나도 모르게 화가 나고, 나도 모르게 입에서 저주가 나가고, 나도 모르게 혈기를 부리게 되고…… 사도 바울은 이것을 인정했습니다. 이 점이 중요합니다. 옛 타성으로 무의식중에 하는 것입니다. 여러분도 때로 깜짝깜짝 놀라지 않습니까. '어째서 내 입에서 이런 말이 나갈 수 있는가?' 하고 깜짝 놀랄 때가 있습니다. 그러나 이것이 정상적인 내 모습이요, 내 정체라는 사실을 인정해야 합니다.

오늘본문 21절은 말씀합니다. "악이 함께 하는 것이로다." 아무리 선한 일을 한다고 하지만, 악이 함께합니다. 내가 의를 생각하는 순간 불의가 함께합니다. 오직 하나님의 영광만을 위한다고 하는데, 정작은 나를 위하고 있습니다. "악이 함께 하는 것이로다." 여러분은 어떤 선한 일을 했습니까? 선한 일을 하는 분들 많습니다. 그런데 문제가 있습니다. 남들이 자기를 알아주지 않는다고 불평합니다. 내가 선한 일을 많이 하는데, 목사님이 안 알아준다고 원망합니다. 목사님이 알아주면 어떻다는 것입니까? 꼭 목사님이 알아주어야 하고, 목사님한테서 그 인사를 받아야만 합니까? 그렇다면 그 선한 일은 도대체 누구를 위해서 한 것입니까? 악이 우리와 함께합니다. 어떤 선한 일에도, 어떤 거룩한 일에도, 어떤 굉장한 일에도 그 속에는 악이 함께하고 있다는 것을, 얼마든지 그럴 수 있다는 것을 인정해야 합니다. 오늘본문은 말씀합니다. "나를 사로잡는 것을 보는도다(23절)." 마치 전쟁에 패한 사람들이 쇠사슬에 묶여 노예로 끌려가는 듯한 모습입니다. '나는 그런 사람이다. 나는 이런 존재다.' 이것을 인정하고 있습니다. 그러고 나서 또 말씀합니다. "우리 주 예수 그리스도로 말미암아 하나님께 감사하리로다……(25절)" 오직 은혜로 하나님께 감사하리로다- 은혜가 아니면 절대 내가 될 수 없습니다.

프란체스코는 역사적으로 유명한 성자입니다. 한평생을 주님과 함께 거룩하게 살았다고 전해져옵니다. 저는 그가 머물렀던 수도원을 언젠가 한 번 가 본 일이 있습니다. 거기에는 정말 많은 이야기가 전해져오고 있습니다. 어느 날 성 프란체스코한테 그의 제자가 이렇게 물었답니다. "당신은 스스로를 어떤 사람이라고 생각하십니까?" 프란체스코가 대답합니다. "세상에서 제일 악한 사람이라고 생각하지." 제자가 말했습니다. "스승님, 그건 거짓말입니다. 스승님은 모두가 다 아는 성자십니다. 어찌 자신이 제일 악하다고 하십니까? 세상에는 강도도 많고, 도둑질하는 사람도 많습니다. 이렇게 악한 사람들이 많은데, 어찌 당신이 세상에서 가장 악하다는 말씀을 하실 수 있습니까. 아, 그건 위선입니다." 그때 프란체스코는 빙그레 웃으면서 이렇게 답했다고 합니다. "네가 나를 몰라서 그래. 내 중심을 몰라서 그래. 하나님의 은혜가 커서, 그 은혜 때문에 이만큼 내가 있는 거야. 이 은혜를 하나님께서 다른 사람에게 베푸셨다면 그 사람은 나보다 더 훌륭한 사람이 됐을 거라고 나는 믿어. 나는 악한 사람이야." 나 스스로 나의 악함을 인정할 뿐만 아니라, 다른 사람이 나를 악하다고 할 때 그걸 있는 그대로 수용할 수 있어야 됩니다. 그걸 깨끗하게 받아들일 수 있을 때, 그런 겸손이 있을 때 진정한 감사가 있는 것입니다. 부부 사이에 서로 마주보면서 '이 사람은 나보다 훌륭하다. 이 사람은 나보다 의인이다. 나는 못된 놈이다' 하고 생각해 보십시오. 무슨 문제든 그게 문제가 되겠습니까. 그런데 '나는 잘났는데, 이건 못났다. 어쩌다가 내가 이런 역사적인 실수를 했나?' 하는 따위 생각을 하니까 늘 문제투성이인 것입니다.

모든 문제의 근본은 겸손입니다. 내가 당하는 모든 사건 속에서 하나님의 섭리와 하나님의 말씀을 들으면서 나 자신을 낮추어야 합니다. 정말 낮추는 것이 중요합니다. 그러나 겸손 이전에 더 중요한 것은 진실해야 한다는 것입니다. 정직해야 합니다. 그리할 때에야 아무 문제가 없습니다. "오호라 나는 곤고한 사람이로다 이 사망의 몸에서 누가 나를 건져내랴(24절)." 이렇듯 절절하게 자기 정체를 인정해야 합니다. "우리 주 예수 그리스도로 말미암아 하나님께 감사하리로다……(25절)" 하나님의 은혜가 무궁무진하게 커서 오늘 내가 있다고 인정해야 내가 은혜의 사람이 되고, 복음의 사람이 된다는 말씀입니다.

갈라디아서 2장 20절은 말씀합니다. "내가 그리스도와 함께 십자가에 못 박혔나니……" 어떻게 못박혔습니까? 십자가를 볼 때마다 저 속에 내가 있다는 사실이 얼마나 중요합니까. 나의 옛사람은 죽었습니다. 이제 판단할 것도 없고, 비평할 가치도 없습니다. 그런 정체 의식, 신앙적 정체성, 자아의식을 지니게 될 때에야 아무 문제가 없는 것입니다. 하루를 살아도, 이틀을 살아도 그저 분에 넘치는 감사함만이 있을 따름입니다. 그래서 예수님께서는 제자의 조건을 이렇게 말씀하십니다. "나를 따라오려거든 자기를 부인하고, 자기 십자가를 지고 나를 좇으라." 자기 십자가를 지고 – 나는 이미 죽었습니다.

유명한 아우구스티누스가 아주 크게 방탕한 생활을 하다가 다시 로마로 가서 암브로시우스를 만나 예수를 믿고, 아주 이름 있는 성자가 되어 고향에 돌아옵니다. 그래 고향의 길거리를 지나갈 때 옛날에 가까이하던 창녀들이 그를 따라와서 반갑다고 환영합니다. 그때 아우구스티누스는 그대로 앞만 보고 걸어갑니다. 그러면서 속으로 한마디 했습니다. '당신들, 사람 잘못 봤어. 그 아우구스티누스는 이미 죽었어. 그 옛사람인 나는 죽었어.' 옛사람을 십자가에 못박아버리고, 완전히 내 정체를 바로 인정하는 순간, 모든 사람은 반가운 사람이 되고, 모든 조건에서 하나님의 은혜에 감사할 수밖에 없습니다. 오직 그리스도로 말미암아 하나님께 감사하리로다! △

온유한 자의 승리

　악을 행하는 자들 때문에 불평하지 말며 불의를 행하는 자들을 시기하지 말지어다 그들은 풀과 같이 속히 베임을 당할 것이며 푸른 채소 같이 쇠잔할 것임이로다 여호와를 의뢰하고 선을 행하라 땅에 머무는 동안 그의 성실을 먹을 거리로 삼을지어다 또 여호와를 기뻐하라 그가 네 마음의 소원을 네게 이루어 주시리로다 네 길을 여호와께 맡기라 그를 의지하면 그가 이루시고 네 의를 빛 같이 나타내시며 네 공의를 정오의 빛 같이 하시리로다 여호와 앞에 잠잠하고 참고 기다리라 자기 길이 형통하며 악한 꾀를 이루는 자 때문에 불평하지 말지어다 분을 그치고 노를 버리며 불평하지 말라 오히려 악을 만들 뿐이라 진실로 악을 행하는 자들은 끊어질 것이나 여호와를 소망하는 자들은 땅을 차지하리로다 잠시 후에는 악인이 없어지리니 네가 그곳을 자세히 살필지라도 없으리로다 그러나 온유한 자들은 땅을 차지하며 풍성한 화평으로 즐거워하리로다
(시편 37 : 1 - 11)

온유한 자의 승리

　세계를 정복하여 '정복의 왕'이라고 불렸던 알렉산더 대왕은 온 세계를 점령하고 나서 이제는 더 점령할 데가 없다고 한탄을 했을 정도입니다. 그만큼 그는 명실 공히 점령의 왕이었지만, 그런 그도 결정적으로 정복하지 못한 것이 있었습니다. 바로 불같이 화를 내는 자기성격이었습니다. 한번 분노가 솟구쳐 오르면 그 무엇으로도 그걸 잠재울 수 없었습니다. 하루는 이런 일이 있었다고 합니다. 알렉산더 대왕이 전투현장을 방문했습니다. 거기서 그는 지휘관 한 사람이 술에 만취되어 있는 모습을 보았습니다. 그 장교는 대왕의 친구이자 훌륭한 용사인 클레이투스 장군이었습니다. 그는 그 장군을 믿었고 신뢰했는데, 이런 모양이 되어 있는 것을 보니 몹시 화가 끓어올랐습니다. 결국 분노를 참지 못한 대왕은 옆에 있던 한 병사의 창을 빼앗아들고 그것을 그 장군을 겨냥해 던졌습니다. 꼭 죽이려는 생각은 아니었고 그저 겁만 주려고 했던 것 같은데, 그 창이 그만 클레이투스의 심장에 정통으로 꽂혔습니다. 친구를 죽인 알렉산더는 도저히 그 죄책감의 고통을 견딜 수가 없어서 "나도 친구를 따라 죽겠다!"고 외치고 몸부림치며 울었다고 합니다.
　분노는 경솔함에서 시작하고 후회로 끝납니다. 굳이 알렉산더뿐이겠습니까. 우리 생을 돌아볼 때 잠시의 분노, 잠시의 격함을 참지 못하여 더러는 일생토록 씻지 못할 허물이 되기도 하고, 더러는 병도 되어 마침내는 한 맺힌 생을 살게 되는 것을 우리는 다 같이 경험하고 있습니다. 오늘본문에 중요한 해답이 있습니다. 제가 아주 귀중하게 여기는 말씀입니다. "온유한 자들은 땅을 차지하며……(11절)" 철학자 플라톤은 「폴리테이아(Politeia)」라는 그의 유명한 저서에서 이렇게 말합니다. '사람에게는 네 가지 형태의 삶이 있다. 하나는 욕망 지향적 인간으로, 쾌락을 추구하고 끝없는 욕심에 끌려 사는 사람이다. 또 하나는 이익 지향적 인간으로, 소유를 최고의 가치로 여겨서 그만하면 충분한데도 더 가지려고 몸부림치다가 가고 마는 불쌍한 사람도 있다. 또한 정치 지향적 인간이 있다. 그는 명예와 권력을 추구한다. 하찮은 것인데, 그까짓 명예, 그까짓 권력, 대수롭지 않은 것인데도 그걸 추구하며 온 인생을 다 바치고 만다. 넷째는 관조적 가치의 인간으로, 의미와 가치를 추구하는 지혜로운 사람이다.' 온유한 자는 땅을 차지한다고 할 때 여기서 '땅을 차지한다'는 권력을 뜻하는 말입니다. 소유를 뜻합니다. 인간의 기본적인 모든 욕구를 다 채운다는 뜻입니다. 온유한 자는 땅을 차지한다, 이것입니다. 우리 인간의 모든 욕구는 온유한 자만이 차지할 수 있다는 것입니다. 단순한 평안이 아닙니다. 아직 기본적인 욕망에 대한 충족을 이렇게 하나님께서는 말씀하신 것입니다.

　온유한 자가 누구겠습니까? 오늘본문을 자세하게 읽어 내려가면 알 수 있습니다. 그는 '모든 것을 하나님께 맡기는 사람'입니다. 순간마다 하나님을 생각합니다. 사건마다 하나님을 생각합니다. 볼 때, 들을 때, 일에 부딪힐 때 하나님을 생각합니다. 옛날 아브라함 링컨 대통령은 백악관 한쪽에 기도실을 만들어놓았습니다. 중요한 일이 있을 때마다 거기 들어가서 기도했습니다. 그가 기도하는 동안에는 누구도 그를 부를 수 없었습니다. 그 기도실 문 앞에 장관들이 결재를 맡으려고 줄을 서 있었습니다. 그러나 기도가 끝나기 전에는 아무 결재도 하지 않았습니다. 그 정도로 그는 기도의 사람이었습니다.

'여호와께 맡긴다'는 것은 곧 '기도한다'는 말입니다. 어떤 순간에도 먼저 기도해야 합니다. 어떤 절박한 사건과 맞닥뜨려 당황할 수밖에 없더라도, 꼭 내가 지금 당장 말을 해야 될 이 시간에도 먼저 기도를 하고, 그리고 여호와를 기뻐해야 합니다. 내 삶이 하나님의 손 안에 있고, 하나님께 돌아가는 것을 압니다. 그런고로 하나님을 믿는 마음이 먼저입니다. 믿음을 먼저 챙겨야 합니다. 또 '여호와께 맡긴다'는 '여호와께 책임을 지운다'는 말입니다. 여호와께 책임을 지워드리려면 내가 먼저 여호와의 말씀에 순종해야 됩니다. 여호와의 말씀에 순종하는 그 순간 이 소중한 일의 책임이 하나님께로 돌아갑니다. 하나님께서 하시는 대로 하지 않고 내 고집대로 하면 내가 다 책임져야 합니다. 그래서 고집이 많은 사람들은 덩달아 걱정거리도 많습니다. 언제나 온유하고 겸손해서 남한테 양보하며 사는 사람은 스스로 책임질 것이 없습니다. 부모님이 하라는 대로 하면 책임은 부모님의 몫입니다. 이것은 아내가 하라는 대로 했으니까 아내가 책임질 것이고, 저것은 자식이 하자는 대로 했으니까 자식이 책임질 것입니다. 남의 의견을 꺾고 내 뜻대로 하면 좋을 것 같지만, 실은 책임이 과중합니다. 짐이 점점 무거워집니다. 우리 심령이 자유하려면 여호와께 맡겨버려야 합니다. 그리고 그분이 말씀하신 대로 하는 것입니다. 그 다음 결과는 하나님께 달린 문제입니다. '하나님, 알아서 하십시오.' 이것이 자유입니다.

뿐만 아니라, 악을 행하는 자에 대한 우리의 자세도 중요합니다. 오늘본문은 누누이, 여러 번 반복해서 말씀합니다. "악행 하는 자, 불의한 자, 이로 인하여 불평하지 말라." 잊지 말아야 합니다. 제가 아침에 차를 몰고 여기로 옵니다마는, 운전하는 사람한테는 지켜야 할 기본자세가 있습니다. 이런 사람 저런 사람, 별의 별 사람들이 다 있습니다. 아주 위험하게 운전하는 사람도 있고, 운전 중에 담배를 차창밖에 함부로 내던지는 사람도 있습니다. 심지어는 운전자가 지금 술에 취해 있다는 사실까지 제가 알 수 있을 정도로 비틀거리는 차도 있습니다. 운전할 때 어떡하면 좋겠습니까? 불평해야 되겠습니까? 이놈, 저놈, 하고 욕을 해야 되겠습니까? 그럴 필요 없습니다. 적어도 운전하는 사람은 그 순간만이라도 세상에 다시없을 도인이 되는 마음을 품어야 합니다. '별별 사람들이 다 있구나.' 이렇게 모두 다 수용하는 마음으로 운전해야 됩니다. 이 사람 때문에 화내고, 저 사람 때문에 분노해서는 안 됩니다. 서울의 어떤 목사님이 새벽기도에 차를 몰고 나오는데, 누가 운전을 거칠게 하면서 자기를 앞질러 갔습니다. 목사님이 너무나 화가 나서 그 사람을 따라가서 앞을 막아놓고 문을 열고 나오면서 "이놈아, 나와!" 하고 소리를 질렀는데, 운전석에서 문을 열고 나오는 사람을 보니까 자기 교회 집사님이더랍니다.

그저 다 수용해야 됩니다. "이런 나쁜 놈! 저런 미친 놈!" 이럴 것 없습니다. 욕할 것도 없습니다. 내가 무사히 갔으니까 된 것입니다. 아니, 내가 뭐라고 한들 그 사람 못된 버릇 고쳐집니까? 내가 욕한 마디 한다고 세상이 달라집니까? 그냥 두고, 내 갈 길만 가는 것입니다. 내 할 일만 하는 것입니다. '악한 사람으로 인하여 불평하지 마라. 분노하지 마라.' 저 사람 가만히 보면 나쁜 것이 확실합니다. 그래서 때로는 그 나쁜 사람의 버릇을 고치려 하다가 되레 자신이 더 나빠지는 경우조차 있습니다. 어떡하면 좋겠습니까? 성경은 누누이 말씀합니다. 잠언과 시편에서 계속 말씀합니다. '불평하지 마라. 불평하지 마라. 심판은 하나님께 있는 것이다. 절대 불평하지 마라. 그리고 잠잠하라. 잠잠하고 기다리라.' 여러분, 부탁입니다. 잠잠하고 기다리면 오래 삽니다. 건강의 비결입니다. 나무랄 것도 없고, 원망할 것도 없고, 비방할 것도 없습니다. 남편도 내가 아닙니다. 아내도 내가 아닙니다. 자식도 내가 아닙니다. 그는 그들의 길을 갈 것입니다. 그들로 인하여 내가 불평할 것이 아닙니다. '하나님께 맡기고 기다리라. 조용히 기다리라.' 이 얼마나 중요한 말씀입니까.

이스라엘 백성들이 홍해 앞에 왔을 때 뒤에는 애굽 군대가 따라오고, 앞에는 홍해가 가로 막혀 있었습니다. 이 백성이 어디로 가야 합니까? 그래 그들이 아우성을 칠 때 하나님의 음성이 들려옵니다. "조용하여 내가 하나님 됨을 알지어다. 기다려라. 난리치지 말고, 분해하지도 말고, 원망하지도 말고, 조용히 기다리라." 이것이 신앙이요, 인격이요, 진정한 성도의 모습입니다. 그래서 오늘본문은 '종말은 이렇다. 그 악한 사람들 다시 찾을지라도 없을 것이다. 잠깐 있다 없어질 것이다. 그런고로 초조해하지 마라'고 거듭 말씀합니다. 불의한 자들은 다 사라질 것입니다. 그 악한 자, 내가 보기 싫어하는 사람들 다 없어질 테니 걱정하지 말고 잠깐 기다리라는 것, 모든 것이 하나님께 있다는 계시입니다. 가장 중요한 것은 타이밍입니다. 우리가 시간조절을 잘 못합니다. 하나님의 시간이 있고, 내 시간이 있습니다. 우리가 인간의 시간으로 하나님의 시간을 원망해서는 안 됩니다. 그런고로 하나님 앞에 온유해야 합니다. 겸손해야 합니다.

이스라엘의 랍비하고 우리 신교의 목사님하고 친구가 되어 늘 같이 지냈는데, 어느 안식일의 일입니다. 이스라엘 사람들은 안식일을 엄격하게 지켜야 합니다. 한데 그날 오후에 목사님하고 랍비가 둘이서 골프를 치러 갔습니다. 그 자체가 잘못된 일입니다. 이 랍비가 안식일을 범하고 골프를 쳤는데, 홀인원을 했습니다. 그걸 보고 목사님이 기가 막혀가지고 하늘을 우러러 기도했습니다. "하나님, 이건 말이 안 됩니다. 저 사람은 랍비로서 안식일을 범하고 골프를 치러 나왔습니다. 한데 일생에 한 번 할까 말까하는 홀인원이라니, 이게 웬 말입니까?" 그러자 하나님께서 대답하십니다. "내버려둬라. 저놈이 홀인원을 해놓고, 어디 가서 자랑도 못하고, 일생 얼마나 괴롭겠느냐?" 하나님께서 한 수 높으십니다. 여러분, 비판하지 마십시오. 왜 악인이 잘 되느냐고요? 조금만 더 기다려보십시오. 이것이 온유함입니다. 그분의 지혜, 그분이 좋아하신 시간, 그분이 하시는 방법을 조용히 기다려보십시다.

민수기 12장에는 아무리 읽어도 쉽게 납득이 안 가는 말씀이 있습니다. 모세가 나이 들어 120세가 가까웠는데, 그만 실수를 해서 구스 여자를 아내로 취하게 됩니다. 그래 미리암이라는 여자가 그걸 비판합니다. 미리암은 모세를 업어 키운 누나입니다. 그 누나가 참을 수 없어 "하나님의 종, 이스라엘의 지도자가 이런 구스 여자를 첩으로 두다니 말이 안 된다"며 모세를 막 비난했습니다. 그런데 하나님께서는 모세를 치지 않으시고 미리암을 치셨습니다. "너 왜 섣불리 입을 놀리느냐?" 미리암이 문둥병에 걸렸습니다. 여기서 제가 납득하기 어려운 말씀이 나옵니다. "이 사람 모세는 온유함이 지면의 모든 사람보다 더하더라(3절)." 아무리 봐도 모세는 그런 사람이 아닙니다. 그는 하나님께서 주신 십계명 돌 판을 내던져서 깨뜨린 사람입니다. 이스라엘 백성들이 하나님을 원망할 때 반석을 꽝꽝 내리친 혈기의 사람입니다. 여러 가지로 실수가 많은 성품의 사람인데, 어찌 온 천하에 모세처럼 온유한 자가 없다고 말씀하시는 것입니까?

이제 다시 한 번 생각해봅시다. 모세라고 하는 사람의 인격 전체를 놓고 그 성품을 평가하는 것이 아닙니다. 이 사건 속에서 생각합니다. 모세가 실수했습니다. 비난은 점점 커집니다. 한데도 모세는 조용했습니다. 아마 '죄인더러 죄인이라는데, 할 말 없지. 실수는 내가 했는데, 남들이 무슨 말을 한들, 백 배 천 배로 비난을 한들 그것은 내가 받아야 할 죗값이야' 하며 비난을 온유하게 받아들입니다. 이때 하나님께서는 모세의 편을 들어주셨습니다. 여러분, 잊지 마십시오. 얼마나 실수하느냐, 얼마나 옳으냐, 얼마나 선하게 사느냐보다 더 중요한 것은 온유함입니다. 어떤 사건에서 지나친 비난을 받더라도 참으십시오. 하나님을 생각하고, 하나님 앞에 겸손하게 참으십시오. 그러고야 하나님의 큰 축복을 받을 수 있습니다.

오늘본문은 우리한테 너무나도 귀중한 말씀입니다. '온유한 자가 땅을 차지한다. 온유한 자가 권력을 얻는다. 온유한 자가 부귀영화도 얻는다. 그 소원도 다 얻는다.' 우리 마음에 있는 온유의 그릇이 어느 정도입니까? 여러분은 스스로 얼마나 온유하다고 생각합니까? 많은 사람들로부터 억울한 비난을 받을 때 나는 어떨 것 같습니까? 심리학자 빅터 프랭클은 세 가지 가치에 대해서 말합니다. 하나는 창조적 가치입니다. '창조주 앞에 어떻게 사는가?'입니다. 또 경험적 가치가 있습니다. 우리가 당하는 모든 사건이 예외 없이 하나님의 지혜와 하나님의 섭리 가운데 있다는 것을 잊지 말아야 합니다. 그래서 경험을 소중히 여겨야 합니다. 뿐만이 아닙니다. 태도의 가치가 있습니다. 사건은 중요하지 않습니다. 내가 어떤 태도로 임하느냐가 더 중요합니다. 다시 한 번 마음에 깊이 새기기를 바랍니다. 온유한 자가 땅을 차지합니다. △

사람을 자랑하지 말라

아무도 자신을 속이지 말라 너희 중에 누구든지 이 세상에서 지혜 있는 줄로 생각하거든 어리석은 자가 되라 그리하여야 지혜로운 자가 되리라 이 세상 지혜는 하나님께 어리석은 것이니 기록된 바 하나님은 지혜 있는 자들로 하여금 자기 꾀에 빠지게 하시는 이라 하였고 또 주께서 지혜 있는 자들의 생각을 헛것으로 아신다 하셨느니라 그런즉 누구든지 사람을 자랑하지 말라 만물이 다 너희 것임이라 바울이나 아볼로나 게바나 세계나 생명이나 사망이나 지금 것이나 장래 것이나 다 너희의 것이요 너희는 그리스도의 것이요 그리스도는 하나님의 것이니라
(고린도전서 3 : 18 - 23)

사람을 자랑하지 말라

　프랑스 화가 에밀 리노프가 그린 '돕는 손(The Helping Hand)'이라는 제목의 그림은 1881년에 발표한 작품으로, 세계적인 명화입니다. 딱 두 사람밖에 탈 수 없을 정도의 작은 배 한 척이 넓은 바다 위에 외로이 떠 있습니다. 그 배에는 늙은 어부가 한 쪽에 앉아서 노를 젓고, 맞은편에는 손녀처럼 보이는 어린 소녀가 할아버지 손 위에 자기 손을 딱 얹고 노를 젓습니다. 묘한 것은 할아버지는 느릿느릿 젓는 것 같은데, 손녀는 열심히 젓는다는 것입니다. 손녀는 나름 열심히 기쁜 마음으로 웃어가면서 노를 젓고 있습니다. 언뜻 보기에는 어린 아이가 노를 젓는 것 같지만, 실은 어디까지나 할아버지의 손등에 자기 손을 얹고 손을 휘젓는 것일 뿐입니다. 할아버지가 노를 젓는데, 소녀가 그 할아버지의 손등에 자기 손을 얹어놓고 흡사 자기가 젓는 것처럼 즐겁게 지금 노를 젓고 있는 것입니다. '돕는 손'은 그 모습을 아주 잘 그린 유명한 그림입니다. 이것이 인생입니다. 내가 뭘 하는 것처럼 요란을 떨지만, 결국은 아무것도 아닙니다. 실은 큰 손이 노를 젓고 있는 것입니다. 거기에 나는 지금 따라가고 있을 뿐입니다.
　로빈 커즌스는 영국의 스케이트 선수로서 국가대표가 되어 1980년 올림픽에서 금메달을 딴 선수입니다. 애초에 그는 스케이트를 통해서 크게 성공할 마음으로 미국으로 유학을 갔습니다. 그래 그곳의 유명한 코치한테 시험을 받았습니다. 그러고 나서 코치가 이런 말을 했습니다. "자네는 형편없을 뿐만 아니라, 앞으로도 발전 가능성이 없어. 나는 당신 같은 사람은 가르칠 수가 없네." 그러면서 돌아섰습니다. 로빈 커즌스는 기분이 나빴습니다. '아니, 내가 국제적인 선수인데, 또 유명한 선수가 될 자신이 있는데, 나를 이렇게 형편없이 평가하다니?' 그리고 코치에게 따졌습니다. 그때 코치는 빙그레 웃으면서 이렇게 말했습니다. "최고가 되려는 사람이 왜 넘어지기를 싫어하는가? 넘어지는 것을 꺼려하는 사람이라면 스케이트 선수는 애당초 될 수가 없지." 실수하는 것을 꺼리면 아무 일도 못합니다. 넘어지는 것을 꺼린다면 어떻게 스케이트 선수가 되겠습니까. 우리는 한평생을 살면서 실수하지 않으려고 여러 가지로 몸부림을 쳤습니다. 이것이 전부 망조의 원인입니다. 내 온몸으로 뛰어들지 못하고, 실수할까봐, 혹은 실수한다는 말을 들을까봐 겁내는 것입니다. 실패했다는 좋지 못한 명예를 얻을까봐 벌벌 떨면서 살다가 오늘 이 모양이 된 것입니다. 깊은 바다에 몸을 던지듯이, 그런 신앙적 모험이 없었다는 것입니다.

실존주의의 대표적인 철학자 칼 야스퍼스는 인간 자신의 본래성에 대한 연구에서 남다른 특징이 있는 철학자입니다. 그가 한 말들 가운데에 '한계상황'이라는 말이 늘 기억됩니다. '사람은 한계상황을 기억해야 된다.' 제한입니다. 뭐든지 하면 된다는 것도 잘못이지만, 뭐든지 안 된다는 것도 잘못입니다. 어차피 한계상황 안에 있기 때문입니다. 그는 철학자다운 네 가지 한계를 말합니다. 첫째, 죽음입니다. 죽음에서 벗어날 사람이 있습니까. 이 문제를 해결하기 이전에는 누구도 자유롭지 못합니다. 명예니 권세니 해봐도 마지막은 다 죽음입니다. 예수님처럼 이 죽음의 문제 앞에 의연할 수 있어야 됩니다. 십자가를 눈앞에 바로 보면서 말입니다. 다음은 예수님께서 십자가의 모진 고통을 눈앞에 환히 관조하시면서 하신 말씀입니다. "내가 아버지께로 가노라. 내가 세상을 이겼노라." 이것이 인간이 갈 수 있는 최고 승리의 길입니다. 죽음의 문제를 해결하기 이전에는 어떤 문제의 해결도 없습니다. 왜 이 사실을 사람들은 모르고 있다가 끝에 가서야 허우적거리는 것입니까? 인간의 한계상황을 확실하게 극복할 수 있어야 됩니다. 인간에게 고통이 있다는 것입니다. 고통 없는 성공도 없고, 고통 없는 기쁨도 없습니다. 한계상황입니다.

또 인간한테는 갈등이 있습니다. 인간의 이성적 능력 때문에 이럴까 저럴까, 저랬을까 이랬을까, 갈등합니다. 이 갈등은 끝까지 갑니다. 의심이란 끝까지 함께 가는 것입니다. 언젠가 숭실대학교에 가서 채플시간에 부활절 설교를 했습니다. 마치고 나오는데 학생 하나가 가까이 오더니 "목사님, 오늘 목사님 설교를 들으니까 부활이 확실하고, 하늘나라가 환하게 보이는 것도 같습니다. 그런데 목사님께는 의심이 없습니까?" 맹랑한 질문입니다. 제가 대답했습니다. "의심이 있지. 아니, 너보다 더 많지. 그런데 의심을 극복하고, 의심을 십자가에 못박고, 이성적 비판을 십자가에 못박고 신앙을 택하는 것이 신앙이지. 의심이 없다면 그건 벌써 죽은 사람이지. 그건 아니지." 갈등, 이것이 한계상황입니다.

그런가하면 뺄 수 없는 것이 죄책입니다. 무언가 잘못되었습니다. 생각할수록 잘못된 것이 맞습니다. '그때 그러지 말았어야 되는데……'라는 생각을 지울 수가 없습니다. 죄책에서 벗어나지 못합니다. 이 죄책을 십자가에 못박는 역사 없이 새로운 일은 없습니다. 그저 지난 일, 잘못한 일을 후회하고 뉘우치고 눈물 흘리다가 가는 것입니다. 죄책이라는 한계상황을 십자가 안에서 해결해야만 새로운 세계가 열리는 것 아니겠습니까. 오늘본문에서 주님 말씀하십니다. "누구든지 사람을 자랑하지 말라……(21절)" 아무도 자기를 속이지 말라고 합니다. 그만합시다. 자랑거리는 없습니다. 자랑할 만한 것이 아무것도 없습니다. 애당초 자랑하지를 말았어야 했습니다. 자랑거리, 뭔가 된 줄로 알고 허우적거리는 것, 바로 그것이 죄입니다.

요새 아이들이 대학입학시험을 보고 나서 이러고들 있습니다. "나는 몇 점 맞았다. 너는 몇 점 맞았니?" 이러는 것을 볼 때마다 저는 생각합니다. '이 초짜들아, 몇 점이면 어떻고, 몇 점이면 어떠냐? 낙제면 어떻고, 합격이면 어떠냐?' 오래전 예비고사에서 1등을 한 사람이 그걸 자랑하고 지금까지 우려먹고 있지 않습니까. 자기가 예비고사 때 1등 했다고요. 이제 그만해야지요. 아무 것도 아닌데, 왜 그 생각을 못합니까. 스스로 속지 말아야 합니다. 그리고 누구든지 사람을 자랑할 생각을 말아야 합니다. 나 자신을 자랑하지 마십시오. 농사의 이치를 생각해보면 좋겠습니다. 농사를 지으려면 밭이 있어야 합니다. 씨앗도 필요합니다. 비가 오고, 햇빛이 있어야 합니다. 또 적당하게 바람이 불어야 합니다. 한번 생각해보면 좋겠습니다. 우리가 할 수 있는 일이 아닙니다. 내가 아무리 노력하고 땀 흘리고 수고해봐야 아무것도 아닙니다. 태풍 한 번 불어오면 그냥 싹 다 쓰러지고 맙니다. 인간이 이렇게 보잘 것 없습니다. 그렇다면 오늘 이만큼 살아가는 이 모든 것이 얼마나 큰 은총이겠습니까.

세상에는 두 가지 종류의 사람이 있습니다. 하나는 만사를 대가와 보상으로 아는 사람이고, 또 하나는 만사를 은총으로 아는 사람입니다. 내가 수고하는 대로 되는 줄 압니다. 그런고로 "수고해라.

땀을 흘려라. 부지런해라" 합니다. 제가 요사이 목사님들 많이 모이는 데에 가서 세미나나 강연을 할 때 이런 얘기를 더러 합니다. "요새 설교집 주제가 바뀐 걸 아나?" 그리고 말합니다. "옛날에는 부지런해라, 부지런해라는 메시지를 많이 전했다. 하지만 요새는 설교할 때 그 말 하면 안 된다. 노인이 너무 부지런하면 여러 가지로 복잡하다." 여러분은 부지런하라는 말 못 들어보았습니까? 저는 그런 설교 안 합니다. 이제 부지런해서 뭘 하겠다는 것입니까. 마당을 쓸겠습니까? 그렇게 하면 여러 사람을 괴롭히게 될 뿐입니다. 우리는 부지런하기도 하고, 노력도 하고, 피땀 흘려 수고도 합니다. 문제는 그 대가로 내가 있는 줄 착각하는 사람들이 많다는 것입니다. '내가 부지런해서 돈 벌었고, 내가 수고하고 땀 흘려서 뭘 했고……' 이렇게 스스로 자만하는 것입니다. 나만 못한 사람을 볼 때는 '저놈 게을러서 저렇다'고 생각합니다. 정말 그렇습니까? 만사를 대가로 생각해서는 안 됩니다. 아닙니다.

「회복할 역성」이라는 아주 재미있는 책이 있습니다. 김주환 박사의 저서인데, 한 번 읽어볼 만한 교양서적입니다. 이 책에 '회복 탄력성'이라는 말이 나옵니다. 참 충격이었습니다. 스텐포드 대학에서 연구해서 발표한 것이 있습니다. IQ가 140이라고 하면 지능지수로 굉장히 높은 수치인데, IQ가 140 넘는 아이들 1,470명을 면밀히 연구한 결과입니다. 그 아이들을 몇 년 뒤까지 추적해서 연구를 해봤는데, 놀라운 것은 이 가운데 노벨상 받은 사람이 하나도 없다는 것이었습니다. 노벨상은 아이큐가 아니라는 것입니다. 웅변적인 결론입니다. 머리 좋다고 까불 것 없다는 말입니다. 성공의 비결이 아닙니다. 왜 그렇습니까? 노력이 있어야 합니다. 노력 뒤에 더 좋은 것, 즐기는 일이 있어야 됩니다. 머리가 아무리 좋아도 노력하는 것만 못합니다. 노력을 아무리 해도 즐기는 것만 못합니다. 만사를 즐겨야 됩니다.

1964년, 제가 프린스턴 신학교에 가서 공부할 때 바로 옆에 아인슈타인 박사의 집이 있었습니다. 아인슈타인 박사를 직접 만나보지는 못했지만, 가끔 그 집을 맴돌면서 '아인슈타인 박사가 여기 살고, 새벽기도 때 여기 채플에 와서 기도도 했다는데……' 하는 생각을 하면서 많이 기대해봤습니다. 아인슈타인 박사는, 요샛말로 하면, 열심히 공부하지 않았습니다. 출근시간에 맞춰 땡 하면 가서 사무실 의자에 앉아 빙글빙글 돌면서 연구합니다. 그러다 점심시간에 땡 하면 그냥 점심 먹으러 나갑니다. 그리고 땡 하면 들어와 앉았다가, 퇴근시간에 또 땡 하면 바로 퇴근합니다. 그 다음에는 집에 가서 아이들하고 놀고, 밭도 가꾸고, 음악회도 가면서 지냈습니다. 그렇게 한 달쯤 지내다가 어느 날 느닷없이 비서를 불러서 "Dictation!" 하고 소리칩니다. 속기하라는 것이지요. 그리고 앉아서 죽 부르면 박사논문이 하나 나온답니다. 그분의 이야기는 간단합니다. "즐겨야 하는 것이다." 거기에 앞뒤 가리지 못하고 푹 빠져 들어가는 미친놈은 과학자도 아니라는 것입니다.

무슨 일을 해도 즐겨야 합니다. 감사하니까요. 이 사실을 잊지 말아야 합니다. 이 책에서 말하는 사실은 이렇습니다. IQ가 110만 넘으면 아무 상관이 없답니다. 80이 넘어가지고도 노벨상 받은 사람이 있습니다. 머리 좋다고 까불지 말아야 합니다. 왕년에 뭐가 어쩌고 저쩌고…… 이제 그만해야지요. 그것으로 끝난 것 아닙니까. 이 길을 감사한 마음으로 즐기는 것이 중요합니다. 그래서 지혜로운 사람은 노력의 대가로 산다고 생각하지 않고, 은총으로 산다고 생각합니다. 내게 건강을 주시니 좋고, 이런 시간도 주시니 좋고, 이런 기회도 주시니 좋고, 모든 것이 다 참 감사하다고 생각합니다. 내 수고는 이것뿐인데, 하나님께서는 더 큰 일을 이루셨다고 늘 생각합니다.

제가 이제 주책없는 말 한 마디 하겠습니다. 제가 50년을 설교하다보니, 세계에서 설교를 제일 많이 한 목사가 되었습니다. 어떤 분들이 이렇게 물어옵니다. "목사님, 목사님도 설교하신 다음에 '그 말은 이렇게 해야 했는데, 또 이 말은 저렇게 해야 했는데, 그만 빠뜨렸구나!' 하고 설교한 다음 후회해본 일이 없습니까?" 그러면 저는 당당하게 대답합니다. "저는 없습니다." 왜냐하면 제가 생각했던 것보다 훨씬 잘했다고 생각하기 때문입니다. 저는 실수를 개의치 않습니다. 얼마든지 저의 부족한 모든 것을 하나님께서는 통틀어 이용하시어 하나님의 뜻을 이루어가고 계시기에, 저는 늘 제 능력보다 훨씬 잘했다고 믿습니다.

모든 것이 은총입니다. 시간도, 건강도, 오늘 주신 기회도 다 은총입니다. 하루를 살아도 다 은총임을 잊지 말아야 합니다. 참 지혜는 여기에 있습니다. 모든 것을 은총으로 압니다. 수고하고 땀을 흘립니다. 밤을 새워 애쓰겠습니다마는, 그것도 은총입니다. 하나님께서 기회를 주지 않으시면 할 수 없는 것 아니겠습니까. 그런고로 늘 감사한 마음이 있습니다. 겸손, 온유, 감사…… 여기에서 새로운 의지가 나옵니다. 창의력도 나옵니다. 그리고 온유하고 겸손하게 하나님의 뜻을 기다리는 것입니다. 여기까지는 내가 하는 일이요, 그 다음은 하나님께 맡기는 것입니다.

너무 걱정하지 마십시오. 사람들이 저한테 가장 많이 던지는 질문이 이것입니다. "자녀교육을 어떻게 하면 되겠습니까?" 사람들이 어떤 랍비한테 물었습니다. "자녀교육을 어떻게 하면 되나요?" 그러자 그 랍비가 웃으면서 하는 말입니다. "너무 심각하게 생각하지 말고, 부부싸움하지 마시오." 이 얼마나 뜻이 깊은 말씀입니까. 제발 부부싸움 그만 하십시오. 그러면 아이들은 저절로 잘 성장합니다. 잔소리한다고 달라지지 않습니다. 왜 이것을 생각 못합니까. 늘 감사한 마음으로 "네가 있으니 감사하고, 네 얼굴을 보니 나는 행복하다" 하는 이 한 마디만 해주면 되는데, 왜 그렇게 복잡하게 생각합니까. 깊이 생각해야 합니다.

유명한 매튜 헨리 목사님은 신학자이기도 하였는데, 그는 지혜로울 수 있는 길 세 가지를 말합니다. '하나는 기회를 놓치지 마라. 기회는 항상 있는 것이다. 기회가 바로 하나님께서 주시는 선물이다. 오늘도 내일도 내게 주어진 기회를 감사한 마음으로 수용하라. 늘 배우는 자세로 임하라. 항상 나는 부족하니까 더 배워야 되고, 더 알아야 되고, 더 들어야 되고, 더 지도를 받아야 한다는 자세, 배우는 자세로 살아라. 가장 중요한 것은 하나님의 손길을 조용히 기다리는 것이다.' 여기까지만 내가 하고, 나머지는 기다리는 것입니다. 농부들은 새벽에 나가서 땀 흘려 씨를 뿌리고, 가꾸고, 정말 많은 수고를 합니다. 그러고 나서는 가을에 하나님께 감사의 제사를 드립니다. 감사의 십일조를 드립니다. 내가 수고했지만, 하나님께서 주셨으니까 감사하는 것입니다.

유명한 이야기가 있지 않습니까. 의사가 환자를 다 치료하고 수술해서 병이 나았습니다. 그 다음에 환자는 감사헌금을 교회에 바쳤습니다. 의사가 말합니다. "수술은 내가 했는데?" 아닙니다. 하나님께서 하셨습니다. 이 사실을 잊어서는 안 됩니다. 유명한 에디슨과 뉴턴을 비교 연구한 재미있는 글이 있습니다. 이 두 사람은 다 같이 고독을 참는 능력이 있었습니다. 어렸을 때 아주 고독하게 살았습니다. 고독을 이기는 능력이 없으면 아무 일도 할 수가 없습니다. 호기심도 많고, 손재주도 많았습니다. 모든 것을 깊은 호기심에서 관찰했습니다. 그 다음에 가장 중요한 것이 있습니다. 절대로 자기를 과대평가하지 않았습니다. 자기가 뭘 했다고, 자기는 천재라고 생각하지 않았습니다. '나는 별 사람이 아니다'라고 생각했습니다.

오늘본문에 암시되어 있습니다. 사도 바울은 씨를 뿌렸고, 아볼로는 물을 주었습니다. 여기까지입니다. 자라게 하시는 이는 하나님이십니다. 이 사실을 잊지 말아야 합니다. 그런고로 누구든지 사람을 자랑하지 말아야 합니다. 나 자신을 자랑하지 말아야 합니다. 나 자신을 자랑하는 순간 교만하게 되고, 남을 멸시하게 됩니다. 아니면 절망하게 됩니다. 내 자랑을 깨끗이 내려놓고, 모든 것이 오직 하나님의 은총임을 알고, 이대로가 하나님의 축복임을 알고 감사하는 순간, 하나님께서 주시는 위대한 창조적 능력이 그 위에 나타나는 것입니다. '사람을 자랑하지 마라.' △

예수님의 감사현장의 신비

마리아가 예수 계신 곳에 가서 뵈옵고 그 발 앞에 엎드리어 이르되 주께서 여기 계셨더라면 내 오라버니가 죽지 아니하였겠나이다 하더라 예수께서 그가 우는 것과 또 함께 온 유대인들이 우는 것을 보시고 심령에 비통히 여기시고 불쌍히 여기사 이르시되 그를 어디 두었느냐 이르되 주여 와서 보옵소서 하니 예수께서 눈물을 흘리시더라 이에 유대인들이 말하되 보라 그를 얼마나 사랑하셨는가 하며 그 중 어떤 이는 말하되 맹인의 눈을 뜨게 한 이 사람이 그 사람은 죽지 않게 할 수 없었더냐 하더라 이에 예수께서 다시 속으로 비통히 여기시며 무덤에 가시니 무덤이 굴이라 돌로 막았거늘 예수께서 이르시되 돌을 옮겨 놓으라 하시니 그 죽은 자의 누이 마르다가 이르되 주여 죽은 지가 나흘이 되었으매 벌써 냄새가 나나이다 예수께서 이르시되 내 말이 네가 믿으면 하나님의 영광을 보리라 하지 아니하였느냐 하시니 돌을 옮겨 놓으니 예수께서 눈을 들어 우러러 보시고 이르시되 아버지여 내 말을 들으신 것을 감사하나이다 항상 내 말을 들으시는 줄을 내가 알았나이다 그러나 이 말씀 하옵는 것은 둘러선 무리를 위함이니 곧 아버지께서 나를 보내신 것을 그들로 믿게 하려 함이니이다 이 말씀을 하시고 큰 소리로 나사로야 나오라 부르시니 죽은 자가 수족을 베로 동인 채로 나오는데 그 얼굴은 수건에 싸였더라 예수께서 이르시되 풀어 놓아 다니게 하라 하시니라

(요한복음 11 : 32 - 44)

예수님의 감사현장의 신비

　이런 말들이 있습니다. '노래는 부르기 전까지는 노래가 아니다.' '종은 울려서 소리가 나야 좋다.' '사랑은 사랑으로 표현될 때에만 사랑이다.' '축복은 감사하는 마음이 생길 때에만 축복이다.' 감사는 느낌입니다. 많은 철학자들이 이성이 근본이냐, 감성이 근본이냐 하는 문제로 수많은 세월 동안 토론을 해 왔습니다마는, 우리가 아는 대로 역시 감성이 먼저입니다. 누구를 딱 만났을 때 그 사람이 누구냐 하는 사실을 알기 전에 만나자마자 기분 좋은 사람이 있고, 주고받은 것도 없는데 딱 만나자마자 기분 나쁜 사람이 있습니다. 이것은 느낌이지요. 직감입니다. 이 느낌이 있고, 그 다음에 그것을 설명합니다. 이래서, 저래서…… 등등 여러 가지 설명이 뒤따르는 것입니다. 감성이 먼저고, 그 다음이 그 뒤의 사건입니다.
　그러나 감성보다 먼저 있는 것이 무엇입니까? 사건입니다. 이것이 바로 만남이라고 하는 것입니다. 아주 중요한 문제입니다. 감사한다는 것은 말로 설명할 수 없습니다. 이러고, 저러고, 이러니까, 저러니까…… 이렇게 이유를 달더라도 여전히 느낌이 없습니다. 가슴이 움직이지 않으면 감사가 없습니다. 가슴이 움직이지 않으면 다른 사람들이 다 슬픈 이야기라고 해도, 아닙니다. 느낌이 있어야, 그리고 그 느낀 바를 해석해야 비로소 감사하게 됩니다. 이 귀중한 진리를 빨리 터득해야 합니다.
　감사에는 조건부적 감사가 있습니다. 동물학적 반사입니다. 감사라기보다는 반사라고 말할 수 있습니다. 개에게 먹이를 주면 꼬리를 치면서 반가워합니다. 이것은 조건반사입니다. 하지만 사람은 그렇지 않습니다. 어떤 문제에 부딪칠 때 우선 생각을 하고 그 다음에 반응합니다. 동물은 반사로 살지만, 사람은 반응과 응답으로 삽니다. 동물은 Reaction으로 살고, 사람은 Response로 살아가는 것입니다. 이 응답이라는 것을 좀 더 깊이 생각하면 느낌과 함께 반응하는 것을 이릅니다. 그러나 이보다 더 중요한 것이 있습니다. '그럼에도 불구하고(in spite of)'라는 것입니다. 그러니까 '만약'과 '왜냐하면'과 '그럼에도 불구하고'의 세 가지 단계입니다. 여기에는 이유가 없습니다. 좋으니까 좋은 것입니다. 느낌이 좋으니 이유는 묻지 말라는 것입니다. 그 다음으로 무엇보다 중요한 것은 '내가 정말로 기뻐할 수 있나?' 하는 것입니다. 그 속 깊은 데에서부터 오는 영적 체험, 이것은 말로 설명할 수 없습니다.

유명한 버나드 쇼가 이런 말을 했습니다. '나에게는 두 가지 비극이 있다. 첫째는 나의 소원대로 이루어지지 않는 데 대한 불만이다. 둘째는 나의 소원대로 이루어지는 데 대한 실망과 절망과 불안이다.' 소원대로 안 되면 불만스럽고, 소원대로 되면 불안합니다. 돈을 뜻대로 못 벌면 불만스럽습니다. 하지만 뜻대로 벌면 불안합니다. '이 돈을 지킬 수 있을까? 어떤 놈이 빼앗아가지는 않을까?' 이렇게 걱정하고부터 잠은 다 잔 것입니다. 이것이 인간입니다.

이스라엘 사람들의 출애굽의 역사를 가만히 보면 이 모든 이야기가 그림처럼 나타납니다. 애굽에서 430년 동안 노예생활을 하다가 하나님의 은혜로 구원을 받습니다. 애굽에 열 가지 재앙이 내리는 것을 목도하고 애굽에서 나옵니다. 얼마나 감사했겠습니까. 감사와 찬송이 가득 찼을 것입니다. 그래놓고는 정작 홍해가 앞을 가로

막을 때 이번에는 원망으로 가득 찼습니다. "애굽에 공동묘지가 모자라더냐? 왜 우리를 여기에 데려다놓고 죽이려고 하느냐?" 너무나 야박하고 염치없지 않습니까. 그 많은 은혜 가운데서 살아나와서 마침내 자유를 얻었으면 "여기서 죽어도 좋다. 노예로 일생을 사느니, 차라리 자유인으로 여기서 죽겠다. 이 얼마나 감사한 일이냐!" 했으면 얼마나 좋겠습니까. 하지만 그들은 홍해가 앞을 가로막자 일제히 하나님을 원망했습니다. 또 하나님께서 홍해를 열어주시어 그곳을 육지처럼 두 발로 걸어서 건너가게 되었습니다. 그때에 감사 찬송을 불렀습니다. 당연히 그러지 않았겠습니까. 그러나 그 다음 가만히 성경을 연구해보면 불과 두 주일 만에 또 원망합니다. 물이 없다고요. 원망과 감사, 감사와 원망이 계속 반복됩니다. 그래 그들은 광야에서 무려 40년 동안이나 어려운 시련을 겪으면서 하나님의 사람으로 성장해갑니다.

'삼중고의 성녀'라는 유명한 분이 있습니다. 세계적인 위인들을 말할 때 절대 이 사람을 빼는 법이 없습니다. 그는 바로 헬렌 켈러입니다. 시각, 청각, 언어의 장애인입니다. 생후 19개월 때 열병에 걸려서 이렇듯 삼중고에 시달리게 되었습니다. 7살 때부터 가정교사 설리번을 만나 평생을 같이하게 됩니다. 그런 그가 훗날 하버드대학에서 박사학위를 받았습니다. 그는 자신의 처지를 인정하였고, 그 상황에 대하여 감사할 줄을 알았습니다. 그는 말합니다. "나는 남다른 역경 속에 살기 때문에 남달리 하나님의 음성을 가까이 들을 수 있다. 남보다 더 어려운 처지에 살기 때문에 하나님의 사랑을 더 많이 느끼면서 살아간다." 이렇게 간증하며, 세상을 떠날 때까지 "나의 생은 아름다웠다"고 감사하며 죽었습니다. 어떤 사람이 성공한 사람이요, 은혜의 사람입니까?

그냥 슬쩍 보면 오늘본문 41절은 성경 한 구절에 지나지 않지만, 읽어보고 또 읽어보면 놀라운 말씀임을 알 수 있습니다. "아버지여 내 말을 들으신 것을 감사하나이다." 지금 예수님께서 감사하고 계십니다. '내 아버지께서 내 말을 들으시는 것을 감사!' 어쨌든 감사입니다. 그런데 이 감사하는 현장이 어디냐, 이것입니다. 무덤 앞입니다. 쉽게 말하면 장례식장에서 감사하시는 것입니다. 참 어려운 일입니다.

1953년, 우리나라에 아직 전쟁이 끝나기 전입니다. 당시 대구에서는 많은 학교들을 개조하여 부상병들을 위한 육군병원을 열었습니다. 여러 병동에서 많은 군인들이 죽어나갔습니다. 그래 한 달에 한 번씩 광장에 모여서 장례식을 진행했습니다. 목사님들이 모여서 이제 장례식을 인도하게 되는데, 저는 그때 신학생으로서 보조군목 일을 했습니다. 그러니까 아직 정식군목은 못 되고, 보조군목으로 일하던 때인데, 군복에 십자가 배지를 달고, 군목들과 함께 장례식을 치렀습니다. 언젠가는 눈이 많이 내린 다음 날이 장례식이었는데, 바람도 몹시 불고 추웠지만, 다행히 눈은 오지 않았습니다. 연병장에서 장례식을 하는데, 한 젊은 군목이 대표로 기도를 하게 되었습니다. 전사한 군인들의 유족들이 많이 와서 울고들 있는데, 그 군목이 이렇게 기도를 하였습니다. "하나님, 감사합니다. 좋은 날씨를 주셔서."

여러분, 어찌 생각하십니까? 어차피 사람은 죽었고, 장례식 날이 좋으면 감사해야지요. 그러나 여러분, 감사할 수 있습니까. 사람이 죽었는데, 지금 이렇게 많은 사람들이, 그야말로 수백 명이 죽었는데, 이제 날이 좀 좋다고 "오, 하나님! 감사합니다!" 하면 되는 일입니까? 참 어려운 일입니다. 여기에 감사의 본질이 있고, 철학적 근거가 있습니다. 여러분, 깊이 생각해보십시오. 장례식에서 하나님께 감사하는 것, 예수님께서 그러셨습니다. 멀쩡한 사람이 갑자기 죽어서 무덤에 들어갔습니다. 벌써 나흘이나 되어 썩은 냄새가 납니다. 그 앞에서 예수님께서는 "하나님, 감사합니다!" 하셨습니다. 이 역설적 진리를 우리는 깊이 생각해야 합니다.

요한복음 11장 3절을 보면 예수님께서 사랑하시는 사람이 죽었습니다. 가장 사랑하시는 사람이 병들어 죽었습니다. 이제 사랑하는 누이 마르다와 마리아가 와서 눈물을 흘립니다. 무덤까지 방문합니다. 모든 사람이 통곡을 합니다. 뿐만이 아닙니다. 회한이 있습니다. 오빠가 병들어 죽어갈 때 사람을 보냈습니다. "빨리 와서 내 오빠 고쳐주세요. 죽어갑니다." 그러면 예수님께서 "그러자" 하시고, 빨리 오셔야 되지 않습니까. 한데 뭐라고 하십니까? "죽을병이 아니다!" 그래서 그런 줄 알고 돌아와 봤더니 죽었습니다. 이런 기가 막힌 일이 벌어졌습니다. 게다가 장례식까지 다 치르고서야 비로소 예수님께서 오십니다. 그래서 오늘본문을 자세히 보면 이런 말씀이 있습니다. "주께서 여기 계셨더라면 내 오라버니가 죽지 아니하였겠나이다……(32절)" 이런 회한이 있는 이 자리에서 예수님께서 지금 무슨 말씀을 하셔야 됩니까? 그런가하면 또 그 옆에 있던 사람들이 말합니다. "맹인의 눈을 뜨게 한 이 사람이 그 사람은 죽지 않게 할 수 없었더냐……(37절)" 하나님의 능력이 모자랐느냐는 말씀입니다. 이런 회한과 원망과 불평이 거기 있었습니다. 지금 그런 현장에서 예수님께서는 어쩌자고 "하나님, 감사합니다!" 하시는 것입니까? 여러분,

깊이 생각해야 합니다. 내 현재가 어려워도 지난날의 은혜는 은혜입니다. 감사할 줄 알아야 합니다. 그렇지 않습니까.

저는 우리 부목사님들이 병원에 입원해 있는 환자들을 위해 문병을 갈 때마다 잊지 않도록 조언해주는 것이 있습니다. 병원에 가면 환자를 위해 목사님이 기도를 해주지 않습니까. 그때 보통은 이렇게 기도합니다. "병 낫게 해주세요. 위로해주세요. 건강하게 해주세요. 벌떡 일어나게 해주세요." 물론 이런 기도도 좋지만, 그보다는 꼭 이 한마디를 잊지 말라고 합니다. "오늘 병들었습니다마는, 그 동안에 건강하게 산 것 감사합니다. 별로 위생을 잘 지킨 것도 아니고, 바로 산 것도 아니고, 무질서하게 살았건만, 오늘까지 건강하게 산 것 감사합니다. 병든 중에서 그간 건강한 것 감사합니다." 이 기도를 잊지 말라고 이야기해줍니다. 두 번째 기도는 이것입니다. "하나님, 우리는 잘 모릅니다마는, 이 일을 통해서 어떤 위대한 일을 이루시려는지, 저 앞에 이루고자 하시는 하나님의 큰 뜻을 오늘 알게 해주십시오." 이 두 마디 기도제목은 반드시 빼지 말라고 말해줍니다.

여러분, 지금 몸이 괴롭습니까? 지난날에 건강한 것 감사할 수 있겠습니까? 지금 망했습니까? 그 동안 잘 산 것에 대해서 감사할 수 있겠습니까? 위대한 욥은 아들과 딸 열이 있었습니다마는, 하루 아침에 다 죽었습니다. 동방의 부자가 졸지에 거지가 되었습니다. 온 몸에 상처가 나서 기왓장으로 몸을 긁고, 잿더미에서 뒹굴었습니다. 고난 중의 고난입니다. 바로 그 시간에 욥은 하나님께 감사했습니다. "주신 자도 주님이시요, 가져가신 자도 주님이십니다." 그 동안에 받은 것을 감사한 것입니다. 잊지 말아야 합니다. 이 감사가 있을 때 비로소 새로운 역사가 창조되는 것입니다. 지금 내 형편이 아무리 어렵더라도 지난날을 가만히 생각해보면 감사할 수밖에 없습니다. 연세 높으신 분들은 더욱 그렇습니다. 누가 뭐래도 6·25를 겪은 사람은 불평하면 안 됩니다. 살아 있는 것만 가지고도 감사할 줄 알아야 합니다. 그 동안에 산 것도 기적인데, 무슨 할 말이 있겠습니까. 어쩌면 기도제목도 없어야 옳습니다. 그야말로 넘치게 받았으니까요. 적어도 고난을 치른 사람은 이 역경 속에서 오히려 역설적으로 감사하게 됩니다. 이 감사가 정말 중요합니다. 지금 예수님을 보십시오. 어쩌자고 남의 집 장례식에 가서서 "하나님, 감사합니다!" 하신 것입니까? 이것을 이해 못하는 사람들은 많이 비난했을 것입니다.

제 개인적인 간증입니다마는, 오래 전에 한경직 목사님이 세상을 떠나셨을 때입니다. 100세에 세상을 떠나셨는데, 그 장례식 날 설교를 제가 맡았습니다. 그래 가서 보니 거기에는 한평생 같이 지내던 권사님, 장로님들이 다 함께 모여 엉엉 울고 있었습니다. 그래 제가 설교를 시작하면서부터 "정신 차리세요. 100세에 돌아가신 분을 놓고 울고 있는 교인이 어디 있나요? 정신 차리세요!" 했습니다. 30대에 요절하는 사람도 많고, 전쟁에 나가서 죽은 청년도 많은 이 땅에서 100세 넘도록 살았으면 언제 죽어도 감사해야지 않겠습니까. 그래 제가 그때 짐짓 우스운 이야기를 많이 했습니다. 한 목사님이 살아계실 때 함께 지내며 겪었던 이런 저런 우스운 얘기들을 했더니 장례식에서 이렇게 많이 웃어보기는 처음이라고, 다들 좋아했습니다. 여러분, 장례식에 가서는 웃어야 됩니다. 대신 신앙적으로 웃어야 됩니다. 그 동안 내게 부어주신 은혜가 너무나 크니까요. 이 상황과 현실에서 감사를 끌어낼 수 있어야 합니다. 고난당하면서도 감사하는 것입니다.

　어제 제가 사는 현대 아이파크가 꽝 했습니다. 사방에서 전화가 오고 난리가 났는데, 저는 사실 몰랐습니다. 집사람한테 전화를 걸어봤더니 뭐가 꽝 했는데, 뭔지 모르겠다고 했습니다. 바로 옆 동이었습니다. 제가 101동에 사는데, 102동을 내리친 것입니다. 그리고 1동과 2동 사이에 헬리콥터가 떨어졌습니다. 불의의 사건이었습니다. 하지만 가만히 생각해보면 이런 사건이 오늘만 있으라는 법 있습니까? 항상 그러고 사는 것 아니겠습니까. 우리가 비행기를 탑니다. 제가 비행기를 탄 기록을 보니까 지금까지 무려 3백 번이나 탔습니다. 무사하리라는 법이 어디 있습니까. 지금까지 무사했으니 그저 감사할 따름입니다. 어떤 상황에서도 지난날에 받은 은혜와 상상할 수 없는 하나님의 축복이 항상 나와 함께하셨다는 그 감격으로 오늘의 고난을 이길 수 있습니다.

　뿐만이 아니라, 오늘본문에서 예수님께서는 하늘을 우러러 하나님께 감사기도를 하셨습니다. 예수님께서는 5천 명을 먹이실 때에도 떡 다섯 덩이를 손에 드시고 이 감사기도를 하셨습니다. 바로 그 단어, 감사입니다. "이 떡을 통해서 5천 명을 먹이게 해주십시오. 믿습니다!" 그런 기도가 아닙니다. "이 어린 아이가 다섯 덩이를 이렇게 내게 주었습니다. 오, 하나님, 감사합니다." 그 감사기도에 5천 명의 양식이 나타나는 기적이 일어난 것입니다. 잊지 말아야 합니다. 무덤에 가 한 시체 앞에서 서서 "주여, 감사하나이다. 제 기도를 들어주신 것을 감사하나이다." 하셨습니다. 거기까지만 하셨습니다. 다음에 "들어주실 줄로 믿고 감사합니다"라는 기도는 없습니다. 그럼에도 불구하고 그 기적은 나타나고 있습니다. 하늘을 우러러 감사기도 하십니다. 그리고 "나사로야, 나오라" 하십니다. 감사의 능력은 엄청납니다. 그리스도의 감사, 그 현장에서 보여주신 그 놀라운 주님의 은총을 깊이 생각해야 하겠습니다. 신비로운 것이요, 계시적인 사건입니다. 영원한 세계를 바랍니다. 십자가 뒤에 있는 부활의 아침을 바라보며 나사로를 향해서, 시체를 향해서 나오라고 말씀하십니다. 감사하는 마음, 여기서 놀라운 기적을 보게 됩니다.

'주여, 오늘 우리에게 주신 은혜가 헛되이 돌아가지 않게 해주세요. 어떤 상황에서도 제게 베푸신 그 많은 은혜를 감사하게 해주세요!" 이런 기도가 있을 때, 이 순수한 감사, 그 현장에 새로운 기적이 있는 것입니다. △

한 지성인의 고민

　어떤 사람이 주께 와서 이르되 선생님이여 내가 무슨 선한 일을 하여야 영생을 얻으리이까 예수께서 이르시되 어찌하여 선한 일을 내게 묻느냐 선한 이는 오직 한 분이시니라 네가 생명에 들어 가려면 계명들을 지키라 이르되 어느 계명이오니이까 예수께서 이르시되 살인하지 말라, 간음하지 말라, 도둑질하지 말라, 거짓 증언 하지 말라, 네 부모를 공경하라, 네 이웃을 네 자신과 같이 사랑하라 하신 것이니라 그 청년이 이르되 이 모든 것을 내가 지키었사온대 아직도 무엇이 부족하니이까 예수께서 이르시되 네가 온전하고자 할진대 가서 네 소유를 팔아 가난한 자들에게 주라 그리하면 하늘에서 보화가 네게 있으리라 그리고 와서 나를 따르라 하시니 그 청년이 재물이 많으므로 이 말씀을 듣고 근심하여 가니라
　　　　(마태복음 19 : 16 - 22)

한 지성인의 고민

　도박을 무척 좋아하는 한 청년이 수도사님을 찾아와서 상담을 청했습니다. "어제 제가 2층집에서 도박을 열심히 했는데, 속임수를 좀 쓰다가 들켜서 얻어터지고, 거기 사람들이 저를 밖으로 내던져서 아래층에 떨어졌습니다. 제게 좀 충고를 해주십시오!" 이에 수도사가 한 마디 해주었습니다. "별것 없어. 내가 자네라면 다음부터는 1층에서 도박을 하겠네." 옆에 있던 제자가 이 말을 듣고 너무나 당황해서 말합니다. "아니, 수도사님. 도박을 하지 말라고 하셔야지, 2층에서 하던 걸 아래층에서 하라고 하시면 어떡합니까." 그러자 수도사가 빙그레 웃으면서 말합니다. "그만두지 말라고 해도 그만둘 사람이 아니거든." 도박은 참 끊기 어렵습니다. 마약보다 어렵다고 하지 않습니까. 사람을 타락시키는 네 가지가 있는데, 하나가 여자고, 둘이 술이고, 셋이 마약이고, 넷이 바로 도박입니다. '그 중에 제일은 도박이니라.' 그만큼 도박은 무서운 것입니다.
　도박사의 심리를 연구한 사람이 있는데, 이것은 사실 우리 인생의 심리를 파악해줍니다. 첫째, 그들은 자기한테 돌아오는 수익만 생각합니다. '어떻게 하면 이기나? 어떻게 딸 수 있나? 얼마나 돈을 벌 수 있을까?' 이 생각 하나에만 몰두합니다. 거기서 짜릿하게 즐기고 있는 것입니다. 둘째, 그들에게 방법과 수단은 무관합니다. 도박하는 사람이 진실과 정직을 말하는 법은 없습니다. 속일 수 있으면 속여야 되고, 속여서 돈을 벌어야 되기에 그뿐입니다. 사는 방법과 수단에 대해서 진실은 상관이 없습니다. 이것이 도박사의 마음입니다. 셋째, 그들은 자기가 얻는 수익에만 관심이 있습니다. 돈을 잃어버리고 빈털터리가 되는 상대에 대해서는 배려가 전혀 없습니다. 인격의 수준은 배려에 있습니다. 나만 생각하고, 상대방을 생각하지 못한다는 것은 동물 이하입니다. 도박에서 좋은 패를 쥐고 있는 사람의 마음은 어떤 것입니까? 내가 따는 순간 저쪽은 잃고, 내가 대박인 순간 저 사람은 자살해야 됩니다. 패가망신이니까요. 상대방한테 돌아가는 피해에 대해서는 아무런 관심도 없는 절대적 이기주의, 바로 이것이 도박하는 사람의 마음입니다. 이거 상징적으로 중요한 문제입니다. 오늘 현대인들이 다 바로 이런 마음으로 허덕이고 있는 것 아닙니까.

 오늘본문에서 한 청년이 예수님께 나아옵니다. 마가와 누가복음에 있는 말씀을 종합해보면 이 사람은 부자요, 엘리트요, 귀족이요, 서기관입니다. 좋은 가정에서 교육을 받은 것 같고, 현재도 부자입니다. 많은 사람들로부터 존경받는, 사회적 지위가 있는 사람입니다. 현대인으로 말하면 지성인의 대표라고 할 수 있습니다. 이런 대표적 지성인이 예수님께 나아왔습니다. 마가복음 10장에 보면 한 사람이 달려 나와 무릎을 꿇었다고 되어 있습니다. 이 청년이 이 기회를 기다렸다가 예수님께서 오신다는 말을 듣고 막 달려가서 그 앞에 엎드려 예수님께 구했다는 것입니다. 이 사람의 고민은 영생에 대한 것입니다. 차원 높은 고민입니다. "어떻게 하면 영생을 얻겠습니까?" 영원한 생명인 영생을 지금 여쭈고 있습니다. 굉장히 중요한 질문입니다. 그는 가난하고, 하루 살기도 힘겹고, 매일같이 죽기를 바라는 그런 사람이 아닙니다. 가난한 사람은 하루하루 살아가는 것 자체가 너무나 힘든 일입니다. 자살은 못해도 빨리 죽었으면 하는 사람에게 이것은 정말 사치스러운 이야기일 수도 있습니다. 하지만 이 청년은 지금 영생을 묻고 있습니다. 넉넉하니까, 돈도 있고, 명예도 있고, 젊음도 있으니까 세상 걱정은 없습니다. 그런데 이 사람에게 고민이 하나 있습니다. 근본적인 고민이요, 원초적인 고민입니다. 가장 중요하고 근본이 되는 고민입니다. 우리는 이것을 잃어버리는 경우가 많습니다. 우리 모두의 마음속 깊은 곳에는 다 있는데, 그만 이 세상적인 것과 화려한 것에 빠져서 어느 사이에 다 이것을 잊어버리고 살아가고 있습니다. 그러나 여전히 가장 중요한 문제는 영생의 문제요, 생명의 문제입니다. 어차피 우리는 이 세상을 살다가 갈 것입니다. 그 다음 세계는 무엇입니까? 나는 어디로 가는 것입니까? 여러분, 이보다 더 심각한 질문이 어디에 있습니까! 이보다 더 근본적인 고민이 어디에 있습니까!

좀 잘 살면 어떻고, 못 살면 어떻습니까. 오래 살면 어떻고, 짧게 살다 가면 어떻습니까. 문제와 관심의 초점은 영생입니다. 이 청년은 부귀와 명예를 다 가진 사람입니다. 그러나 영생의 문제로 고민합니다. 왜냐하면 미래의 문제이기 때문입니다. 오늘 내 처지가 언제까지나 변함없이 이대로 있겠습니까. 그렇지 않습니다. 세상도 변하고, 나도 변하고, 상황도 변합니다. 다음, 다음, 다음으로 계속 변하고 있는데, 궁극적으로 미래는 어떤 것입니까? 그것을 묻고 있는 것입니다. 일이 잘 안 되면 불만이 많습니다. 일이 되고 나면 또 불안합니다. 다음이 문제니까요. 오늘 내가 명예를 얻었습니다. 이 명예가 며칠이나 갈 것인가 고민합니다. 내가 많은 부를 얻었습니다마는, 이 부가 얼마나 갈 것인가? 그렇지 않습니까.

주식 하는 사람들을 보니까 올라갈 때는 좋아하고 축하하고 난리입니다. 그런데 올라간 다음에는 그날로 당장 고민이 생깁니다. '언제 떨어지려나?' 계속 올라만 가라는 법은 없으니까요. 도대체 좋은 것은 무엇입니까? 오늘 이 청년은 그런 고민을 하고 있습니다. 나의 이 생애와 현실의 종말은 어디인가? 영생을 묻습니다. 미래의 문제가 해결되지 않으면 현재의 문제는 암담한 것이 되고 맙니다. 생각해보면 돈이 있어도 내일 가난해진다면 그 돈이 무슨 소용이 있으며, 오늘 건강해도 내일이면 병들 텐데, 이 건강이 무슨 소용이 있겠습니까. 내가 지금 건강 만점이라고 하더라도 죽어야 한다는 문제는 피할 수 없는 것입니다. 어찌 고민이 없겠습니까. 그래서 영생을 묻습니다. 영생의 문제가 해결되기 전에는 행복이 없으니까요. 아니, 한순간도 편안할 수 없으니까요. 차라리 멍청한 사람이라면 그냥저냥 먹고살면 되겠지만, 지성이 있는 사람은 그렇지 않습니다. 영생의 문제로 고민하게 됩니다. 행복은 영생에 있으니까요. 그는 고민할 줄 아는 인간이요, 지성적 인간이었다는 말입니다. 그리고 예수님께 나아왔습니다. 참 잘한 일이라는 생각이 듭니다. 좋은 선택이었습니다. 바닷물은 아무리 마셔도 갈증이 해소되지 않습니다. 그는 바닷물 같은 세상욕망을 다 버리고, 그래도 순수한 마음으로 예수님께 나아와 많은 사람들 앞에서 부끄러움을 무릅쓰고 무릎을 꿇었습니다. 훌륭한 사람입니다. 괜찮은 사람입니다. 그가 여쭙습니다. "어떻게 하면 영생을 얻겠습니까?"

그런데 오늘 예수님께서는 유도심문을 하십니다. 말씀 하나하나에 깊은 의미가 있습니다. 첫째로 하신 말씀이 이것입니다. "율법을 지켜라!" 무엇입니까? 지금 몰라서 묻는 것이 아닙니다. 그러니까 예수님께서 직접 "살인하지 말라. 간음하지 말라. 도적질하지 말라. 부모에게 효도하라. 그리고 이웃을 네 몸과 같이 사랑하라" 하고 이 사람에게 십계명을 설명하실 것까지는 없습니다. 그러나 말씀하셨습니다. 그리고 기다리십니다. 어떤 대답을 기다리셨겠습니까? 모름지기 여기서 "이웃을 네 몸과 같이 사랑하라"고까지 말씀하셨으니까 이 젊은 율법사가 "주여, 어찌 그 율법을 지킬 수 있겠습니까. 그건 불가능합니다!" 하고 나와야 되지 않겠습니까. 이것이 우리의 진실 아니겠습니까. 예수님께서는 바로 이런 진실을 촉구하셨는데, 이 젊은 사람이 참 건방진 소리를 합니다. "저는 어렸을 적부터 율법을 다 지켰나이다. 이제 뭘 더 하면 되겠습니까?" 참으로 명청한 사람입니다. 부잣집 아들이면 부잣집 아들이지, 어찌 이런 대답을 할 수 있습니까. "저는 율법을 다 지켰습니다. 이제 뭘 더 하면 좋을까요?" 그러니까 예수님의 유도심문에 넘어간 것입니다. 그때 예수님께서 조용히 말씀하십니다. "그래, 네가 온전하고자 할진대, 네게 있는 것을 다 팔아서 가난한 자에게 주라. 다 주고 그 다음에 나를 따르라. 그러면 영생을 얻으리라." 그러자 이 젊은이가 앞이 캄캄해지는 것입니다. 다 팔아서 주라니, 예수님께서 왜 그러셨겠습니까? 돈 많은 사람들의 고민입니다. 예수 믿는 사람들은 이 본문에서 고민 안 하는 사람이 없습니다. 다 팔아서 주라고 하셨으니까요. '다 팔아서 주지 않고 내가 예수를 믿는데, 이러다가 천당 가겠나 못 가겠나?' 고민 아니겠습니까. 그러나 오늘 이 말씀의 뜻을 잘 살펴보면, 예수님께서 중요하게 심리적으로 추궁하시고, 유도하고 계시는 것입니다. 예수님의 판단은 어떻습니까? "율법을 다 지켰다"고 하는 그 허심, 허세, 교만, 어리석은 마음…… 돈푼이나 있으니까요.

돈 있는 사람은 돈과 함께 의도 함께 가졌다고 생각합니다. 의의 보상으로 돈이 주어진 줄로 착각하는 것입니다. 돈이 가진 무서운 매력입니다. 그래서 돈이 생기면 의인이고, 돈이 없어지면 죄인이고, 건강하면 의로운 것이고, 병들면 죄책감을 느끼는 것입니다. 이렇게 인간은 얄팍합니다. 여기에 대하여 예수님께서 정면으로 화살을 쏘십니다. "네가 지금 율법을 다 지켰다고 하는데, 그게 어디서 오는 마음이냐? 어디 한번 보자. 다 팔아 가난한 자에게 주라. 그러면 영생이 무엇인지 보일 것이다." 깊이 생각해야 합니다. 교만한 자에게 영생은 없습니다. 교만한 자는 아무리 생각해도 보이는 것도 들리는 것도 없습니다. 지금 가지고 있는 이 재산, 이것이 이대로 있는 동안은 예수님 말씀 그대로 그는 영생을 얻을 수 없습니다. 다시 말하면 예수님께서 그의 진실을 물으십니다. "네 진실이 무엇이냐? 네가 지금 정말 영생을 얻고자 하느냐?" 그가 얼마나 형식주의에 깊이 빠져 있으며, 또 얼마나 허영과 거짓된 지성인적 엘리트 심령에서 벗어나지 못하고 있는가를 말합니다.

예수님께서 말씀하십니다. "네 이웃을 네 몸과 같이 사랑하라." 세상에는 가난한 자가 즐비합니다. 그때나 지금이나 마찬가지입니다. 실제로 여기저기 다니면서 보면 마음이 참 괴롭습니다. 필리핀이나 모스크바 같은 데에 가서 보면 길거리에 노숙인들이 잔뜩 있습니다. 어떤 때는 차에서 나오자마자 그들이 달려와 저를 덥석 붙들고 몇 푼 달라고 하는데, 참 난감하고 괴롭습니다. 저들을 보는 동안 나는 편안할 수 없습니다. 그 장면을 보고 식당에 들어가서 내가 식사를 맛있게 할 수가 없습니다. 여러분도 이런 경험, 여행 중에 많이 하실 것입니다. "진실을 찾으라. 가난한 이웃을 보면서 네 마음에 평안이 있더냐, 이놈아!" 이 점을 묻고 계십니다. 그리고 말씀하십니다. "그러므로 네 것을 다 팔아서 가난한 자에게 주라. 그리고 와서 나를 좇으라." 그래야 예수님을 똑바로 바라볼 수 있고, 예수님의 말씀을 바로 들을 수 있으니까요.

저명한 심리학자인 에리히 프롬의 저서에 「To Have or To Be(존재냐, 소유냐?)」라는 유명한 책이 있습니다. 여기서 그는 두 편의 시를 인용합니다. 하나는 영국 시인 테니슨의 시입니다. '갈라진 벼랑에 한 송이 꽃, 나는 너를 바위틈에서 뽑아낸다. 나는 너를 뿌리째 품고 본다. 너희 작은 한 송이 꽃, 너희 뿌리, 줄기, 그 모든 것을 알 수 있다면 신은 무엇으로 우리를 지었는지, 우리 인간은 무엇인지 알 수 있으련만.' 다음은 일본 시인 바쇼의 시입니다. '가만히 살펴보니 냉이 꽃 한 송이가 저 울타리 담장 옆에 피어 있다.' 끝입니다. 여기에 꽃 한 송이가 있습니다. 이것을 꺾어서 뿌리째 뽑아 보아야 되겠느냐? 이것이 인간입니다. 그러나 또 한 사람은 담장 밑, 옆에 피어 있는 꽃 하나 그냥 두고서 많은 사람들로 하여금 보면서 지나가도록 하자는 것입니다. 무슨 말입니까? 소유의 문제가 아니라 존재의 문제라는 것입니다.

이 부유한 젊은 청년이 예수님께 나아왔는데, 그 마지막이 참 처절합니다. 끝이 이렇습니다. "근심하며 돌아가니라." 왜요? 돈이 너무 많기 때문입니다. 이 청년이 돈 없는 사람이었다면 오히려 일이 쉬웠을 텐데, 돈 많은 사람이니까 근심하며 돌아가고 만 것입니다. 마가복음 10장 29절 이후의 말씀을 보면 그 깊은 뜻을 더욱 잘 알 수 있습니다. "예수께서 이르시되 내가 진실로 너희에게 이르노니 나와 복음을 위하여 집이나 형제나 자매나 어머니나 아버지나 자식이나 전토를 버린 자는 현세에 있어 집과 형제와 자매와 어머니와 자식과 전토를 백 배나 받되 박해를 겸하여 받고 내세에 영생을 받지 못할 자가 없느니라." 백 배나 받다니, 무슨 말씀입니까? '버리면 얻는다'는 말씀입니다. 버리는 자는 백 배나 받고, 영생도 함께 얻는다고 말씀하셨습니다. 그러니 이 청년은 지금 뭔가 크게 실수하고 있는 것입니다. 저는 이런 생각도 해봅니다. '이 청년이 예수님의 말씀을 듣고 "예, 다 팔아버리고 따르겠나이다" 하고 적극적으로 나왔다면 예수님께서 뭐라고 하셨을까?' "됐다. 그만둬라" 하셨을 것 같습니다. "그냥 따르라." 저는 그렇게 믿습니다.

 미국에 록펠러라고 하는 큰 부자가 있었습니다. 그는 고작 39세에 세계최고의 부자가 되었습니다. 그런 그가 갑자기 병이 들었습니다. 그래 병원에 가서 검사를 받아본 결과 불치병으로 판정이 났습니다. 몸속에서 피가 자꾸 없어지는 병이었습니다. 피를 생산하는 기능에 문제가 생긴 것입니다. 그래 몸 상태가 점점 나빠져 가는데, 이대로라면 일 년쯤 뒤에 록펠러가 세상을 떠나겠다고 의사가 알려주었습니다. 그래 그는 병원을 나와서 생각했습니다. '남은 일 년 동안 뭘 할까?' 그 한평생 모아놓은 돈으로 고아원을 세우고, 양로원을 세우고, 교회를 세웠습니다. 특별히 교회를 많이 세워서 역사적으로 기록에 남았습니다. 그는 남은 인생을 그렇게 살았습니다. 그리고 더욱 열심히 일했습니다. 록펠러는 94세까지 살았습니다.

 무엇을 말합니까? 버린 자는 얻는다, 이것입니다. 깊이 생각해야 합니다. "나를 위해 다 버리고 깨끗한 마음으로 따르라! 그리하면 백 배나 받고 겸하여 영생을 얻으리라!" 지성인에게 주시는 귀중한 말씀입니다. 순간순간 새롭게 그 의미를 찾아야 할 것입니다.

△

스스로 지혜롭게 여기는 자

　장인이 온갖 것을 만들지라도 미련한 자를 고용하는 것은 지나가는 행인을 고용함과 같으니라 개가 그 토한 것을 도로 먹는 것 같이 미련한 자는 그 미련한 것을 거듭 행하느니라 네가 스스로 지혜롭게 여기는 자를 보느냐 그보다 미련한 자에게 오히려 희망이 있느니라 게으른 자는 길에 사자가 있다 거리에 사자가 있다 하느니라 문짝이 돌쩌귀를 따라서 도는 것 같이 게으른 자는 침상에서 도느니라 게으른 자는 그 손을 그릇에 넣고도 입으로 올리기를 피로워하느니라 게으른 자는 사리에 맞게 대답하는 사람 일곱보다 자기를 지혜롭게 여기느니라 길로 지나가다가 자기와 상관 없는 다툼을 간섭하는 자는 개의 귀를 잡는 자와 같으니라

(잠언 26 : 10 - 17)

스스로 지혜롭게 여기는 자

　　종교개혁의 여명기에 사보나롤라라는 유명한 설교가가 있었습니다. 로마 가톨릭이 교회를 온전히 지배하고 있을 시기입니다. 어느 날 아침이었습니다. 이 설교가가 성당 앞을 지나가다가 거기 있는 마리아 상 앞에 서서 참배하고 기도하는 한 여인을 보게 되었습니다. 아침마다 산책하면서 보니 여인은 늘 똑같은 자리에 서서 기도를 하고 있는 것이었습니다. 비가 오나 눈이 오나, 또 폭풍이 불어도 아랑곳없이 꼭 그 시간 그 자리에 서서 오랫동안 기도하는 그 여인을 보고 그는 깊은 감동을 받았습니다. 무슨 사정인지 하도 궁금하여 그는 동료 사제한테 여인에 대한 칭찬을 겸하여 이렇게 물어보았습니다. "여보게, 날마다 꼭 같은 시간에 마리아 상 앞에서 기도하고 있는 여인이 있는데, 신앙심이 참 대단한 것 아닌가." 그러자 동료 신부가 껄껄 웃으면서 사연을 알려주었습니다. 옛날 이 예배당을 지을 때 한 유명한 조각가에게 마리아 상을 하나 만들어달라고 부탁했더랍니다. 이 조각가는 모델이 필요했습니다. 그래 예쁜 아가씨 한 사람을 데리고 와 모델로 세워놓고 마리아 상을 만들었습니다. 바로 그 아가씨가 저 여인이라는 것입니다. 저 여인은 지금 마리아에게 기도하는 것이 아니고, 자기가 마리아인 줄로 착각하고 있다는 설명이었습니다. 자신이 마리아 상의 모델이었다고 그 스스로 마리아가 되는 것은 아니지 않습니까.

　　우리는 착각에 빠져서 살 때가 많습니다. 유명한 신학자 라인홀드 니부어의 저서들 가운데 제가 젊었을 때 탐독했던 책이 한 권 있습니다. 「인간의 본성과 운명」이라는 인상 깊은 책입니다. 기억에 오래도록 남아 있는 것이 있습니다. '사람의 죄가 뭐냐?'라는 물음입니다. 사회정의라는 문제에 대한 전문가인 저자는 이 책에서 많은 죄들을 나열합니다. 그는 이렇게 말합니다. '죄의 뿌리를 파고 들어가면 그 원초적 죄는 교만이다.' 권력에 대한 교만입니다. 자기가 권력을 가졌다고 생각하는 것입니다. 그래 지배욕을 과시합니다. 무한히 지배하려고 드는 데에 문제가 있습니다. 또 하나는 지식의 교만입니다. 인간의 지식이란 보잘 것 없는 것입니다. 사람이 안다면 얼마나 알겠습니까. 심지어 알던 것마저 나이 들면 다 잊어버립니다. 그 아무런 소용도 없는 지식이 아직도 자기한테 많이 있는 줄로 알고, 남보다 더 많이 안다고 착각합니다. 이것이 교만입니다.

한데, 이보다 더 무서운 교만이 있습니다. 바로 도덕적 교만입니다. 내가 남보다 선하고, 깨끗하다고 여깁니다. 적어도 누구누구보다는 내가 더 낫다, 내가 더 정결하다고 생각합니다. 비록 큰 성공은 없지만, 남들이 다 알아봐주는 업적은 없지만, 적어도 도덕적으로는 내가 더 낫다고 믿습니다. 이렇게 스스로 착각하다가 어느덧 자기상실에 빠지고 맙니다. 자기를 잃어버립니다. 판단력도 잃어버립니다. 나아가서는 가장 중요한 기초적 양심마저 잃어버리고 맙니다. 오늘본문에서 하나님께서는 바로 이런 사람에게 말씀하십니다. 스스로를 지혜롭게 여기는 자, 자기가 자기를 지혜롭다고 생각하는 사람, 자기가 남보다 지혜롭다고 생각하는 사람에 대해서 자세하게 설명해주십니다. 요컨대 전혀 지혜롭지 못함에도 불구하고 스스로를 지혜롭다고 여기고 있다, 이것입니다. 자기가 남보다 지혜롭다고 여기는 순간 구제불능이 됩니다. 왜냐하면 스스로 지혜롭다고 믿으니까 더는 지혜를 추구하지 않게 되기 때문입니다. 그런고로 겸손도 없습니다. 자기반성도 없습니다. 스스로 지혜롭게 생각하는 것, 쉽게 말해서 잘난 척 하는 것, 참 불행 중 불행이요, 병중의 큰 병입니다.

　오늘본문은 하나하나 조목조목 우리에게 이것을 말씀해줍니다. 개가 토했던 것을 먹는 모습을 여러분은 본 적이 있습니까? 보지 않은 분은 실감이 나지 않을 것입니다. 개가 마당에서 놀고 부엌에서 왔다 갔다 하고, 그러다 뭘 잘못 주워 먹거나 많이 먹으면 다 토해냅니다. 불편한 속을 참지 못하고, 비틀거리며, 먹었던 음식을 다 토합니다. 그래 이제 시원하겠다 싶은데, 그걸 다시 집어먹습니다. 못 본 분들은 상상이 잘 안 되실 것입니다. 솔로몬이 별의 별 것을 다 보았습니다. 속에서 뭐가 잘못되어서 토한 것인데, 그럴 도로 다 주워 먹는 것입니다. 잘못된 원점으로 다시 돌아간다는 말씀입니다.

　회개할 때는 잘못됐다고 생각해서 눈물을 흘리고 뼈아프게 반성하고 다시는 그러지 않겠다고 맹세합니다. 하지만 얼마 뒤에는 다시 회개하기 전으로 돌아갑니다. 이런 이야기가 있습니다. 도박에 빠진 어떤 사람이 '이제 더는 도박을 하지 말아야겠다!'고 결심합니다. 그리고 그 증표로 손가락 하나를 작두에 대고 자릅니다. 그런데 며칠 뒤에 남은 손가락으로 또 도박을 하더랍니다. 개가 토했던 것을 다시 먹는 일과 뭐가 다릅니까. 아무리 후회하고, 뉘우치고, 회개한들 무슨 소용입니까. 잘못을 비판하는 의식은 있습니다. 옳고 그름을 가릴 줄 아는 판단능력도 있습니다. 하지만 정작 행함은 없는 것입니다. 후회도 있고, 통회도 있고, 회한도 있고, 눈물도 있고, 맹세도 있지만, 결정적으로 행함이 없습니다. 차라리 아무 것도 모른다면 충고라도 해주겠는데, 스스로도 무엇이 문제인지 다 알고 있습니다. 뉘우쳤지만, 돌이키지를 못하는 것입니다. 얼마나 비참합니까. 우리가 회개라는 말을 씁니다. 헬라어로는 '메타노에어'라고 합니다. 뒤돌아서라는 뜻입니다. 아니, 돌아서는 것만이 아니고, 돌아서서 아주 간다는 뜻입니다. 행동의 말입니다. 감상이 아닙니다. 지식이 아닙니다.

　게으른 자는 꼭 변명을 하게 마련입니다. 게으른 사람은 꼭 말이 많게 마련입니다. 게으른 이유를 정당화하느라고 그렇습니다. 게으른 자는 스스로를 지혜롭다고 여깁니다. 옛날 어느 동네에서 불이 났습니다. 그래 몇몇 집이 벌겋게 타오르는데, 집 없는 거지가 저 멀리 다리 밑에서 자다가 일어나 불이 난 것을 보았습니다. 그래 자기 아이들한테 이렇게 말합니다. "우리는 저렇게 집에 불이 났다고 걱정할 것 없지 않느냐. 다 내 덕인 줄 알아라!" 게으른 자는 꼭 그 게으름에 대한 자기변명과 자기 정당화가 있습니다. 오늘본문은 말씀합니다. "거리에 사자가 있다 하느니라(13절)." 밖에 사자가 있을 수 있습니다. 그러나 밖에 사자가 있다고 하면서 자기는 '그런고로 난 밖에 나가지 않는다. 나는 지혜롭다'고 생각합니다. 세상에 모험 아닌 것이 어디 있습니까. 어찌 생각하면 심리학적으로는 신앙도 모험입니다. 모험 중에서도 최고의 모험은 결혼입니다. 왜 그렇습니까? 내가 나도 못 믿는데, 누구를 믿습니까. 더욱이 거기에 일생을 걸다니요? 그래서 못 믿는 사람은 결혼 못 합니다. 세상에 모험이 따르지 않는 일이 어디 있습니까. 결국 지식은 한계가 있고, 경험도 한계가 있습니다. 지식이 부족한 부분은 믿어야 되고, 믿고 하는 일에는 모험이 따릅니다. 큰 모험이 따릅니다. 하지만 게으른 자는 생각합니다. '내가 그러니까 안 한다. 나는 밖에 나가지 않는다. 아, 밖에 나가면 사자가 있으니까 안 나간다. 그런고로 나는 지혜롭다.' 이래서야 뭐가 되겠습니까.

저희 아버지가 제게 늘 말씀하시던 바가 있습니다. "소가 없으면 외양간은 깨끗하다. 그러나 먹을 것이 없다." 소가 없으면 외양간은 깨끗합니다. 일 안하고 아무 것도 안 하면 문제가 없습니다. 그러나 굶어 죽습니다. 모험을 해야 하는데 모험하지 않고, 그걸 스스로 지혜라고 여깁니다. 게으른 사람은 자기 게으름이 지혜라고 생각합니다. "보라. 나는 사고가 없다. 아, 난 감옥에도 안 간다. 신문에 내 이름 나오지도 않는다. 나는 깨끗하다. 나는 안전하다." 이것이 바로 게으름에 대한 변명입니다. 개척정신이 없습니다. 이런 사람은 꼭 환경을 탓합니다. '밖에 사자가 있다.' 환경을 바꾸는 개척의식 없이 그저 위험하니까 하지 않겠다는 소극적인 생각만 합니다. 세상을 탓하고, 남을 탓하고, 조상을 탓합니다. 게으릅니다. 그리고 그 게으름을 지혜로 착각합니다. 나아가 오히려 그 게으름이 지혜라고 스스로 자랑합니다. 아무 일도 하지 않았기에 아무 일도 없는 것은 맞습니다. 하지만 이제 정말 지혜입니까? 아무 비난도 받을 필요가 없으니, 그것이 성공입니까? 깊이 생각해야 합니다.

오늘본문에는 너무나 우스운 이야기가 있습니다. '게으른 사람은 음식을 앞에다 놓고도 입에다 넣기를 싫어하느니라. 그릇에 넣고 입으로 올리기를 괴로워하느니라.' 참 재미있는 말씀입니다. 현대식으로 바꾸어 말하면 게으른 사람은 '밥하기 싫어서 굶는 사람'입니다. 음식도 있고, 좋은 시설도 있습니다. 옛날 같으면 먼저 불을 지펴야 하고, 그러면 연기가 나 괴롭습니다. 더하여 맷돌질까지 해서 밥을 지어야 했습니다. 요새는 쌀 씻기가 싫어서 아예 씻은 쌀을 사옵니다. 그러면 그걸 밥솥에 넣고 스위치만 누르면 되는데, 그걸 하기 싫어서 또 굶고 잡니다. 물론 또 변명이 따릅니다. 다이어트를 위해서라는 것입니다. 아닙니다. 스스로를 속이지 말아야 합니다. 게으른 자의 지혜는 한갓 변명일 뿐입니다. 움직이지 않으면 마지막에는 숨조차 쉬기 싫어집니다. 운동은 움직이는 것입니다. 움직여야 합니다.

헬스클럽에라도 가서 운동을 해보면, 모든 동작이 전부 다 내 몸을 아프게 합니다. 코치는 꼭 아프고, 힘든 방향으로 몸을 틀라고 시킵니다. 아파야 운동이니까요. 안 아프면 운동이 안 되니까요. '유산소 호흡'이라는 것이 있습니다. 별 것이 아닙니다. 숨차게 움직이는 것입니다. 헐떡거리고 땀이 나올 정도로 운동하는 것입니다. 밤새껏 폐가 조용하게 지냈는데, 이 폐에다가 활력을 넣어서 강한 바람을 펌프질하고, 산소호흡을 제대로 하여 온 몸에 새로운 산소가 확 돌도록 해주는 것입니다. 헐떡거리는 것, 힘듭니다. 힘들지 않고 운동이 됩니까. 결국은 힘이 드는 방향으로 운동해야 합니다. 자꾸 편하게 살려고만 들어서는 무덤까지 금방 가고 맙니다. 사람은 움직여야 살기 마련입니다. 몸도 마음도 정신도 움직여야 합니다. 나이 들면서 제일 싫은 것이 일어나기 싫은 것이요, 움직이기 싫은 것입니다. 그래서는 점점 굳어집니다. 그러니까 움직여야 합니다.

오늘본문, 얼마나 재미있는 말씀입니까. '음식그릇에 손을 넣고도 음식을 입으로 가져가는 것까지 괴로워한다.' 그러면 죽습니다. 또 이 어리석은 사람은 남의 일에 간섭하기를 좋아합니다. "길로 지나가다가 자기와 상관없는 다툼을 간섭하는 자는 개의 귀를 잡는 자와 같으니라(17절)." 남의 이야기하기를 좋아합니다. 게으른 자는 꼭 말이 많고, 남에 대한 이야기를 많이 합니다. 여러분은 스스로를 지혜롭게 생각합니까? 생각을 바꿔야 됩니다. 모험이 없을 수 없습니다. 실수도 얼마든지 있을 수 있습니다. 그러나 우리는 행동의 사람이 되어야 합니다. 예수님께서는 십자가를 지시기 며칠 전에 종말론적 메시지를 주셨습니다. 많은 사람이 하나님 앞에 와서 심판 받을 때에 대한 이야기입니다. 그 책망의 말씀 중에 무서운 말씀 한마디가 있습니다. "악하고 게으른 종아!" 악하다는 말은 받아들이면서도 게으름이 죄라는 것은 왜 생각 못합니까? 할 일을 안 했고, 할 수 있는 일을 안 했습니다. 달란트를 땅에다 묻어두었습니다. 오늘도 내가 할 수 있는 일을 안 하고 있기에, 그것이 죄가 된다는 것을 잠시도 잊어서는 안 됩니다.

　비록 내가 어렵지만 아직도 할 일이 있습니다. 내가 도와야 할 일이 있습니다. 얼마든지 할 일이 많습니다. 할 수 없는 것을 접어두고 할 수 있는 것을 해야 합니다. 그래야 그 다음으로 이어지는 은사를 받을 수 있습니다. 그 다음 일을 할 수 있게 됩니다. 할 수 있는 일을 해야 또 다시 할 수 있는 일이 내 앞에 다가온다는 것을 잊지 말아야 합니다. 항상 여호와를 경외함이 지혜의 근본인 줄 알고, 듣고 느끼고 배우고 믿고, 그리고 주님께 온전히 맡기고, 오늘 내게 주신 시간과 은사를 따라서 충성을 다하고, 결코 악한 자도 되지 말아야 합니다. 그보다 더 중요한 것은 게으른 자가 되지 말아야 한다는 것입니다. 게으름이 죄라는 것을 다시 한 번 마음속 깊이 새기고, 은사를 땅에 묻어두는 어리석음이 없어야 할 것입니다.　△

소망의 이유에 대답하는 사람

또 너희가 열심으로 선을 행하면 누가 너희를 해하리요 그러나 의를 위하여 고난을 받으면 복 있는 자니 그들이 두려워하는 것을 두려워하지 말며 근심하지 말고 너희 마음에 그리스도를 주로 삼아 거룩하게 하고 너희 속에 있는 소망에 관한 이유를 묻는 자에게는 대답할 것을 항상 준비하되 온유와 두려움으로 하고 선한 양심을 가지라 이는 그리스도 안에 있는 너희의 선행을 욕하는 자들로 그 비방하는 일에 부끄러움을 당하게 하려 함이라 선을 행함으로 고난 받는 것이 하나님의 뜻일진대 악을 행함으로 고난 받는 것보다 나으니라

(베드로전서 3 : 13 - 17)

소망의 이유에 대답하는 사람

　　2004년 프랑스 미술가협회에서 '올해의 가장 멋진 그림'의 수상자로 프란시스 모더론이라는 사람을 선정했습니다. 그의 그림은 예술성에서 뛰어나고, 구성이나 상징성이 탁월하다는 평가를 받았기에 그의 수상은 너무나도 당연한 것으로 여겨졌습니다. 시상식이 열리는 날 미술인들, 미술 애호가들, 평론가들이 가득하게 모였습니다. 사회자는 모더론의 이름을 호명했고, 이날의 주인공인 그는 천천히 단상에 올라섰습니다. 그 순간 그의 모습을 보는 사람들이 다 같이 깜짝 놀랐습니다. 그에게는 미술가로서 가장 소중한 두 팔이 없었기 때문입니다. 두 손이 아니라 두 팔까지 없는 것입니다. 그러니 어떻게 그림을 그리며, 어떻게 저런 세계적 명작을 그릴 수 있었는지 모두가 너무나 놀랐습니다. 그래서 다들 그 비결을 궁금히 여겼습니다. 사회자도 그에게 그걸 물었습니다. 그는 정중하게 이렇게 대답합니다. "저는 단 한 번도 손이 없다고 생각해본 적이 없습니다. 제 호흡이 있는 한 이 나무손으로 인생의 아름다움을 계속 그려나갈 것입니다. 내가 보는 세상은 아름답습니다. 내 안에 있는 세상은 너무나 아름답습니다. 저는 한 번도 절망을 생각해본 일이 없습니다. 아름다운 저편에 있는 소망을 늘 바라보고 있기 때문입니다." 이 얼마나 놀라운 이야기입니까.

　　고산등반 전문가의 말에 따르면 높은 산을 올라가면 평지와 달라서 전부 눈이랍니다. 물론 나무도 없습니다. 바위도 눈에 덮여 안 보입니다. 그저 전부가 눈입니다. 그런 고산을 등산하기에 가장 적절한 시간은 밤 12시라고 합니다. 해가 뜨면 더워져서 눈이 녹아 눈사태가 일어날 수 있기에 눈 덮인 표면이 꽁꽁 얼어붙어 단단해지는 한밤중이 등산하기에 가장 적절하다는 것입니다. 여기에는 상징적인 의미가 있습니다. 우리가 가장 어렵다고 하는 때, 가장 힘들다고 하는 때, 어쩌면 보통 인간의 생각으로 가장 절망적이라고 하는 바로 그 순간이 기회요, 어쩌면 축복인지도 모른다는 것입니다. 그것이 우리를 미래를 향해 밀어 올리는 새로운 계기, 창조적 계기가 된다는 것을 우리는 잠시도 잊어서는 안 될 것입니다. 이것이 하나님의 역사입니다.

세상에서는 모두가 다 자기 나름대로의 상식에 비추어 사리를 판단합니다. 이것을 가리켜 '일반적 시각'이라 하고, '현실적 세계관'이라고도 합니다. 그런데 가만히 보면 더러는 이것을 넘어서는 초월적 존재가 있습니다. 하나는 모두가 악한 일을 하려는 중에 그 혼자서만 선한 일을 하려고 하는 사람입니다. 모든 사람이 생존 경쟁에 빠져서 남의 것을 빼앗으려 하고, 남을 죽이려 하고, 남을 무자비하게 대하려 하는데, 이 사람만은 안 그러는 것입니다. 오히려 반대로 양보하고 스스로 손해를 보아서 다른 사람을 이롭게 하려 합니다. 내가 낮아져서 남이 높아질 수 있다면 얼마든지 스스로 낮아지려 합니다. '내가 억울한 일을 당해서 다른 사람에게 명예가 돌아갈 수 있다면 그래서 나는 오히려 좋다.' 세상의 기준으로는 참 이상한 사람 아닙니까. 나쁘게 말하면 정신이 약간 돈 사람입니다. 어찌 이토록 무서운 세상에서, 피투성이가 되어 생존경쟁을 하는 이런 험악한 세상에서 오로지 선만을 생각하고, 양보만을 생각하고, 사랑만을 생각한다는 말입니까. 어처구니없는 일입니다. 하지만 이것이 진정한 그리스도인의 모습입니다. 그러니까 우리 예수 믿는 사람들은 남들 보기에 우선은 좀 이상한 사람이 되어야 합니다. 상식선에서 살아서는 안 되는 것입니다.

그런가 하면 선을 행하면서 동시에 고난을 당하는 일도 있습니다. 더더욱 이상한 사람으로 보일 것입니다. 아무리 그래도 선을 행했다면 칭찬을 듣고, 좋은 일 했다면 상을 받아야 옳지 않겠습니까. 좋은 평가를 받고, 존경을 받고, 사람들로부터 인정을 받아야 하지 않겠습니까. 선한 일을 했는데 그 때문에 고난을 당한다는 것은 말이 안 되는 일 아닙니까. 여기입니다. 사람들은 바로 이 단계에서 넘어집니다. 사람은 다른 모든 사람이 악할 때 홀로 선을 생각할 수도 있고, 다른 모든 사람이 빼앗을 때 홀로 양보할 수도 있습니다. 그러나 내가 이렇게 좋은 마음으로 했는데, 나를 억울하게 만드는 소리가 들려오고, 나에 대해서 좋지 않은 비평이 들려오면 아주 힘들어집니다. 감당하기가 무척 어려워지는 것입니다. 이걸 알아야 합니다. 선한 일을 하면서 좋은 말 듣기가 참 어렵습니다. 어쩌면 비난받는 것이 당연합니다. 그러나 이 당연한 일을 대단히 어렵다고 우리는 받아들입니다. 우리는 적어도 내가 희생한 만큼은 칭찬을 들어야 되고, 내가 선한 일을 행한 만큼 최소한의 존경은 받아야 하지 않겠느냐는 생각을 합니다. 이런 생각 때문에 어려운 것입니다.

그런가 하면 제3의 단계가 있습니다. 이렇게 억울한 고난을 당하면서도 도리어 기뻐하는 것입니다. 이런 사람, 정신병자 아닙니까. 이상한 사람 아닙니까. 모두가 악할 때 선하고, 선한데도 외려 불의한 대접을 받고, 동시에 본인은 기뻐합니다. 이러한 세 가지 단계를 밟으면서 산다면 이 사람, 오늘 이 세대에는 살기 어려운 사람 아닙니까. 그러나 바로 여기에 참된 그리스도인의 모습이 있습니다. 이것이 성경입니다. 부당한 대접을 받고, 핍박을 받는데도 낙심하지 않습니다. 핍박을 받으면 받을수록 오히려 더욱 더 기뻐할 수 있다면, 수많은 환난을 겪으면서도 저 멀리 앞날을 바라보며 오히려 즐거워할 수 있다면 이 얼마나 놀라운 일입니까.

나한테는 아무 잘못도 없는데 엄청나게 많은 희생을 하며 의를 위해서 당하는 고난, 그걸 기뻐하는 것입니다. 제가 아는 장로님들 가운데 크게 의류사업을 하는 분이 있습니다. 아마 여러분도 이분이 하는 사업에 조금씩 다 관계되어 있을 것입니다. 옷을 많이 만들어 팝니다. 그러니 고객의 심리에 대해서 잘 압니다. 이분 말이 여자분들은 옷을 살 때 달랑 한 벌만 사지 않고 한꺼번에 적어도 세 벌은 산다고 합니다. 이 옷 저 옷 만져보다가 한 벌 더 사고, 또 한 벌 더 사고 한다는 것입니다. 그래서 이분은 여자 고객들이 오면 최소한 옷을 열 벌은 사게 해야겠다고 생각했습니다. 그러니까 한 벌 살 돈으로 열 벌을 사도록 만들자는 계획입니다. 박리다매. 좋게 만들어서 싸게 많이 팔자, 이것입니다. 그래서 짧은 동안 세계적으로 유명한 재벌이 되었습니다.

하지만 그렇게 돈을 많이 벌었는데도 생활은 너무나 검소합니다. 제가 미국에 가서 그분과 같이 식사도 해보고, 그분이 다니는 교회에도 가 봤는데, 하루하루 일상생활이 참 소박합니다. 뿐만 아니라, 한 해에 세 차례씩은 북한에 식량을 가져다줍니다. 한 번 갈 때마다 백만 불, 2백만 불 어치씩을 가지고 갑니다. 그래 식량을 트럭에 실어가지고 가서 전부 나눠주는 모습을 사진으로 찍어 왔는데, 보니까 참 아름답습니다. 이렇게 많이 수고를 하는데, 그걸 지켜보는 사람들이 "아, 훌륭하다. 굉장한 일 한다" 하고 칭찬해주면 얼마나 좋겠습니까. 하지만 웬걸요? 얼마나 비난을 받는지 모릅니다. 그가 저를 보고 자기를 좀 동정해달라고 간청합니다. "목사님, 사람들이 저더러 빨갱이래요." 이러면서요. 북한을 돕는다며 비난한다는 것입니다. 제가 말해주었습니다. "그래, 힘드니 어떻소? 나도 그런 꼴을 좀 당하고 있습니다. 나더러 종북이라고, 종북 원조라고들 합디다." 그러면서 그런 말 듣는 기분이 어떠냐고 물었더니 이렇게 대답합니다. "괜찮아요. 괜찮습니다. 처음부터 그런 걸 바랐던 것은 아니니까요. 제 중심에 제가 해야 될 일이라고 믿는 일을 제가 하는 것뿐입니다. 이만큼 벌었으니 저 북한에 있는 분들을 위해서 이름 없이 그저 가서 식량을 나누어주고 싶습니다. 그뿐입니다." 언젠가 풀러 신학교의 총장님을 만나러 미국 사람들 몇 분하고 같이 갔습니다. 그래 함께 그 식량 나누어주는 모습을 찍은 사진을 보면서 제가 속으로 참 귀한 일 한다 싶었습니다. 신문에 나지도 않습니다. 그저 조용조용히 하는 일입니다. 그런데도 사람들이 비난하고 욕을 하니까 이건 좀 힘들다고 토로하기에 제가 위로해드린 적이 있습니다. 선한 일을 함으로써 당하는 고난입니다.

    세 번째가 중요합니다. 기뻐할 수 있어야 합니다. 성경말씀입니다. 성경의 진리는 고난 중에 기뻐하는 것입니다. 세상에서는 좀 이상한 사람으로 여겨지지만, 그것은 좋은 일입니다. 이렇게 속된 세상에서, 이 이기적인 세상에서 조금 이상한 사람으로 보이는 것은 당연한 일 아닙니까. 그래야 됩니다. 세상 사람들에게 그냥 친구가 되어서는 안 되고, 오히려 이방인처럼, 이상한 사람처럼 보여야 됩니다. 사도행전에 나오는 초대교회의 상황을 보아도 알 수 있습니다. 성령 충만한 사람들을 향해 다들 "새 술에 취했다"고 비난했습니다. 술에 취해서 제정신이 아니라는 것입니다. 굉장한 비난입니다. 여러분은 술 취했다는 말 들어보았습니까? 그렇지 않다면 아직 진짜 그리스도인이 아닙니다. 미쳤다는 말 들어보았습니까? 당연합니다. 미쳤다는 말을 들어야 합니다. 그냥 살아서는 바른 그리스도인이 아닙니다. "저 사람은 미친 사람이야!" 이 정도 이야기쯤은 들을 줄 알아야 합니다. 또한 초대교회 사람들은 유무상통(有無相通)했습니다. 있는 것과 없는 것을 서로 나눈 것입니다. 모두가 자기 것만 챙기는 세상에서 없이 지내는 사람들을 도와주기 위해서 유무상통한 것입니다. 이 또한 정신 나간 사람들 아닙니까. 자기의 소중한 것들을 나누어주면서 살았으니 말입니다. 또한 놀라운 것은 예수님 당신께서도 정신병자 취급을 받으셨다는 사실입니다. "저 사람 귀신들린 사람이다." 이런 대우를 받으셨습니다. "저 사람, 정신이 좀 이상한 사람 아냐?" 여러분은 이런 말 들어보았습니까? 아직 못 들어봤다면 다시 시작해야 합니다. "이 사람은 뭔가 이상하다." 이렇게 되어야 합니다. 특별히 스데반 같은 사람은 돌에 맞아 죽지 않습니까. 그가 순교하는 장면이 참 기가 막힙니다. 지금 돌을 던지는 사람들 거의 대부분이 헬라파 유대인들입니다. 왕년에 친구요 동료였던 사람들이 던지는 돌을 맞아 쓰러진 것입니다. 이렇게 어려움을 당하면서도 그 얼굴이 천사의 얼굴과 같았다고 성경은 말씀합니다. 이것이 바로 그리스도인입니다. 그야말로 '이상한 사람' 아니겠습니까.

여러분이 너무나 잘 아는 귀중한 말씀이 있습니다. 예수님 말씀입니다. "마음이 가난한 자는 복이 있나니 천국이 저의 것이요. 세상에서 핍박을 당하는 자는 복이 있나니 천국이 저의 것이요. 그런고로 기뻐하라." 고난 중에 기쁨이 있어야 됩니다. 인정해주지 않는 세상에 대해서 미련을 버려야 합니다. 그리고 우리 앞에 있는 하나님 나라의 상을 바라보고, 하나님의 음성을 듣고, 하나님의 약속을 바라보고 기뻐할 수 있고, 그 얼굴이 천사의 얼굴과 같아져야 한다는 말씀입니다. 죄악 세상에서 의를 행하고, 이렇게 각박한 세상에서 선을 베풀고, 나아가 고난을 당하고 기뻐합니다. 참 이상하지 않습니까. 무언가 다른, 세상에서는 낯선 사람으로 살아야 합니다. 세상 사람들로부터 너무 기대하지 맙시다. 오히려 이상하게 여김을 받는 것이 정상입니다.

오늘본문에 귀한 말씀이 있습니다. 많은 사람들이 그 이상한 사람한테 물으리라는 것입니다. "당신은 왜 핍박을 당하면서도 웃고 있으며, 당신은 왜 고난을 당하면서도 원수를 사랑하고 있습니까?" "나한테 핍박을 받으면서도 왜 당신은 이런 일을 쓸데없는 일을 하고 있습니까?" 우리는 오늘본문말씀대로 답하면 됩니다. "온유한 마음으로 우리 소망에 대해서 대답하라." 가만히 보면 나는 믿으니 기뻐할 수 있지만, 저 사람은 믿지 않으니 슬퍼할 수밖에 없습니다. 슬퍼하는 저 사람을 놓고 믿는 내가 온유한 마음으로 대답해야 하지 않겠습니까.

좀 어려운 장면이 하나 있습니다. 예수 믿는 사람이 세상을 떠났습니다. 신앙적으로 마지막에 참 아름다운 모습으로 갔습니다. 그러니 그 장례식에서 슬퍼해야겠습니까? 정말 칭찬하고 찬송을 부르고 싶습니다. "할렐루야! 할렐루야!" 하고 싶습니다. 하지만 안 믿는 사람들도 함께 있기에, 거기서 즐거워하고 웃고 돌아가면 정신병자 소리 듣지 않겠습니까. 그런 때 아리송합니다. 하지만 성경은 말씀합니다. "온유한 마음으로 대답하라." 믿음 없는 사람들은 슬퍼합니다. 믿음 없는 사람들은 이해하지 못합니다. 그런 그들을 향해서 "온유한 마음으로 네 소망에 대해서 대답하라"고 성경은 말씀합니다. 지난 10월, 제가 미국에 잠깐 강의하러 갔다가 사랑하는 제자가 제게 책을 한 권 사주었습니다. 94세인 빌리 그레이엄 목사님이 최근에 쓴 책입니다. 제목이 「내 소망에 대한 이유」입니다. '내가 지금 94세로 살날이 며칠 안 남았지마는, 내게는 소망이 넘친다. 그 이유, 그 소망의 이유를 설명하고 싶다.' 가난하지만, 찬송을 부릅니다. 핍박을 당하지만, 사랑합니다. 그 얼굴이 천사의 것과 같습니다. 불의한 세상에서 고독하게 의를 행합니다. 모두가 빼앗는 세상에서 베풀며 삽니다. 그러고도 대접을 받지 못합니다. 핍박을 당합니다. 그러나 우리의 마음은 항상 행복으로 충만합니다. 우리 앞에는 소망이 있기 때문입니다.

사도 바울이 디모데전서 4장에서 말씀합니다. "달려갈 길을 다 가고 믿음을 지켰으니 내 앞에 생명의 면류관이 있다." 생명의 면류관이 바라보이기 때문에 그는 로마 감옥에서 순교할 날을 기다리면서도 기뻐할 수 있었습니다. 여러분, 깊이 생각해야 합니다. 이 기쁨의 이유를 설명할 수 있어야 합니다. 마음으로 새기는 것만이 아닙니다. 내 소망의 이유를 당당하게, 온유하게 설명할 수 있어야 합니다. 왜 그렇습니까? 우리 앞에 있는 미래를 내가 알고 있으니까요. 이 약속은 확실한 것입니다. 우리 앞에 있는 모든 사람들이 "당신은 왜 얼굴이 밝습니까? 당신은 왜 근심이 없습니까? 당신은 왜 찬송합니까? 당신 안에는 어찌 사랑의 마음이 있습니까?" 하고 이상한 질문을 할 때 이렇게 대답해야 합니다. "그것은 우리 앞에 하늘나라가 있기 때문입니다. 주님이 내 앞에서 기다리고 있기 때문이요, 확실한 소망 때문입니다." 그렇습니다. C. H. 다드의 말대로 과거로부터 현재를 생각하는 것은 철학입니다. 그러나 미래로부터 현재를 생각하는 것이 믿음입니다. 약속된 미래를 먼저 바라본 다음 오늘을 봅시다. 그러면 우리는 모든 주변 사람들에게 이상한 사람이 될 것입니다. 그러나 그러면 그럴수록 우리에게는 우리만이 가지는 신비로운 기쁨이 있습니다. 소망이 충만하고, 소망이 오늘을 지배하고, 소망을 설명하며 사는 아름다운 생이 될 것입니다. △

믿음을 상실한 한 선지자

    요한의 제자들이 이 모든 일을 그에게 알리니 요한이 그 제자 중 둘을 불러 주께 보내어 이르되 오실 그이가 당신이오니이까 우리가 다른 이를 기다리오리이까 하라 하매 그들이 예수께 나아가 이르되 세례 요한이 우리를 보내어 당신께 여쭈어 보라고 하기를 오실 그이가 당신이오니이까 우리가 다른 이를 기다리오리이까 하더이다 하니 마침 그 때에 예수께서 질병과 고통과 및 악귀 들린 자를 많이 고치시며 또 많은 맹인을 보게 하신지라 예수께서 대답하여 이르시되 너희가 가서 보고 들은 것을 요한에게 알리되 맹인이 보며 못 걷는 사람이 걸으며 나병환자가 깨끗함을 받으며 귀먹은 사람이 들으며 죽은 자가 살아나며 가난한 자에게 복음이 전파된다 하라 누구든지 나로 말미암아 실족하지 아니하는 자는 복이 있도다 하시니라

                    (누가복음 7 : 18 - 23)

믿음을 상실한 한 선지자

여러분이 잘 아는 인기가수 타블로라고 하는 사람이 있습니다. 몇 해 전 이야기입니다. 타블로가 미국에서 명문대학인 스탠포드 대학을 나왔습니다. 그런데 많은 사람들은 타블로가 스탠포드 대학을 졸업했을 리가 없다고 의심했습니다. 노래 부르는 청년이 무슨 스탠포드 대학이냐, 하는 것이지요. 안 믿는 것입니다. 마침내 MBC에서 그 가수를 문제의 대학에 데리고 가 성적증명서와 졸업증명서를 발급받았습니다. 또 그를 가르친 교수님들도 만나서 인터뷰도 했습니다. 이제 그 가수가 스탠포드 대학을 졸업한 사실이 분명해졌습니다. 그런데도 여전히 안 믿는 사람들이 있습니다. 다 짜고 치는 고스톱처럼 생각하여 안 믿고 계속 비방하는 것입니다. 마침내 그 사람들은 명예훼손죄로 고소가 되어 법정에 섰습니다. 그때 타블로 씨가 한 유명한 말이 있습니다. 우리들의 마음을 아프게 하는 말이었습니다. "이건 믿지 못한다는 게 아니라, 처음부터 안 믿겠다고 하는 겁니다."

믿지 못하는 것이 아닙니다. 믿지 못할 만한 일이 있어서가 아닙니다. 처음부터 안 믿겠다는 의지가 있는 것입니다. 처음부터 안 믿겠다는 생각으로 대하기 때문에 이렇습니다. 참 개탄스러운 이야기입니다. 우리 가슴을 참 아프게 합니다. 그렇습니다. 사람들은 자기가 듣고 싶은 대로 듣습니다. 들려오는 많은 말들 가운데 자기가 듣고 싶은 말만 골라서 듣는 것입니다. 설교를 들을 때에도 그러는 사람들이 있습니다. 자기가 듣고 싶은 말만 듣습니다. 그런가하면 또 보고 싶은 것만 보는 사람들도 있습니다. 눈을 뜨고 있다고 다 보는 것은 아닙니다. 마음으로부터 자기가 보고 싶은 것만 바라봅니다. 가장 무서운 것은 애당초 믿고 싶었던 것만 믿는 것입니다. 그 다음에는 어떤 상황이 되어도, 도저히 믿지 않을 수 없을 만큼 확실한 증거가 나와도 안 믿을 사람은 끝까지 안 믿습니다. 참 마음 아픈 일입니다.

그래서인지 500년 전에 칼뱅 목사님은 신학을 가르치면서 조금 지나친 말씀을 하셨습니다. "구원 받을 사람과 구원 받지 못할 사람이 예정되어 있다." 그렇습니다. 천당 갈 사람하고 지옥 갈 사람이 이미 결정돼 있다는 것이지요. 조금 지나친 말씀이 아닌가 싶습니다마는, 실상은 그 말씀이 진리라고 생각되는 때가 많습니다. 오랜 세월 꾸준히 교회에 나오고 있지만, 정작 예수는 안 믿는 사람이 있습니다. 어떤 사람은 이따금씩 교회에 나오면서도 확실하게 예수를 믿습니다. 근본이 다른 것입니다. 안 믿을 사람은 끝까지 안 믿고, 믿을 사람은 조그마한 사건으로도 확실히 믿습니다. 이런 현상들을 볼 때 역시 믿음은 모든 사람의 것이 아니며, 믿음은 하나님께서 주시는 선물이라는 깊은 고백을 하게 됩니다.

교육가이자 사회 운동가였던 파크 팔머의 저서 가운데 「The Courage to Teach」라는 책이 있습니다. 여기서 그는 주로 현대문명에 대한 말을 하면서 우리에게 일상적으로 좋은 교훈이 되는 경고의 말을 합니다. 하나는, 우리가 다른 사람을 만날 때 공연하게 공포심을 가지게 된다는 것입니다. 왜냐하면 내가 싫어하는 말을 저 사람이 할까봐 그렇다는 것입니다. 내가 좋아하는 말만 들을 수 있으면 좋겠는데, 내가 싫어하는 말이 저 사람의 입에서 나올까봐 걱정을 한다는 것입니다. 그래서 내가 싫어하는 말을 듣게 될 때 거기에 수긍을 해줘야 되나, 아니면 반대해야 되나, 하는 것을 미리 걱정한다는 것입니다. 따라서 사람을 편안하게 대하기가 어렵습니다.

또 하나는 다양성을 두려워하는 것입니다. 모든 사람들의 생각이 다른데, 저 사람의 생각이 내 생각과 다르면 나는 어떡하면 좋을까, 하고 두려워합니다. 내 뜻을 버리고 무작정 따를 수도 없고, 그렇다고 저 사람의 뜻을 무시할 수도 없으니까요. 그래서 사람을 대할 때 두려운 마음을 품게 되는 것입니다. 결론적으로는, 정체성을 상실하게 될까 싶은 두려운 마음이 앞선다는 것입니다. 우리가 누구를 대하든, 뭘 하든, 모든 사람이 다 나와 같아지면 좋겠다는 마음이 있는 것입니다. 하지만 그런 것은 아니지 않습니까. 이런 식으로 사람들을 대하고 교제해나가는 가운데 나의 정체성이 무너지지 않나, 하는 무서운 공포에 빠지게 된다는 말입니다. 사람은 늘 새로운 것을 기대합니다. 그러면서도 옛 생각을 버리지 못하고, 옛 경험에서 얻은 정체를 꼭 고수하려는 마음이 있습니다. 이것 때문에 새로운 진리, 새로운 사람, 새로운 복음을 받아들이지 못하게 됩니다.

성경에 나오는 이스라엘 사람들은, 오늘도 그렇습니다마는, 늘 '메시아 대망 사상'에 충만해 있었습니다. Messiah Expectation, 곧 메시아를 기다리는 마음으로 꽉 차 있었습니다. 메시아니즘이라고까지 말할 수 있을 정도로, 그들의 마지막 소망은 메시아가 오시는 것입니다. 메시아가 오시기를 간절히 기다립니다. 정치, 경제, 문화 할 것 없이 모든 문제는 메시아가 오시는 것으로만 해결됩니다. 그 외에는 어떤 방법으로도 해결은 없다는 것입니다. 그렇게 믿고 기다리는 사람들이 유대 사람들입니다.

이런 가운데 정말로 예수님께서 오셨습니다. 하지만 그들은 그 메시아를 영접하지 않았습니다. 가난하고 병든 사람들은 예수님을 메시아로 영접했습니다마는, 당시에 지성인이라는 사람들, 이른 바 지도층, 기득권을 가지고 있는 사람들은 예수님을 영접하지 않았습니다. 영접하기가 힘들었습니다. 헤롯 같은 사람은 예수님을 영접하려면 왕권을 내놓아야 됩니다. 바리새교인과 제사장과 서기관 같은 사람들은 종교적 기득권을 내놓아야 됩니다. 심지어는 그때까지 알고 있던 지식도 다 버려야 됩니다. 지금까지 품어왔던 확신도 이제는 포기해야 됩니다. 그러고야 예수를 영접할 수 있습니다. 영접하기 위해서는 버려야 될 것이 많습니다. 우리가 새로운 진리를 영접하려면 낡은 것을 과감하게 버려야 됩니다. 그래서 피터 드러커 같은 사람은 죽기 전에 심지어 이런 말까지 남겼습니다. 한평생을 말한 것입니다. "과거로부터 벗어나야 된다. 과거를 잊어야 된다. 과거에 매이면 미래로 갈 수 없다." 이런 말을 그는 자신이 쓴 수십 권의 책에서 강조했습니다. 그리고 마지막 임종 때 강한 어조로 이렇게 말했습니다. "과거를 죽여라. 네 과거를 죽이기 전에는 밝은 미래는 없다."

　오래도록 기다려온 예수님입니다. 그토록 간절히 기다리던 분인데도 막상 오시니까 영접하지 못했고, 심지어 십자가에 못박아버리기까지 하였습니다. 어찌 이런 일이 있을 수 있습니까. 깊이 생각해야 됩니다. 그 가운데 한 대표자가 오늘 여기에 있습니다. 세례 요한입니다. 이 사람은 예수님을 위해서 세상에 태어났고, 예수님보다 6개월 먼저 세상에 왔고, 예수 그리스도를 증거한 사람이고, 예수님께 세례를 베풀었고, 나아가서는 자기 제자들까지도 예수님께 양보

한 사람입니다. 예수를 확실히 보고 증거한 모든 선지자들 가운데에서도 가장 축복된 선지자로 인정받는 세례 요한이 지금 감옥에 있습니다. 헤롯 왕가의 부정에 대해서 공개적으로 심판하고 책망을 하다가 감옥에 갇힌 것입니다. 정의를 위하여, 의를 위하여, 하나님의 뜻을 위하여 그는 감옥에 갇혀서 바야흐로 고생을 하고 있습니다.

그런데 자신의 고통과 감옥살이 때문에 그 마음속에서 메시아에 대한 확신이 흔들리기 시작합니다. '의로운 고난을 당하고 있는데 왜 보상이 없나?' 의로운 고난을 당하는 자에게는 하나님의 보상이 있어야 되지 않겠습니까. 바로 여기서 흔들리는 것입니다. 그리고 고통이 길어집니다. 억울한 고생이 길어지고, 마침내 그는 점점 흔들립니다. 많은 사람들이 자기를 지지하는 줄 알았는데 실은 그렇지 않더라는 것입니다. '다른 사람은 몰라도 자기가 증거한 예수 그리스도만이라도 내 이 사정을 알고 감옥을 방문해줘야 되는 것 아닌가? 감옥을 방문할 뿐만 아니라, 수고하고 있다는 말씀은 해줘야 하지 않나? 아니면 기적을 베풀어 옥문을 열어줘야 할 것 아닌가?' 어쩌면 이렇게까지 생각했는지도 모르겠습니다. 기다리다 못해서, 아마 해석하는 사람들의 말대로, 세례 요한의 제자들이 이렇게 보챘을 것입니다. "아니, 메시아가 오셨다는데, 왜 이렇습니까? 메시아가 확실히 오시긴 오신 것입니까? 아니면 아직 안 온 것입니까?" 제자들이 이렇게 자꾸 보채니 세례 요한은 견딜 수가 없었던 것 같습니다. 그래서 세례 요한이 두 제자를 예수님께로 보내어 좀 여쭈어보라고 시켰습니다. "오실 이가 당신입니까? 아니면 다른 분을 기다리오리이까?" 아무리 생각해도 맹랑한 일입니다. 세상에 이런 질문이 어디 있습니까.

뜻은 이렇습니다. "당신이 정말 메시아입니까? 아니라면 우리가 다른 메시아를 기다려야 할까요?" 예수님께서 이 말을 들으시고 모름지기 마음이 많이 아프셨으리라고 생각합니다. 오늘본문에서 예수님 말씀하십니다. "너희가 가서 보고 들은 것을 요한에게 알리되 맹인이 보며 못 걷는 사람이 걸으며 나병환자가 깨끗함을 받으며 귀먹은 사람이 들으며 죽은 자가 살아나며 가난한 자에게 복음이 전파된다 하라(22절)." 이 말씀 끝에 다음과 같은 한 마디가 더 있었더라면 참 좋았겠다 싶습니다. "며칠 후에 내가 감옥에 한 번 가마." 또는 "언젠가는 네가 감옥에서 나오게 될 것이다. 조금만 참아라." 하지만 이런 말씀은 없었습니다. 저는 돌아온 제자들로부터 이야기를 전해 듣고 세례 요한이 어떤 반응을 일으켰는지 궁금합니다. 문제의 초점은 왜 세례 요한의 마음이 흔들렸느냐, 하는 데 있습니다. 바로 자기가 문제였습니다. 이 '자기'라고 하는 것, 이 자기 형편에 그가 매였던 것입니다.

'내가 고난을 당하는데 왜 위로가 없나, 왜 보상이 없나?' 여기서 문제가 된 것입니다. 그러니까 진정한 믿음의 사람이라면 나는 여기서 고생을 하더라도 저기서 복을 받으면 되는 것입니다. 내가 고생을 하더라도 내 후손들이 복을 받으면 되는 것입니다. 내가 하나의 밀알로 썩더라도 거기서 싹이 나고 많은 열매를 맺으면 되는 것입니다. 예수님께서 말씀하십니다. "앉은뱅이가 걸으며, 장님이 눈을 뜨며, 문둥병이 깨끗하게 되며, 죽은 자가 살아나며, 가난한 자에게 복음이 전파된다고 하라." 정말로 복음이 전파되고 있습니다. 이 소식을 들으면서 세례 요한은 "그래요. 저는 감옥에서 죽어가지만, 밖에서 메시아의 역사가 이루어지니 감사합니다"라고 해야 되는 것입니다. "나는 이대로 사라져도 주님의 역사만 이루어진다면 얼마든지 좋습니다." 한때는 분명히 말씀하지 않았습니까. "내가 주님의 신들메를 매기도, 풀기도 감당치 못하겠노라." 그러던 사람이 감옥에 있으면서 이렇게 믿음이 흔들렸습니다. 자신의 운명, 자신의 명예, 최소한도 자신의 정체에 대해서만은 메시아께서 인정해주시기를 바랐습니다. 하지만 예수님께서는 아무 말씀도 안 하십니다. 그래서 세례 요한의 마음이 흔들립니다.

사도 바울의 위대한 점이 바로 여기에 있습니다. 그는 감옥에서 한평생을 보냈고, 끝내 감옥에서 순교합니다마는, 감옥 밖에 있는 교회들을 바라보면서 늘 감사의 기도를 하고, 감사의 편지를 하는 것을 볼 수 있습니다. '너희 믿음의 제물과 봉사 위에 내가 나를 관제로 드릴지라도 나는 기뻐하리라.' '너희들이 잘 되고, 너희들이 믿음이 있고, 너희들이 확실하게 선 것을 보고 나는 기쁘다. 나는 감옥에서 이대로 달려갈 길을 다 가고, 믿음을 지켜서 주님 앞에 가겠지만, 나는 기쁘다.' 그는 행복해 하고, 감사합니다. 그의 편지 속에 계속 감사의 기도가 있습니다. 위대한 일입니다. '나는 이대로 가지만, 내가 여기 있음으로 해서 하나님의 큰 뜻이 이루어진다면 나는 얼마든지 하나님께 감사하다.' 이런 마음입니다.

더러 원치 않게 조그마한 데 신경을 쓰는 경우가 있습니다. 부모님들, 특별히 어머니들이 자식을 위해서 수고를 많이 합니다. 더구나 홀어머니는 남편 없이 혼자 자식을 키우느라 더욱 고생을 많이 합니다. 한평생 오로지 자식만을 위해서 고생하는 것입니다. 그러다가 막상 자식이 결혼할 때가 되면 며느리가 마음에 들지 않는다고, 혹은 자식이 내가 원하는 사람과 결혼하지 않는다고, 자식이 멋대로 한다고 실망합니다. "내가 너를 위해서 얼마나 고생했는데, 너를 위해서 내가 한평생을 바쳤는데, 어찌 네가 이럴 수 있느냐?" 이해되십니까? "난 너 하나 보고 살았는데." 그때 자식이 뭐라고 합니까? 못된 자식은 이렇게 말한답니다. "누가 그대로 살라고 했어요? 아니, 누가 낳으라고 했나요?" 자기 자식 키우면서 왜 그렇게 말이 많아야 합니까. 안 될 일입니다. 잘 가다가 끝에 가서 이렇게 되는 이유는 자기를 버리지 못하는 데에 있습니다. 아무리 희생하고 수고를 해도 자기를 완전히 버리지 못하는 것입니다.

예수님께서 말씀하십니다. "내 제자가 되려면 자기를 부인하고 자기 십자가를 지고 나를 좇으라." 자기를 완전히 부정하기 전에는 하나님의 뜻을 받아들일 수 없고, 복음이 내게 복음 될 수 없음을 알아야 합니다. 여러분이 잘 아는 유니세프(Unicef) 친선 대사로 유명한 사람이 있습니다. 세상에서 제일가는 미인 중의 한 사람으로 인정받는 유명한 영화배우 오드리 헵번입니다. 그는 세상을 떠나기 전 자기 자녀들한테 이런 유언을 남겼습니다. "아름다운 입술을 가지려면 친절한 말을 하라. 사랑스러운 눈을 가지려면 좋은 것만 보아라. 날씬한 몸매를 가지려면 다른 사람과 음식을 나누어 먹어라. 아름다운 머리카락을 가지려면 어린아이들로 당신의 머리를 만지게 하라. 아름다운 자세를 원한다면 혼자 걷고 있지 않음을 항상 명심하라." 참 귀한 유언 아닙니까. 세례 요한의 불신앙, 그의 고독함이 어디서 왔습니까? 다 버린 것 같았는데, 실은 아직 버리지 못한 것이 있었습니다. 세속적인 욕망, 곧 나를 버리지 못한 것입니다. 육신의 생명까지도 기꺼이 버릴 수 있었지만, 명예만은 지켜지기를 원한 것입니다. 선지자라는 귀한 이름만은 메시아께 인정받고 싶었던 것입니다.

그리스도를 확실히 이해하거나 온전히 믿지 못하는 이유와 세례 요한의 실망에서 많은 것을 생각하게 됩니다. 그 원인은 자기를 버리지 못했기 때문입니다. 우리가 스스로를 깨끗이 버리고, 주 앞에 완전히 무릎을 꿇고, 아기 예수인 그리스도를 가슴을 활짝 열고 영접하는, 해마다 맞는 성탄입니다마는, 금년만은 특별한 은혜로, 충만한 은혜로 성탄을 맞는, 그런 성도의 아름다운 은혜가 우리 가운데 있기를 바랍니다. △

원초적 신앙의 본질

아브라함이 바랄 수 없는 중에 바라고 믿었으니 이는 네 후손이 이같으리라 하신 말씀대로 많은 민족의 조상이 되게 하려 하심이라 그가 백 세나 되어 자기 몸이 죽은 것 같고 사라의 태가 죽은 것 같음을 알고도 믿음이 약하여지지 아니하고 믿음이 없어 하나님의 약속을 의심하지 않고 믿음으로 견고하여져서 하나님께 영광을 돌리며 약속하신 그것을 또한 능히 이루실 줄을 확신하였으니 그러므로 그것이 그에게 의로 여겨졌느니라 그에게 의로 여겨졌다 기록된 것은 아브라함만 위한 것이 아니요 의로 여기심을 받을 우리도 위함이니 곧 예수 우리 주를 죽은 자 가운데서 살리신 이를 믿는 자니라 예수는 우리가 범죄한 것 때문에 내줌이 되고 또한 우리를 의롭다 하시기 위하여 살아나셨느니라

(로마서 4 : 18 - 25)

원초적 신앙의 본질

　1940년대에 있었던 이야기입니다. 일본의 무명 프로레슬링 선수인 로키 아오키라고 하는 사람이 레슬링 경기에 참가하기 위해서 미국 뉴욕을 방문하게 되었습니다. 하지만 이길 자신은 없어서 애당초 들러리를 선다는 가벼운 마음으로 레슬링에 대회에 나갔습니다. 그래 경기를 마친 뒤 그는 여러 가지로 생각한 끝에 이 넓은 땅 미국에서 살아야겠다는 결심을 하게 됩니다. 나름대로 꿈을 꾼 것입니다. 세 가지입니다. 첫째는 롤스로이스를 타겠다는 꿈입니다. 롤스로이스는 세계에서 제일 좋은 자동차의 하나입니다. 미국에 살면서 그 좋은 롤스로이스를 꼭 타고 다니겠다는 꿈이었습니다. 둘째는 좋은 레스토랑의 주인이 되는 꿈이었습니다. 셋째는 자가용 비행기를 소유하겠다는 꿈이었습니다. 그렇듯 세 가지의 거창한 꿈과 계획을 세워놓고 그가 가장 먼저 한 일이 무엇이었는지 아십니까? 주머니에 단돈 400불 밖에 없는데, 양복을 쫙 빼입고 롤스로이스 판매장에 가서 거기 진열되어 있는 차를 마치 구입하려는 사람처럼 돌아보는 것이었습니다. 그렇게 자동차들을 돌아보면서 그는 그곳 직원한테 자기 카메라를 건네주고 사진을 찍어달라고 부탁하였습니다. 그래놓고 운전석에 앉아 핸들을 잡고 마치 그 차의 주인이라도 되는 양 빙그레 웃으면서 사진을 찍었습니다. 그렇게 찍은 몇 장의 사진들을 집에 가져다놓고 보면서 이렇게 마음을 다졌습니다. '나는 저 자동차를 반드시 살 것이다. 나는 저 자동차를 반드시 타게 될 것이다.' 그리고 그 목적을 이루기 위해서 열심히 일했습니다. 결국은 이

꿈이 이루어졌습니다. 그리고 베니하나(Benihana)라는 이름의 레스토랑을 열어 열심히, 성실하게 일하여 여러 곳에 지점과 분점을 내었습니다. 뒷날 그는 마침내 온 세계에 자기 레스토랑의 지점을 열게 됩니다. 명실상부한 경영주가 된 것입니다. 그리고 자기 식당의 분점들을 방문할 때에 자가용 비행기를 타고 다니게 되었습니다. 세 가지 꿈을 다 이룬 것입니다. 하도 유명한 이야기라서 당대에서부터 지금까지 젊은이들에게 꿈에 대한 좋은 사례가 되고 있습니다.

이 청년의 꿈, 소위 신념이라고 하는 것입니다. 그러나 잊지 말아야 합니다. 꿈과 비전은 같은 것이 아닙니다. 꿈은 어디까지나 꿈입니다. 신념과 믿음은 다릅니다. 신념은 나 자신에게서 나오는 것으로, 내 의지요, 내 지식이요, 내 감성이요, 그리고 나 자신의 결단과 노력입니다. 이것은 신념입니다. 그러나 믿음이라는 것은 하나님의 말씀에서 옵니다. 우리가 신앙생활을 하면서 종종 잘못된 생각을 할 때가 있습니다. 그냥 '저 일 잘 될 줄로 믿습니다' 합니다. 하지만 이런 생각은 그 사람 마음이지, 이것이 곧 믿음은 아닙니다. '꼭 주실 줄로 믿습니다.' 그렇지 않습니다. 그것은 절대로 믿음이 될 수 없습니다.

하나님께서 말씀하시고, 하나님의 약속이 있고, 그 약속에 대해서 내가 응답하는 것입니다. 그저 쉽게 말하면 우리가 부모님과 나 사이에서도 그렇고, 다른 인간관계 속에서도 누가 나한테 이것을 준다고 말할 때 내가 그 준다는 말을 듣고 믿으면 그것은 믿음입니다. '저 사람이 가지고 있는 것을 내게 줄 줄로 내가 믿습니다' 하는 것은 신념이지, 믿음이 아닙니다. 그래서 하나님의 말씀이 먼저 있고, 그 말씀에 대한 진실한 응답 속에서 이루어지는 것이 바로 믿음입니다.

이 사실을 깊이 생각해야 됩니다. 오늘본문에는 아브라함의 신앙의 본질에 대한 아주 중요한 말씀이 있습니다. 신학적 논리나 변증을 통해서 말씀하는 것이 아니고, 역사적 사건(Historical Event)을 통해서 엄청난 진리, 우주적인 구원론의 진리를 말씀하고 있습니다. 이런 방법이 성서적인 방법이요, 또 히브리적인 방법입니다. 여기에는 신학적인 긴 설명도 없고, 긴 변론도 없습니다. 단순히 사건을 말씀하고 있을 뿐입니다. 아브라함이 이러했다는 것입니다. 여기에서 우리는 진리의 본체를 이해해야 됩니다.

특별히 오늘본문의 이 중요한 부분은 우리가 아는 대로 기독교 교리를 망라한 가장 중요한 책인 로마서에 속합니다. 로마서의 핵심이 오늘본문인 4장입니다. 이 짧은 본문 속에 구원론이 있고, 기독교 교리의 원초적 진리가 잘 녹아 있습니다. 아주 귀한 말씀입니다. 핵심입니다. '믿음으로 의롭다 함을 얻는다.' 우리의 의가 아니고, 우리의 공로가 아니고, 우리의 선행이 아닙니다. 오직 믿음으로 하나님 앞에 나아갈 수 있고, 오직 믿음으로 하나님의 자녀가 되고, 오직 믿음으로 의롭다 함을 얻는다는 이것이 기독교 교리의 핵심입니다. 우리가 바르게 살려고 애쓰고, 진리대로 살려고 애쓰고 하지마는, 그것은 아닙니다. 그래서 가장 위험한 것이 윤리적인 것입니다. 우리가 바르게 살고, 정직하게 살고, 진실하게 정의를 위하고, 낮은 자를 위하고, 그러면 다 된다고 생각합니다마는, 그렇지 않습니다. 기독교의 핵심이 여기에 있습니다. 사랑하라는 데에 있는 것이 아닙니다. 사랑하는 마음을 가지게 하는 데에 있는 것입니다.

교회에 잘 나오던 어떤 분이 어느 날부터 교회를 잘 안 나와서 언젠가 한 번 왜 안 나오느냐고 물어본 일이 있습니다. 그 사람 대답이 너무나도 실존적이었습니다. 교회에 나갈 때마다 '아내를 사랑하라. 아내를 사랑하라'는 말을 듣는데, 자기는 사랑해야겠다고 생각하고 집에 딱 와서 아내 얼굴만 보기만 하면 덜컥 미워진다는 것입니다. 그래서 못 살겠다는 것입니다. 또 교회에 가면 '사랑하라'고 하는데, 그 말이 듣기 싫어서 안 나가게 된다는 것입니다. 이 사건, 굉장히 중요합니다. 사랑하라는 것은 윤리입니다. 그러나 하나님께서 나를 사랑하신다는 말씀은 복음입니다. 이것을 알아야 됩니다. 하나님께서 나를 사랑하신다는 것을 알고, 믿고, 응답하게 될 때 저 원수 같은 마누라도 내가 사랑할 수 있습니다. 사랑하라고 해서 사랑할 수 있습니까? 아니지요. 이것은 기독교의 교리가 아닙니다. 예수님 말씀하십니다." 내가 너희를 사랑한 것 같이 너희가 서로 사랑하라." 예수님의 사랑, 십자가의 사랑을 알고, 그 사랑에 응답할 때 우리가 이웃을 사랑할 수 있고, 나아가 원수도 사랑할 수 있는 것입니다. 원수사랑은 내 윤리지만, 내 도덕성에 근거하지 않습니다. 이것을 잊지 말아야 합니다. 오늘본문은 말씀합니다. "오직 믿음으로 말미암아 의롭다 함을 얻는다." 아브라함의 믿음사건입니다.

　기독교 교리를 망라한 것이 로마서요, 그 가운데에서도 제4장이 핵심입니다. 오늘본문은 아브라함의 믿음을 말씀합니다. "아브라함이 하나님을 믿으매 이것을 의로 여기시고······" 이 한 절이 얼마나 귀중한 복음의 핵심인가를 우리가 다시 알아야 합니다. 배경은 이렇습니다. 먼저 기본적으로 하나님께서 아브라함을 부르십니다. 아브라함이 75세 때입니다. 그 갈대아 우르에 사는 사람을 하나님께서 부르신 것입니다. 갈대아 우르는 우상으로 가득한 곳입니다. 그리고 장차 멸망하게 될 땅입니다. 그런데 하나님께서 그 아브라함을 부르십니다. 주도적으로 부르신 것입니다. 하나님께서 아브라함의 무엇을 보시고 부르신 것이 아닙니다. 주도적으로, 창조적으로 아브라함을 부르십니다. "아브라함아." "예." 이 대답이 중요합니다. "고향을 떠나거라." 아브라함의 믿음은 이것입니다. 말씀을 듣고, 응답하고, 떠나라 하실 때 훌쩍 떠났습니다. 익숙하던 곳을 떠났습니다. 낯익은 곳, 편안히 살던 곳을 떠나서 갈 바를 알지 못하고 새로운 세계로 갑니다. 히브리서 11장은 분명히 말씀합니다. "갈 바를 알지 못하고 갔다." 하나님께서 가라시니까 간 것입니다. 떠나라 하시니까 떠난 것입니다. 이것이 믿음입니다. 하나님의 말씀에 대한 직선적인 응답입니다. 떠나라고 하시니까 군말 없이 그냥 떠났습니다. 지시할 곳으로 가라고 하시니까 갔습니다.

여기에 귀중한 진리가 있습니다. 지도를 보여주고, 또는 방향을 정해주고, 나침반을 주고 가라고 하시는 것이 아닙니다. 그냥 떠나라고 하십니다. "내가 지시할 땅으로 가라." 그리고 아브라함이 떠난 다음에 "내가 이 땅을 너와 네 자손에게 주마" 하고 말씀하십니다. 떠난 다음에야 비로소 그 향방을 말씀하신 것입니다. 얼마나 귀중한 모습입니까. "도대체 어디로 가라 하시는 것입니까? 가면 어떻게 됩니까? 가서 뭘 먹고 삽니까?" 이런 질문은 없습니다. 떠나라고 하시니까 그냥 떠나고, 떠난 다음에 비로소 "바로 이 땅을 너와 네 후손에게 주마" 하는 하나님 말씀을 듣습니다. 순종이, 믿음이 먼저인 것입니다. 약속은 그 다음에 옵니다. "자식을 주마." 이제 자자손손 이어가면서 그 땅에서 복을 누릴 수 있도록 자식을 주겠노라고 약속하십니다.

그런데 문제가 있습니다. 하나님께서 주신 가나안 땅을 감사한 마음으로 받고 살았습니다마는, 몇 년 안 가서 흉년이 듭니다. 그대로 있다가는 굶을 죽을 지경으로 어려운 처지가 됩니다. 그래 하나님께서 주신 땅을 지키지 못하고 슬쩍 애굽으로 피난을 갑니다. 자칫 생명도 잃어버릴 뻔했습니다. 하나님께서 보호해주시어 나중에 무사히 돌아오기는 했습니다마는, 어쨌든 그때 아브라함은 약속의 땅을 버리고 애굽으로 가버립니다. 그리고 그 애굽에서 얼마동안을 지내다가 다시 돌아옵니다. 근본주의 신학자들은 이 일을 두고 다음과 같은 해석을 내놓기도 합니다. '아브라함이 가나안을 버리고 애굽을 택했기 때문에 그 후손들이 애굽에 가서 400년 동안 노예생활을 했다.' 어쨌든 이 일은 아브라함이 저지른 큰 실수입니다. 흉년이 들었다고 해서 약속의 땅 가나안을 훌쩍 떠났으니까요.

또 한 가지 문제가 있습니다. 아브라함은 자식이 태어나기를 십 년이나 기다렸습니다. 어쨌거나 사랑하는 아내 사라와의 사이에 자식이 태어날 줄 알고 그 세월을 기다렸는데, 아직도 아이가 생기지 않습니다. 상식적으로 볼 때 아내는 이미 단산한 것 같습니다. 그래서 하갈을 통해서 서자 이스마엘을 얻습니다. 큰 실수입니다. 단산을 하든, 병이 들든, 끝까지 기다렸어야 했는데, 기다리지 못한 것입니다. 그리고 아내와 합의 하에 하갈을 통하여 이스마엘을 낳습니다. 그렇게 태어난 이스마엘이 어느덧 14살이 되었습니다. 하나님께서 아브라함을 부르실 때로부터 25년째 되는 해입니다. 이때 하나님께서 다시 말씀하십니다. 귀중한 진리가 여기에 있습니다. 아브라함은 벌써 약속의 땅을 떠난 일도 있고, 약속을 믿고 따라가다가 지치고 피곤하여 인간적으로 절망도 하였습니다. 그래서 부득이 서자 이스마엘을 얻게 됩니다. 바로 이 순간에 하나님께서 다시 나타나시어 말씀하십니다. "아브라함아, 내년 이때에 네가 아들을 낳으리라." 아브라함은 깜짝 놀랐습니다. '진작 그렇게 말씀하시지. 다 끝났는데, 이제 와서?……' 심지어 아브라함은 이런 기도까지 합니다. '하나님, 제가 하갈한테서 아들을 얻었지마는, 그 이스마엘이라도 좀 하나님 앞에서 사는 긍휼을 입게 해주세요.' 얼마나 나약하고 비겁해진 아브라함입니까. 그러나 하나님께서는 말씀하십니다. "내년 이때에 아들을 낳으리라." 아브라함은 이 약속의 말씀을 믿어야 했습니다. 엄청난 일입니다.

오늘본문은 말씀합니다. "그가 백 세나 되어 자기 몸이 죽은 것 같고 사라의 태가 죽은 것 같음을 알고도 믿음이 약하여지지 아니하고(19절)." 여기서 '알고도'라는 말은 지식을 의미합니다. 지식을 믿음으로 극복하는 것, 말씀에 대한 순종으로 극복하는 것, 바로 이것이 신앙입니다. 그래서 유명한 아우구스티누스는 말합니다. '우리의 지성을 십자가에 못박아야 한다.' 우리가 아는 것이 있습니다. 또 경험한 것도 있습니다. 하지만 이 정도로는 안 됩니다. '된다. 안 된다. 망했다. 흥했다.' 바로 여기에 문제가 있습니다. 지식을 포기해야 합니다. 믿음 앞에서는 지식을 포기해야 합니다. 지성적 판단을 완전히 십자가에 못박아버려야 합니다.

성경을 읽다가 마음에 아주 큰 회의를 품게 되는 분들이 더러 있습니다. 왜냐하면 성경에 보니까 이적이 많거든요. 홍해가 갈라지고, 문둥병이 낫고, 죽은 자가 살아나고…… 이런 기적들이 마음에 안 들고 못마땅한 것입니다. 이 때문에 좋은 말씀이 많은데도 성경 읽을 마음이 생기지 않는다고 합니다. 이에 대한 유명한 대답이 있습니다. '성경은 곧 이적입니다. 기적으로 가득합니다. 애당초 기적을 믿지 않는다면 성경은 없는 것입니다.' 이것을 잊지 말아야 합니다. 상식적인 판단으로는 받아들일 수 없습니다. 성경에는 기적 아닌 것이 없습니다. 하나님의 말씀에 대해서 우리는 이성적인 비판을 완전히 버려야 합니다.

알고도…… 자기는 백 살이 넘었습니다. 마누라 사라는 생리적으로 단산한 지가 벌써 15년입니다. 이런 판국에 무슨 기적이 있겠습니까. 무엇을 더 바랄 수 있겠습니까. 오늘본문에는 특별히 더 중요한 말씀이 있습니다. "알고도 믿음이 약해지지 않고……" 하나님 말씀을 있는 그대로 받아들입니다. 말씀대로 될 것입니다. 말씀대로 될 줄로 믿습니다. 받아들입니다. 너무나 아름답고 귀한 시간입니다.

언젠가 미국에서 이 장면으로 연극을 하는 걸 본 적이 있습니다. 천사가 와서 "내년 이때에 아들을 낳으리라" 하고 떠나가니까 아브라함이 그 쪽을 향해 엎드려 절을 합니다. 그런 다음에 일어나서 "여보!" 하고 사라를 부릅니다. 다른 천막에서 머리가 하얀 할망구가 나옵니다. 아마 오랫동안 서로 별거를 했던 것 같습니다. 아브라함이 그 나이 90세 된 사라의 어깨에 손을 척 얹고 빙그레 웃으면서 말합니다. "여보, 오늘은 내 천막에 들어가 쉽시다." 기가 막힌 장면입니다. 믿음입니다. 된다느니 안 된다느니, 따지지 말아야 합니다. 벌써 단산한 지가 15년이 넘었습니다. 성경은 분명히 말씀합니다. "죽은 것과 방불한 가운데……" 사라의 태가 죽은 것이나 진배없음을 알고도 믿음이 약해지지 않았습니다. 이 위대한 믿음, 이것이 기독교 신앙의 기초요 기본입니다. 약해진 것을 알고도 그는 절대 약해지지 않았습니다.

여기서 아브라함의 믿음을 이렇게 볼 수 있습니다. 먼저 그는 과거를 극복해야 했습니다. 과거의 허물이 있습니다. 실수가 있습니다. 혹은 가나안을 떠났던 불신앙도 있습니다. 부끄럽기 짝이 없습니다. 게다가 서자까지 낳아놓았습니다. 지난 25년 동안 만신창이가 된 신앙입니다. 생각하면 고개를 들 수조차 없습니다. 하지만 아닙니다. 하나님께서 묻지 않으시는 과거를 내가 물으면 안 됩니다. 하나님께서 의롭다 하신다면 나는 의인이요, 하나님께서 "너는 내 아들이라" 하시면 나는 아들입니다. 스스로 내가 자격이 있느니 없느니 해서는 안 됩니다.

누가복음 15장에는 그 유명한 탕자의 비유가 나옵니다. 탕자의 훌륭한 점이 무엇이겠습니까? 탕자가 집을 떠나 세상에서 부끄러운 일을 많이 하고 집에 돌아왔습니다. 아버지가 기뻐하며 잔치를 베풉니다. "소를 잡아라. 반지를 끼워라. 옷을 입혀라." 이렇게 아버지가 죽었다 살아 돌아온 아들이라고 자랑하는데, 돌아온 탕자는 기가 막힙니다. 어쩌면 좋겠습니까. "아버지, 이러시면 안 됩니다. 너무 그러지 마세요. 제가 몹시 부끄러워집니다." 만약 이렇게 탕자가 말했다면 일이 어떻게 되겠습니까? 탕자는 스스로 자격이 없다는 것을 잘 알고 있습니다. 그러나 아버지의 마음을 슬프게 해드릴 수는 없습니다. 아버지께서 지금 기뻐하고 계시니까요. 이에 대하여 성경에는 아무 기록이 없습니다마는, 제가 볼 때 탕자는 상당히 뻔뻔한 위인입니다. 태연히 앉아서 아들노릇을 하고 있습니다. 하지만 이것이 믿음입니다. 체면도 안 서고, 자격도 없지만, 오늘 주시는 하나님의 은총을 무조건 수용하는 것입니다. 오늘본문에서 아브라함은 자기 부끄러운 과거를 생각하면 고개를 들 수 없는 사람입니다. 하나님의 말씀을 도저히 받아들일 수 없습니다. 그러나 하나님께서 말씀하시기 때문에 그는 받아들이고, 믿음으로 과거를 극복합니다.

또 아브라함은 자신의 나약함을 극복합니다. 패배한 자기 자신과 초라하고 불신앙적인 자신, 너무 늙어서 단산한 아내, 그 모든 나약함을 하나님의 말씀 안에서 다 극복해버립니다. '말씀하시면 그대로 될 것입니다. 말씀하시면 그것이 능력입니다. 나는 아무것도 아닙니다.' 특별히 그는 소망에 이르는 재조명을 합니다. 오늘본문은 "바랄 수 없는 것을 바랐다"고 말씀합니다. 인간적으로는 바랄 수가 없습니다. 사람으로는 불가능합니다. 아브라함 자신으로도 불가능합니다. 그러나 바랄 수 없는 것을 바랐습니다. 소망을 재조명할 때, 거기서 새로운 세계가 열립니다. 하나님께서 주시는 약속의 땅, 약속의 자녀, 약속의 세계가 옵니다. 이것이 기독교 신앙의 핵심입니다.

이제 성탄주일을 당해서 우리는 깊이 생각해야 합니다. 지난 한 해 동안 우리는 여러 가지로 하나님 앞에 부끄러운 일을 많이 저질렀습니다. 그래도 오늘 주시는 말씀을 깨끗하게 수용하십시다. 주님의 말씀이 가능하다면 가능한 것이고, 살았다면 산 것이고, 할 수 있다면 할 수 있는 것입니다. 내 과거, 내가 아는 것, 내 나약함, 나의 처절한 타락성을 모두 깨끗이 포기하고 오직 말씀에만 순종하면서 새롭게 창조적인 역사로 시작하는 것입니다.

"아브라함이 하나님을 믿으매 이를 의로 여기시고······." 아주 귀한 말씀입니다. 미국에서 남북전쟁이 3년째로 접어들 때였습니다. 어느덧 전쟁의 목적과 의미가 희미해졌습니다. 모든 사람의 마음이 흔들리고 있었습니다. 그러나 링컨 대통령은 이렇게 말합니다. "전능하신 하나님께서 오늘 평화 주시기를 기뻐하지 않으시는 것은 가장 좋은 때에, 가장 지혜로운 방법으로 반드시 평화를 주실 것이기 때문입니다. 나는 이를 믿습니다." 바로 그때 펜실베이니아 주지사였던 제임스 폴락이 아브라함 링컨에게 특별한 건의를 합니다. "우리가 쓰는 돈, 동전과 지폐에 'In God We Trust(우리는 하나님을 믿습니다)'라는 글자를 써 넣읍시다." 링컨 대통령은 재무부 장관과 함께 이를 상정하여 죽기 직전 마지막으로 있었던 국회에서 이 안건을 결의합니다. 1865년 3월 3일의 일입니다. 오늘날까지 쓰이는 달러의 뒷면에도 여전히 'In God We Trust'라고 인쇄되어 있습니다. 조그마한 동전에도 그 글귀가 새겨져 있습니다. '우리는 하나님을 믿습니다.' 얼마나 귀중한 신앙고백입니까. 아무리 암울한 세상이지마는, 다시 한 번 믿음을 정리하십시다. 우리는 하나님을 믿습니다. 믿음으로 의롭다 함을 얻고, 하나님의 자녀로 다시 출발하는 것입니다.
△

더 나은 본향을 사모하는 자

이 사람들은 다 믿음을 따라 죽었으며 약속을 받지 못하였으되 그것들을 멀리서 보고 환영하며 또 땅에서는 외국인과 나그네임을 증언하였으니 그들이 이같이 말하는 것은 자기들이 본향 찾는 자임을 나타냄이라 그들이 나온 바 본향을 생각하였더라면 돌아갈 기회가 있었으려니와 그들이 이제는 더 나은 본향을 사모하니 곧 하늘에 있는 것이라 이러므로 하나님이 그들의 하나님이라 일컬음 받으심을 부끄러워하지 아니하시고 그들을 위하여 한 성을 예비하셨느니라
(히브리서 11 : 13 - 16)

더 나은 본향을 사모하는 자

　　연세대학교 교수인 신영오 박사님의 아주 충격적이고 많은 것을 생각하게 하는 저서가 있습니다. 제목이 「사람처럼 개처럼」입니다. 제목 그대로 심각하고 도전적인 내용의 책입니다. '과학적 종합병원'이라는 곳이 있다고 합니다. 거기에서는 인간병동과 동물병동이 나란히 함께 있습니다. 장기이식용 동물을 양육하고 실험하기 위해서입니다. 여기서는 인간의 생명연장을 위해서 동물이 희생됩니다. 동물의 장기를 인간에게 이식해서 인간이 좀 더 건강하게 오래 살도록 하려는 노력을 기울이는 것입니다. 그렇다면 인간과 동물은 무엇입니까? 같은 것 아니겠습니까. 도대체 어디까지가 같고, 어디까지가 다릅니까? 이 문제를 어떻게 소화해야 됩니까? 진화론적으로 생각해볼 때 사람들은 다 같은 정신과 의식구조를 가지고 있습니다.
　　해외여행을 하는 사람들을 보면 흔히들 "여기가 좋다. 저기도 보자!" 하면서 여기저기 구경을 많이 다니려고 새벽부터 밤까지 난리입니다. 하지만 저는 그런 구경 별로 좋아하지 않습니다. 제가 굳이 안 가도 그것은 그 자리에 그대로 있을 것이니까요. 멀리서 봐도 되는 것이고, 어떤 것은 책으로, 또 사진이나 그림으로만 봐도 됩니다. 그런데 제가 젊었을 때부터 유독 많이 보아온 것이 하나 있습니다. 박물관입니다. 우리나라와 달리 해외에는 유명한 박물관들이 참 많습니다. 박물관 옆에는 또 곧잘 유명한 미술관이 있습니다. 제가 언젠가 한 번은 미국 LA에서 택시를 타고 별 생각 없이 기사에게 아무 박물관에나 가자고 했습니다. 공교롭게도 마침 그 운전기사가 한국 사람이었습니다. 그래 한국말로 대답하면서 택시비를 안 받겠다며 오히려 저에게 감사인사를 해왔습니다. 그 기사가 하는 말입니다. "한국 손님들은 나쁜 데 가자고 하는 경우가 많습니다. 그래 제가 속으로 결심했습니다. 박물관에 가자고 하는 사람이 있으면 택시비용을 받지 않겠다고요." 그래서 그때 제가 택시를 공짜로 탔습니다. 박물관을 가면 참 많은 공부가 됩니다. 인류문화의 장구한 역사를 한꺼번에 볼 수 있는 기회라서 참 유익합니다. 모스크바, 프라하, LA 같은 대도시에 박물관이 많습니다. 파리의 루브르 박물관도 참 좋습니다. 한나절 돌아보면서 배우는 것이 참 많습니다.

하지만 이제는 박물관에 가지 않습니다. 왜냐하면 박물관은 전부 진화론이기 때문입니다. 옛날이야기를 하는 척하면서 슬며시 진화론의 시각을 끼워 넣습니다. 그래 동물들이 어떻고, 매머드가 어떻고, 미생물이 어떻고 하다가, 그 흐름을 사람하고 슬쩍 연결해버립니다. 결국은 사람을 동물로 만드는 것이지요. 사람도 동물인데, 다만 고등동물일 뿐이라는 주장입니다. 거기까지는 그래도 좋은데, 이제 동물로부터 문화를 배웁니다. 동물들이 서로 먹고 마시고 싸우고 죽이는 생존경쟁을 벌입니다. 적자생존입니다. 이 원리를 도용해서 사람사회에 갖다 붙입니다. 그렇게 해서 만들어낸 작품이 공산주의 아닙니까. 그 견해대로라면 지금도 집단적으로 이루어지는 인간의 모든 행위는 전부 다 동물에게서 배운 것입니다. 동물사회로부터 배워서 인간사회에 적용하려고 몸부림치는 것입니다. 생각하면 참 기가 막힌 일입니다. 그래서 언젠가부터 제가 박물관을 안 갑니다.

예전에 제가 아프리카의 탄자니아에 갔을 때의 일입니다. 어딘가 산속 오지에서 고고학연구를 하는 사람이 있다고 해서 제가 차를 타고 두 시간을 달려 거기를 갔습니다. 그래 그 산속에서 문제의 연구자를 만났는데, 그는 독일 사람으로 3대째 같은 연구를 해오고 있다는 것이었습니다. 그래 여러 가지 자료들을 가져다놓고 연구를 하는데, 제가 만난 사람은 그 연구를 처음 시작한 사람의 손자였습니다. 그에게 제가 물었습니다. "고고학을 많이 연구하셨다는데, 여러 가지 이야기를 들려주셔도 비전문가인 제가 잘 알아들을 수 없을 것 같으니, 그저 결론만 딱 한마디로 말씀해주십시오." 그러자 그가 빙그레 웃으면서 하는 말입니다. "사람과 원숭이는 다릅니다." 그래서 제가 그랬습니다. "저는 본래부터 알고 있었습니다."

생각해볼 만한 문제입니다. 여러분도 소위 영장류라고 하는 원숭이나 고릴라가 두 발로 걸어 다니는 모습을 본 적이 있으시지요? 한데 실은 그렇지가 않습니다. 엄밀히 말해 그것은 두 발로 걷는 것이 아닙니다. 그들은 두 발로 걷지 못합니다. 묘한 사실입니다. 여러분은 우리의 발이 어떤 모양으로 생긴 줄 아십니까? 발에는 뒤축이 있고, 또 앞쪽 끝이 있습니다. 이 두 발끝에는 각각 신경이 하나씩, 그러니까 두 개가 있습니다. 이 두 개의 신경으로 보면 발 하나가 하나가 아니라 실은 두 개입니다. 그러니까 겉보기에는 우리가 두 발로 다니는 것 같아도, 실은 네 발로 다니는 셈입니다. 이제 막 돌이 된 어린 아이가 두 발로 딱 서는 것을 우리가 흔히 봅니다마는, 원숭이는 그 나이에 절대 두 발로 못 섭니다. 잠깐 섰다가는 금세 다시 넘어집니다. 인간처럼 서지를 못합니다. 사람한테는 발 하나에 앞끝과 뒤끝, 이렇게 두 개의 신경이 있어서 균형을 잡을 수 있는 것입니다. 어린 아이들도 그렇습니다. 아무리 연구해봐도 동물과 사람은 다릅니다.

처음부터 그렇게 믿으면 되지 않겠습니까. 도대체 근본이 무엇입니까? 도대체 내가 누구입니까? 도대체 인간이 무엇이며, 어디로 가고 있는지를 알고 오늘을 살아야 하지 않겠습니까. 성경의 진리로 보면 인간의 뿌리는 창조론에 있습니다. '브레이쉬트 바라 엘로힘 에트 하샤마임 에트 하아레츠.' 이것은 방언이 아니라 히브리말입니다. 창세기 1장 1절 말씀입니다. "태초에 하나님이 천지를 창조하셨다." '바라 엘로힘'이 창조입니다. 곧 무에서 유로 하나님께서 창조하셨다는 말씀입니다. 이것이 우리 신앙고백의 기초입니다. 사도신경에도 나옵니다. '전능하사 천지를 만드신 하나님⋯⋯' 창조에 대한 고백입니다. 창조에서부터 시작하는 것입니다. 진화론을 아무리 뒤져봐야 나오지 않습니다. 흙덩어리를 아무리 뒤져봐야 그것은 흙덩어리에 불과합니다.

또, '하나님의 형상으로 창조'입니다. 여기에는 신학적인 문제가 조금 있습니다. 성경은 하나님께서 흙을 빚어서 사람을 만드셨다고 말씀합니다. 남자와 여자를 흙을 빚어서 만드셨습니다. 그렇게 몸이 만들어졌습니다. 동물성입니다. 그런데 성경은 오묘하게도 하나님께서 '남자와 여자를 창조하셨다'고 말씀합니다. 그러니까 '만들어진' 부분이 있고, '창조된' 부분이 있다는 뜻입니다. 이것이 신앙의 기초입니다. 만들어진 부분은 동물성입니다. 동물입니다. 확실히 고등동물입니다. 치사하고 더러운 동물입니다. 잘못되기 쉽고 타락하기 쉬운 동물입니다. 그러나 그 동물 속, 그 질그릇 속에는 하나님의 형상(Image of God)이 들어 있습니다. 곧 '하나님의 형상으로' 우리를 '창조하신' 것입니다. 그 창조된 부분이 있기에 인간이 인간인 것입니다. 다시 말하면 그 '창조된' 인간이 '만들어진' 동물 속에 들어 있다는 것입니다. 그래 인간은 어느 순간 이 동물성을 벗어버리고, 창조된 그 본래의 존재로 돌아갑니다. 이것이 인간이라는 사실을 잊지 말아야 합니다. 이 창조된 부분을 '하나님의 형상으로'라고 했습니다. 이것은 히브리어 원문으로 '닮은꼴'이라는 말입니다. 우리 모두는 하나님을 닮은 데가 있습니다. 많이 닮았습니다. 우선 '영원 지향적'입니다. 하나님과 만나는 대화의 관계가 되고, 하나님의 음성을 들을 수 있는 관계가 됩니다. 하나님의 사랑을 받고 응답할 수 있는 관계, 그 말씀을 믿고 살도록 되어 있는 관계입니다. 이런 창조된 인간성이, 만들어진 인간 그 안에 있습니다. 이것이 인간의 모습입니다.

그런데 가만히 보면 여기에는 상당한 이중성이 있습니다. 우리 인간에게는 확실히 육체라는 동물성이 있습니다. 그래서 동물의 본성과 욕망을 다 가지고 있습니다. 우리 인간은 하나님께서 창조하신 영혼이 속에 들어 있어서 그 영적 존재가 육체적 동물성을 지배해야 됩니다. 육체적 욕망대로 살면 안 됩니다. 그러면 동물이 되어버립니다. 사실은 동물만도 못하지요. 요새 이런 말이 있습니다. 개들이 회의를 할 때 "요새 사람들이 이상한 소리를 하더라. 우리더러 '개 같은 놈들'이라고 하는데, 어디 우리만 해 보라지!"라고 한다지 않습니까. 인간에게 개만도 못한 점이 많다는 것입니다. 어쩌다 이렇게 되었습니까? 그 속에 있는 하나님의 형상이 떠나거나 잠들면 인간은 여지없이 추악한 존재가 됩니다. 이 긴장관계 속에서 사람을 잘 이해해야 됩니다. 가장 중요한 말씀은 '오메가 포인트', 그 마지막 지점입니다. 인간이 앞으로 어떻게 될 것인가? 끝에 가서는 육체를 벗습니다. 그리고 창조된 영혼과 창조된 존재로서 하나님 앞에 나아가게 됩니다. 이것이 바로 마지막 종착점입니다.

오늘 본문에 아주 귀한 교훈이 있습니다. '믿음의 조상들은 다 믿음을 따라 죽었으되, 믿음을 따라 살다가 믿음을 따라 죽었다'고 말씀합니다. 그들은 약속을 받지 못했습니다. 귀중한 말씀입니다. 약속이라는 것은 현실로 나타나야 됩니다. 추상적 이론이 아닙니다. 약속은 반드시 이루어집니다. 다만 분할되어 성취됩니다. 한꺼번에 다 이루어지는 것이 아닙니다. 처음에는 상징적으로, 예표적으로 이루어져 나가다가 마지막에 가서야 완전한 성취가 있습니다. 마치 사랑하는 연인들이 처음에는 연애를 하다가 다음에는 약혼을 하고, 마지막에 가서야 결혼에 골인하는 것처럼 말입니다. 우리가 세상을 사는 동안에는 동물성과 영성이 서로 공존하다가 마지막 순간 하나님 앞에 나아가게 되는데, 바로 거기에서 약속의 완전한 성취가 이루어집니다.

예수님께서는 마태복음 5장에서 이렇게 말씀하십니다. "마음이 가난한 자는 복이 있나니 천국이 저의 것이요 핍박당하는 자는 복이 있나니 천국이 저의 것이요……" 여기서 '천국(Kingdom of God)'이라는 말은 히브리어로 '바실레이아 투 데오'입니다. 절대 추상적인 이론이 아닙니다. 실제입니다. 잊지 말아야 됩니다. 심리적 현상이나 추상적 진리가 아니고, 시간적으로 공간적으로 영도적으로 주권적으로 이 천국은 사실적인 것이라는 점을 잊지 말아야 합니다. 그런고로 우리는 천국 지향적으로 살아가고 있는 것입니다.

그런데 문제가 있습니다. 천국 지향적 인간은 살아가는 동안 많은 시련을 겪습니다. 시련의 대표주자라면 당연히 욥 아니겠습니까.

아무리 생각해봐도 욥이 겪은 것과 같은 시련과 고통을 겪은 사람은 없을 것 같습니다. 그는 너무나 많은 고생을 했습니다마는, 그 고생의 가장 중요한 해석이 여기에 있습니다. 욥기 마지막인 42장 5절에서 그는 이렇게 고백합니다. "내가 주께 대하여 귀로 듣기만 하였사오나 이제는 눈으로 주를 뵈옵나이다." 이 많은 고난과 시련을 통해서 영혼이 깨끗해지고, 전에는 멀리서 듣던 주의 음성을 이제는 가까이에서 확실히 보게 되었습니다.

예수 믿으면 모든 일이 뜻대로 잘 되고, 만사형통하는 줄로 알지만, 실은 그렇지가 않습니다. 멀쩡한 사람이 병들기도 하고, 사업에 실패하기도 하고, 많은 고난을 치릅니다. 하지만 그 고난이 끝난 다음에 여러분은 무슨 말을 할 수 있습니까? 이 많은 시련을 통해서 주를 믿었습니다. 주를 알았습니다. 주 앞에 섰습니다. "주를 보나이다!" 이 사실을 잊지 말아야 합니다. 지금 빌리 그레이엄 목사님이 94세입니다. 파킨슨병에서부터 시작하여 전립선암, 간암…… 수많은 병마에 시달리며 너무나 많은 고생을 하고 있습니다. 제자들이 보기에 하도 딱하여 이렇게 말씀드렸습니다. "목사님, 저희가 목사님의 건강을 위해서 특별히 기도하겠습니다." 작정을 하고 며칠 동안 기도하겠다는 뜻입니다. 그러자 빌리 그레이엄 목사님이 빙그레 웃으면서 하는 말입니다. "그러지 마라. 내가 이 질병을 통해서 전에 못 듣던 하나님의 음성을 듣고, 전혀 깨닫지 못했던 것을 깨달았어. 성경을 읽어도 지금 읽는 성경은 달라. 전에 보이지 않던 하나님의 나라를 환히 바라보고 사는데, 무슨 말이야?" 우리 인간에게 왜 고통이 있습니까? 있어야 하니까 있는 것입니다. 있어야 주님의 음성을 들을 수 있습니다. 주 앞에 무릎을 꿇고, 세상을 버리고, 정욕도 이기고, 자기를 부인합니다. 주님의 얼굴을 볼 수 있습니다. 이 많은 시련을 통해서 말입니다.

그래서 오늘본문은 이렇게 말씀하고 있습니다. "멀리서 보고 …… 외국인과 나그네임을 ……" 베드로전서 2장 11절은 말씀합니다. "거류민과 나그네 같은 너희를 권하노니 영혼을 거슬러 싸우는 육체의 정욕을 제어하라." 인간은 나그네입니다. 하나님의 사람은 순례의 길을 떠났습니다. 확증한 목적이 있습니다. 마지막 종착지가 있습니다. 순례의 길을 떠나서 지금 가고 있습니다. 많은 시련을 겪습니다마는, 이렇게 함으로써 영혼을 깨끗하게 하고, 생각을 온전케 하고, 믿음을 바로 세웁니다.

지난해에도 많은 어려움이 있었습니다. 하지만 다시 생각해보십시오. 하나님 앞에서 겸손하게 생각해봅시다. 있어야 할 일이 있었던 것입니다. 왜냐하면 그래야 내가 바로 서니까요. 그래야 내가 주의 음성을 바로 들을 수 있으니까요. 그래야 내가 주님의 얼굴을 뵈올 수 있으니까요. 그래서 오늘본문은 말씀합니다. "멀리서 보고 환영하며……(13절)" 정말 귀한 말씀입니다. 다가오는 하나님의 나라를 환영합니다. 미래에 대한 두려움이나 불안이 아니라, 미래를 환영하며 사는 자, 그가 바로 그리스도인입니다. 멀어지는 세상을 아쉬워하지 않습니다. 다가오는 하나님의 나라를 바라보며, 앞에 있는 영광을 환영하며 사는 것입니다. 마치 약혼한 여자가 결혼식 날짜를 위해서 준비하는 것처럼, 그날을 위해 모든 준비를 하는 것처럼 말입니다.

제가 결혼식주례를 많이 합니다. 그래 이런 일들을 꽤 봅니다. 남자들은 결혼식 날에도 직장에 갔다 오는 사람이 더러 있습니다.

신랑이 식장에 헐레벌떡 들어오기에 물어보면 회사에서 온다는 것입니다. 결혼식을 코앞에 두고서도 일을 하는 것입니다. 어떻게 그럴 수가 있느냐고 물어보면 할 일 없이 멍하니 앉아 있을 바에야 회사에서 일하는 게 낫다고 합니다. 하지만 여자들은 한 달 전부터 바쁩니다. 목욕 가고 마사지하고 난리를 칩니다. 바로 이것이 여자의 마음입니다. 신랑을 만나기 위해서 준비하는 것입니다. 그래서 요한계시록은 '우리의 마지막 약속은 신부가 신랑을 만나는 것과 같다'라고 말씀합니다. 우리가 기다리는 날입니다. 그래서 로마서 8장 18절은 말씀합니다. "생각하건대 현재의 고난은 장차 우리에게 나타날 영광과 비교할 수 없도다." 얼마나 귀한 말씀입니까. 족히 비교할 수 없는 것입니다. 또 빌립보서 3장 14절은 말씀합니다. "위에서 부르신 부름의 상을 위하여 달려가노라."

여러분이 잘 아시는 손양원 목사님은 '사랑의 원자탄'이라고 불립니다. 한평생을 문둥병 환자들을 위해 사시다가 순교까지 하신 분입니다. 순교 전에 아들 둘이 공산당에게 총살당했습니다. 그분은 아들 둘을 총살한 사람을 잡아다 양아들로 삼았습니다. 그분이 두 아들의 장례식에서 하신 설교가 있습니다. 열 가지를 감사합니다. 이렇게 시작합니다. "하나님, 우리 집안에 순교자를 주셔서 감사합니다. 하나도 아니고 둘을 주셔서 감사합니다." 여섯째 감사는 이렇습니다. "미국 유학을 준비하던 제 아들이 미국보다 좋은 천국에 가서 감사합니다." 이것이 바로 천국 지향적 신앙의 모습입니다. 요한복음 16장 28절에서 예수님 말씀하십니다. "내가 아버지께로 가노라." 눈앞에 십자가가 있습니다. 엄청난 고난입니다. 이 모순된 십자가, 그러나 이것을 다 넘어 저쪽을 보시면서 "내가 아버지께로 가노라" 하십니다. 환난을 당하지만 담대하라고 말씀하십니다. 세상을 이겼기 때문입니다. 그 뒤에 한 마디 더 추가하겠습니다. "내가 이겼노라. 내 안에 있는 너희도 이길 것이고, 너희들은 다 나와 함께 있으리라." 더 나은 본향, 영어로는 'Father Land'입니다. 여러 가지 번역이 있습니다. 내 아버지 집, 내 아버지의 고향, 아버지가 계신 그곳……

이제 한 살 더 먹었습니다. 그만큼 늙었지만, 그만큼 더 하나님 앞에 가까이 다가선 것이기도 합니다. 더 나은 본향을 향해서 일 년 더 다가선 것입니다. 이런 마음으로 저 앞에 있는 하나님의 나라를 환영하며, 기쁨에 벅찬 새해를 열 수 있기를 바랍니다. △

이 마음을 품으라

너희 안에 이 마음을 품으라 곧 그리스도 예수의 마음이니 그는 근본 하나님의 본체시나 하나님과 동등됨을 취할 것으로 여기지 아니하시고 오히려 자기를 비워 종의 형체를 가지사 사람들과 같이 되셨고 사람의 모양으로 나타나사 자기를 낮추시고 죽기까지 복종하셨으니 곧 십자가에 죽으심이라 이러므로 하나님이 그를 지극히 높여 모든 이름 위에 뛰어난 이름을 주사 하늘에 있는 자들과 땅에 있는 자들과 땅 아래에 있는 자들로 모든 무릎을 예수의 이름에 꿇게 하시고 모든 입으로 예수 그리스도를 주라 시인하여 하나님 아버지께 영광을 돌리게 하셨느니라

(빌립보서 2 : 5 - 11)

이 마음을 품으라

덴마크의 철학자 키에르케고르의 한 저서 가운데 나오는 이런 의미심장한 이야기가 있습니다. 어느 날 왕자가 말을 타고 빈민촌을 지나가게 되었습니다. 그는 도중에 아름다운 여인을 보게 되었습니다. 그 뒤로 왕자는 자나깨나 그 여인을 도무지 잊을 수가 없었습니다. 공부를 할 때에도, 길을 걸을 때에도 오로지 그 여인 생각뿐이었습니다. 왕자는 여인에게 완전히 빠져서 마음을 빼앗기고 만 것입니다. 고민이 깊어졌습니다. 왜냐하면 자신은 왕자요, 그 여인은 빈민촌에 사는 천한 신분의 사람이었기 때문입니다. '서로 신분이 너무나 다른 두 사람 사이에 사랑이란 있을 수가 없는데, 이래서는 안 되는데……' 이렇게 스스로 마음을 다스려보려 해도 잘 되지 않았습니다. 오히려 그 여인에 대한 사랑이 마음속에서 점점 더 깊어집니다. 그래 왕자는 고민합니다. '내 사랑의 진실을 어떻게 하면 믿게 할 수 있을까? 신분과 자격, 사랑에는 아무 관계가 없다는 걸 어떻게 믿게 만들까? 이야기를 했을 때 이 여자가 믿어줄 수 있겠는가? 모든 책임은 내가 지겠다고, 일생을 내가 완전히 맡아서 책임지고 절대 실망을 주지 않고 행복하게 해주마고 보장한다면 믿어줄까? 어쩌면 좋을까?' 그러나저러나 이 사랑은 이루어질 수 없음을 왕자는 잘 압니다. 결국 그는 결심합니다. 그래 왕궁에서 입던 왕자의 옷을 벗어버리고, 그녀가 사는 시골로 가서 조그마한 움막집을 하나 마련해놓고 목수가 됩니다. 그리고 이 집 저 집의 온갖 궂은일들을 도맡아 살펴봐주면서 온 동네사람들의 사랑을 받게 됩니다. 그렇게 되고나서야 그는 비로소 여인을 찾아가 사랑한다고, 사랑해서 여기 이렇게 있노라고 고백합니다. 이에 여인도 마음을 열어서 왕자의 사랑을 받아들입니다. 사랑, 참 힘들지 않습니까. 쉬운 것이 아닙니다. 단순히 같이 사는 것은 쉽습니다. 하지만 사랑은 다릅니다. 일생을 같이 살았다고 사랑이 아닙니다. 착각하지 마십시오. 사랑은 참으로 귀한 것입니다. 사랑은 곧 생명이기에 그렇습니다. 사람은 밥만 먹고 사는 존재가 아니라, 사랑을 먹고 살아가는 존재입니다. 사랑이 있으면 살고, 사랑이 없으면 죽습니다. 아니, 사랑이 없으면 벌써 죽은 상태입니다.

요새 우리가 우리 마음을 괴롭히고 있는 문제가 많습니다. 집에서나, 어느 어떤 학교에서나, 도대체가 감당할 수 없는 문제가 있습니다. 그런가 하면 자살자가 많습니다. 전에는 어려운 사람만 자살했는데, 지금은 아닙니다. 멀쩡하게 젊은 아이들이 자살합니다. 제가 군선교위원회 이사장을 30년 동안 하고 있습니다마는, 군에서 제일 마음 아픈 사건이 군인들이 자살하는 것입니다. 제가 아무리 연구해봐도 자살할 만한 이유가 부족합니다. 옛날에 고생한 생각에 비하면 지금은 너무도 낭만적이요, 심지어는 사치스러운 환경입니다. 원래 자살이라는 것은 철학적으로는 낭만주의에 속한 사치입니다. 아무튼 자살자가 많습니다. 왜 그렇습니까? 왜 절망하고 낙심합니까? 왜냐하면 모두가 사랑이 없어서 그렇습니다. 사랑할 자가 없고, 사랑받지 못해서 그렇습니다. 사랑에 궁핍한 사랑의 불통 때문입니다. 사랑을 믿을 수가 없습니다. 마침내 사랑은 없다고 생각합니다. 사랑이 없는 순간 나도 없고, 그렇기에 죽습니다. 왜 그럴까? 가장 중요한 것은 과거에 배신을 당한 경험 때문입니다. 사랑에 배신당한 경험, 그 경험이 있는 것입니다.

　예전에 제가 소망교회에서 목회할 때 하루는 웬 특별한 청년이 저를 찾아왔습니다. 안양교도소에서 막 출소한 뒤에 바로 제 사무실로 온 것입니다. 제가 그 교도소에 가서 설교를 한 적이 있었거든요. 그때 그 설교를 듣고 자기가 예수를 믿게 되었고, 세례까지 받았다고 저를 찾아온 것입니다. 그는 전과 7범으로 철저하게 세상을 부정하던 사람이었습니다. 그가 했던 말을 들어보십시오. "저는 필요가 없습니다. 살아야 할 이유가 없는 사람입니다. 사랑이 없습니다. 우리 어머니가 저를 낳아서 고아원 문 앞에다가 버렸답니다. 그렇게 어머니한테서 핏덩어리로 버림받은 저인데, 세상에 사랑이 있습니까?" 쉽지 않은 문제입니다. 그 청년한테 저는 이렇게 말해주었습니다. "자네, 거짓말 하고 있군. 스스로 고아원 문을 열고 들어갔나? 자네가 손수 우유 타 먹었나? 자네가 손수 기저귀 갈아 찼나? 자네 기억에는 없지만 자네를 위해서 누군가가 아무 조건도 없이, 아무 보답도 바라지 않고 자네를 위해 수고해주어서 자네가 오늘 존재하는 것 아니겠나?" 청년이 이 말을 듣고 얼마나 많이 울었는지 모릅니다. 청년이 고백합니다. "예, 맞습니다. 제가 사랑을 많이 받았습니다." 결국 청년은 좋은 얼굴로 제 사무실을 나갔습니다. 사랑에 배신당한 상처 때문에 일생동안 사랑을 부정할 수 있습니다. 맞습니다. 하지만 이것은 큰 병입니다. 얼마나 아픈 상처입니까.

　가가와 도요히코(賀川豊彦)라는 일본의 유명한 목사님이 계십니다. 그는 고베 시장 소실의 아들입니다. 그러니까 첩의 아들로 태어난 그를 데려다가 본처 자식들하고 같이 키운 것입니다. 그러니 본처 자식들이 그를 얼마나 무시하고 구박했겠습니까. 그는 심지어는 이런 말까지 들었습니다. "너는 왜 태어났냐? 네가 태어났다는 자체가 우리 가정을 어렵게 만든다." 이루 말할 수 없는 핍박과 무시를 당한 것입니다. 언젠가 어느 추운 겨울날 그가 길거리에 앉아 슬피 울며 자기 신세를 한탄하고 있을 때였습니다. 마침 구세군이 나팔을 불면서 예수를 믿으라고 전도하고 있었습니다. "예수 믿고 하나님의 자녀 되십시오!" 이런 복음의 말을 듣고 이분이 그 구세군을 따라갔습니다. 그리고 물었습니다. "첩의 아들도 하나님의 아들이 될 수 있습니까?" "누구든지 하나님의 자녀가 될 수 있습니다." 이 대답을 듣고 그가 예수를 믿어 유명한 목사님이 되었습니다. 그는 한평생 계속 말합니다. "나는 첩의 아들이 아니고, 하나님의 아들이다!" 하나님의 아들이요, 하나님의 사랑을 받은 사람입니다. 이 사랑이 확실해야 나라는 존재도 확실해집니다.

또 한 가지, 현재 자기 자신의 처지가 사랑받을 만하지 못하다는 데에 문제가 있습니다. 탕자가 집을 나갔습니다. 왜 돌아오지 않았겠습니까? 스스로 돌아올 자격이 없다고 생각한 것입니다. 그가 집에 돌아와 하는 말입니다. "하늘과 아버지께 죄를 범하였으매 아들이라고 부르지 마시고, 종의 하나로 여겨주시기를 바랍니다." 자격이 없다는 것입니다. 하나님의 사랑 받을 만한 자격이 없으니까 사랑이 없는 것, 당연하지요. "나는 사랑받을 만한 가치가 없다." 이렇게 자기 정체를 부정하는 순간 그에게는 사랑이 보이지를 않습니다. 사랑이 느껴지지를 않습니다. 가장 중요한 문제는 나를 사랑하시는 분이 얼마나 크고 위대한 분인지, 그 사실을 알았어야 한다는 것입니다. 나를 사랑하시는 분은 내 자격을 묻지 않으십니다. 탕자가 돌아왔습니다. 아버지의 환영을 받으면서 그가 무슨 생각을 했을 것 같습니까? 저는 이런 생각을 좀 해봅니다. 성경에는 없지마는, 아마 이렇게 생각했을 것 같습니다. '이럴 줄 알았으면 진작 돌아올걸! 아버지가 이렇게 나를 사랑하는 줄 알았으면 진작 돌아올걸!'

나를 사랑하시는 분이 얼마나 크고 위대하신 분인지 아시기 바랍니다. 부모님의 사랑이 얼마나 큰지, 이 사실을 알면 자식이 왜 자살하겠습니까? 왜 절망하겠습니까? 나를 사랑하시는 분의 사랑이 크고 놀랍다는 사실을 알아야 합니다. 엄청난 사랑입니다. 중이염을 앓는 소녀가 있었습니다. 귓속에 고름이 생겨서 앓는데, 어머니가 이 소녀를 데리고 병원에 갔습니다. 의사가 진찰과 치료를 하고 나서 "걱정하지 마라. 이대로 몇 번만 더 병원에 오면 깨끗하게 나을 것 같다" 합니다. 그랬더니 이 아이가 화들짝 놀라면서 "안 됩니다. 이 중이염, 낫는 걸 저는 원치 않습니다. 아프니까 할아버지, 할머니, 부모님이 다 저를 사랑해주시고, 선생님도 저를 친절하게 대해주시잖아요. 중이염이 나으면 안 돼요!" 합니다. 얼마나 사랑에 갈급하면 이렇게 되었겠습니까. 아이들이 아프면 온 집안이 나서서 사랑을 해줍니다. 그러니 얼마나 좋습니까. 그래서 일부러 아프기도 합니다. 일부러라도 아프고 싶은 것입니다. 사랑에 굶주려서 그렇습니다. 사랑이란 사랑한다고 사랑이 아닙니다. 사랑을 알게 해야 되고, 알아야 되고, 사랑을 느끼게 해야 되고, 느껴야 됩니다. 사랑을 믿게 해야 되고, 믿어야 되고, 사랑하는 자와 사랑받는 자가 마음으로 하나가 되어야 합니다. 형식은 중요하지 않습니다. 이 마음이 문제입니다. 요새 와서 우리는 모든 윤리생활이 너무 형식적이고 물질적입니다. 정말 중요한 것은 마음입니다.

여러분이 너무나도 잘 아는 이야기가 있습니다. 어떤 사람이 말을 타고 한참을 달려가다가 목이 말라 샘물터에서 멈추어 섰습니다. 마침 거기에서 물을 긷고 있던 한 소자에게 부탁했습니다. "내가 목이 마른데, 물 한 그릇만 주시겠소?" 그러니까 그 소자가 물 한 그릇을 떠서 거기에 버드나무 이파리를 하나 따서 띄운 채로 그에게 건네주었습니다. 그가 물을 받아 마시면서 물 위에 떠 있던 이파리들을 후후 불어 마시면서 궁금해 합니다. "이렇게 맑은 물에 왜 나뭇잎을 따서 띄워놓았소?" 소자의 대답이 참 멋집니다. "선생님이 목이 몹시 마르신 모양인데, 급하게 마시다가는 체해서 죽을 수도 있습니다. 그래 후후 불면서 천천히 마시라고 이리 했습니다." 갸륵한 마음입니다. 문제는 마음입니다. 사랑의 마음, 사랑의 소통, 이것이 참 중요합니다.

장자의 '애마지도(愛馬之道)'라는 이야기가 있습니다. 말을 잘 키우는 사육사가 특별히 말 하나를 사랑해서 씻어주고 먹여주며 정성껏 돌봤습니다. 어느 날 보니까 말 잔등에 모기 한 마리가 앉아 피를 빨아먹고 있었습니다. '아이고, 저런! 저걸 죽여야겠다.' 이렇게 생각해서 사육사는 파리채를 들어서 모기를 딱 하고 때렸습니다. 이 바람에 말이 놀라 펄쩍 뛰면서 뒷발로 사육사를 걷어찼습니다. 이 발길질로 사육사는 갈빗대가 부러졌습니다. 장자가 주는 교훈입니다. '말을 사랑하는 방법을 배우라. 말은 말로 사랑해야지. 네 마음대로 한다고 사랑이 아니다!" 이것이 바로 애마지도입니다. 사랑한다고 하면서도 실망합니다. 왜냐하면 사랑이 잘못되었기 때문입니다. 사랑이 병든 것입니다. 오늘본문에는 클라이맥스에 해당하는 말씀이 있습니다. 예수님께서 우리를 사랑하십니다. "이 마음을 품으라. 곧 예수 그리스도의 마음이니."예수님의 사랑은 마음입니다. 예수님의 사랑을 마음에서 생각해봐야 됩니다. 깊은 마음이 담겨 있습니다. 사건 속에 엄청난 마음이 담겨 있습니다. 마음을 주고 마음을 받아야 그것이 사랑입니다.

오늘본문에는 '하나님과 동등됨을 취할 것으로 여기지 아니하시고'라고 했습니다. 예수님께서는 하나님의 보좌를 버려놓으십니다. 자기를 비우는 것. 영어로는 empty입니다. 비웠습니다. 텅 비워버렸습니다. 알지만 모르는 것처럼, 할 수 있으나 할 수 없는 것처럼, 있으나 없는 것처럼, 넉넉히 할 수 있어도 아무 것도 할 수 없는 자가 된 것처럼, 강하지만 가장 약한 자가 되어버린 것처럼, 영광된 자가 가장 추한 자로 나타나는 것처럼 비웠습니다. 비워야 사랑입니다. 아니, 비워져야 사랑입니다. 사랑하면 비워집니다. 사랑하면 다 없어지고 맙니다.

노래방에 가서 부르는 노래들 가운데 '애모'라는 곡이 있습니다. '나는 그대 앞에 서면 왜 작아지는가……' 참 마음에 드는 노래입니다. 생각해보면 그대 앞에, 사랑하는 자 앞에 서면 나는 작아집니다. 작아만 지지 않고 아예 없어집니다. 바로 이것이 사랑입니다. 사랑하고 나면 다 비워집니다. 잘난 것도 없고, 가진 것도 없고, 할 수 있는 것도 없습니다. 그저 깨끗하게 마음을 비웁니다. 주께서 하늘 보좌를 나오시어 자기를 비우시고 이 땅에 오셔서 종의 형체를 입으셨습니다. 종의 형상을 입으셨습니다. 내가 사랑하는 자의 형상으로 바뀌는 것입니다. 저가 나와 같아지기를 바라는 것이 아닙니다. 내가 저와 같아지는 것입니다. 저가 내게로 오기를 바라지 않습니다. 내가 저에게로 갑니다. 부부의 관계에 왜 문제가 있습니까? 남편, 남자입니다. 남자를 여자 만들라면 안 됩니다. 남자는 남자입니다.

그런데 남자를 여자 만들려고 하고, 여자를 남자 만들려고 하면 안 되지요. 내가 형상을 바꿔야 합니다. 내가 상대방의 형상으로 바뀌는 것입니다.

그리고 죽기까지 복종하셨습니다. 굉장히 중요한 말씀입니다. 대속의 죽음입니다. 저를 의롭다 하기 위해서 내가 죄인이 됩니다. 저를 살리기 위해서 내가 죽습니다. 그것이 사랑입니다. 저를 높이기 위해서 내가 낮아질뿐더러, 저의 죄를 내가 다 책임지고 대신 죽었습니다. 이것이 사랑의 본질이라고 성경은 우리에게 말씀합니다. 비로소 마음이 전해지고 마음이 열립니다. 그가 나를 위해 죽으셨다는 사실을 알 때, 그 대속의 십자가를 보는 순간 내 마음이 열립니다. 성도 여러분, 고독하고 절망하십니까? 사랑이 불통입니까? 다시 한 번 내 사랑을 점검해보시기 바랍니다. '이 마음을 품으라.' 현대문명과 함께 살면서 물질주의에 빠져서 만사를 전부 물질로 계산합니다. 돈으로 계산되는 것, 참으로 아깝습니다. 정성도 없고, 마음도 없습니다. 그렇지 않습니까.

옛날에 제가 목회할 때에는 심방을 가면 집집마다 다니면서 음식을 많이 얻어먹었습니다. 심방을 많이 할 때는 하루에 스물네 집씩 했습니다. 심방 다니면서 제가 경험한 것이 있습니다. 제가 워낙 커피를 좋아하니까 교인들이 양키시장에서 커피를 사와서 저한테 타줍니다. 커피 타본 경험이 없는 분은 양재기에다 끓여가지고 숟가락으로 저어서 마시라고 저한테 주기도 합니다. 참 곤란합니다. 하지만 사양하고 안 마셨다가는 큰일 납니다. 그렇게 마시다보니 하루에 커피를 열네 잔까지 마신 적도 있습니다. 그래 한동안은 제가 위장이 안 좋았습니다. 마음에서 우러나오는 정성으로 양재기에 타주는 커피는 마시지 않으면 큰일 납니다. 마음은 거절하면 안 되는 것입니다.

올해는 마음 깊은 곳에서 사랑이 이루어지는 귀한 한 해가 되었으면 합니다. 사랑은 있습니다. 그러나 사랑의 마음이 없습니다. 마음을 담아서 새로운 역사를 창조해야겠습니다. "너의 안에 이 마음을 품으라. 곧 예수 그리스도의 마음이니." △

소망 중에 즐거워하라

사랑에는 거짓이 없나니 악을 미워하고 선에 속하라 형제를 사랑하여 서로 우애하고 존경하기를 서로 먼저 하며 부지런하여 게으르지 말고 열심을 품고 주를 섬기라 소망 중에 즐거워하며 환난 중에 참으며 기도에 항상 힘쓰며 성도들의 쓸 것을 공급하며 손 대접하기를 힘쓰라
(로마서 12 : 9 - 13)

소망 중에 즐거워하라

　롱펠로우는 19세기 미국의 시인으로 세계에서 가장 사랑받는 시인들 가운데 한 사람입니다. 아마 그의 시를 중고등학교 때 한 번쯤 암송해보지 않은 사람은 없을 것입니다. 그는 숱한 역경과 고난을 겪은 인물입니다. 1807년 미국 포틀랜드에서 출생한 그는 24세 때 포터라는 여인과 결혼하여 4년 동안 함께 살았습니다마는, 부부동반으로 떠난 유럽여행에서 부인이 사망합니다. 그래 한동안 고통의 시간을 보낸 다음 그는 36세에 이르러 애플턴이라는 여인과 재혼하여 2남 4녀를 둡니다. 하지만 그 18년 동안의 결혼생활도 화목하기만 한 것은 아니었습니다. 네 살 난 딸이 병으로 죽어가는 것을 보아야 했기 때문입니다. 게다가 아내마저도 그 뒤에 일어난 불의의 화재로 세상을 떠납니다. 롱펠로우는 또 다시 걷잡을 수 없는 슬픔에 잠깁니다. 한데도 그는 원망하거나 저항하지 않고 인생을 찬미하는 시를 써서 많은 사람들을 감동시켰습니다. 세월이 흘러 임종을 앞둔 그에게 기자가 물었습니다. "선생님은 그 힘든 세상을 살아가시면서 그 많은 어려운 일들을 겪으셨습니다. 그런데도 작품에는 진지한 인생의 향기가 담겨 있습니다. 비결이 무엇입니까?" 그때 롱펠로우는 마당에 있는 사과나무 하나를 가리키며 이렇게 말합니다. "저 사과나무가 내 스승이 되었습니다. 저 사과나무는 매우 늙었습니다. 그러나 해마다 단맛을 내는 사과가 주렁주렁 열리지요. 그것은 늙은 나무에서 새순이 돋기 때문입니다. 고목에서 새순을 보는 눈이 바로 나의 삶의 힘이 되었습니다." 고목에서 새순을 보는 눈,

바로 그것이 인생을 아름답게 볼 수 있는 동력이었다는 말입니다.

희망과 소망은 같은 것이 아닙니다. 옛날에는 소망이라고 했는데, 요새는 희망이라고 합니다. 저는 그 차이가 정확히 무엇인지 알고 싶었습니다. 그래 많은 학자들에게 물어보았습니다마는, 그 누구한테서도 시원한 대답을 듣지 못했습니다. 그러다가 언젠가 제가 중국에 갔을 때 비로소 알게 되었습니다. 중국의 한자가 우리 한문의 원조 아니겠습니까. 거기 중국의 학자들 가운데 한 나이 많은 교수가 자세하게 설명해주었습니다. 저는 그걸 듣고 속이 시원해졌습니다. 그 해석을 따르면 희망은 내 마음 속 욕망의 발로입니다. '이렇게 됐으면 좋겠다' 하는 소원이 바로 희망입니다. 그러나 소망은 객관적으로 주어지는 약속에 대한 내 응답이요, 내 믿음입니다. 굉장한 차이 아닙니까. 근본적으로 다른 것입니다. 그래서 저는 희망을 좋아하지 않습니다. 소망이 좋습니다. 오늘본문은 말씀합니다. "소망 중에 즐거워하며……(12절)" 소망이란 미래에 대한 것입니다. 우리는 미래를 생각할 때마다 불안합니다. 희망이 있어도 두려움이 앞섭니다. 아무런 보장도 없으니까요. 미래에 대한 소망을 이룰 수 있는 그 무엇인가가 내게 있는지도 알 수 없습니다. 그러나 오늘본문은 소망 중에 즐거워하라고 말씀합니다. 약속된 소망, 약속된 땅을 향해서 가는 이스라엘을 생각해보십시오. 이스라엘 사람들 마음속에는 '가나안에 갔으면 좋겠다'라는 소원이 있습니다. 그러나 그것은 아무 상관도 없습니다. 문제는 하나님께서 약속의 땅을 너희에게 준다고 하셨다는 것입니다. 그 약속을 믿고, 가나안을 향해서 가는 것입니다. 그것이 소망입니다. 가나안에 가고 싶은 마음은 희망이요, 약속의 땅을 주신다고 하신 그 말씀을 믿고 일어서는 그 마음은 소망입니다. 전혀 다릅니다.

　소망을 즐거워한다니, 이 얼마나 귀한 말씀입니까. 로마서 5장 2절은 말씀합니다. "영광을 바라고 즐거워하느니라." 소망의 세계를 바라보며 오늘 현재 내가 즐거워합니다. 로마서 5장 5절에는 "소망이 내게 부끄럽게 아니한다. 절대로 실망시키지 않는다"라는 귀한 말씀이 있습니다. 우리는 날마다 이 귀한 사건을 경험하며 살아갑니다. 농부를 보면 알 수 있습니다. 농부는 앉아서 풍년을 기다리지 않습니다. 농부는 씨를 뿌립니다. 그리고 가을을 소망합니다. 씨를 뿌리고, 김을 매고, 농부로서 수고를 다하면서 가을을 소망합니다. 이것이 소망입니다. 씨도 뿌리지 않고 풍년만을 기다리고 있다면 그것은 희망입니다. 여기서 우리가 깊이 생각해야 됩니다. 또 우리는 환자들을 봅니다. 환자들의 소망이 무엇입니까? 건강입니다. 그러나 환자가 그냥 누워서 건강을 기다리는 것이 아닙니다. 건강을 위해서 자신이 해야 할 일을 합니다. 병원에 가서 진료도 받고, 같은 환자들끼리 모여서 물리치료도 받고, 운동도 합니다.

　그런데 어떤 분이 이런 얘기를 합니다. 병원에 갔더니 물리치료를 한다면서 이렇게 저렇게 하는데, 아프다는 것입니다. 이렇게 해도 아프고, 저렇게 해도 아픕니다. 하지만 그래야 낫는다는 것입니다. 가만히 누워서 기다리는 것이 아닙니다. 환자라면 마땅히 자신이 해야 할 도리를 다하면서 기다려야 합니다. 그것이 바로 소망입니다. 학생들은 열심히 공부합니다. 공부, 쉽지 않습니다. 아침 일찍부터 학교도 가고, 학원에도 가지 않습니까. 고3수험생처럼 일생을 살면 세상에 안 될 일이 어디 있겠습니까. 그렇게 많이들 수고합니다. 그리고 소망합니다. 그냥 앉아서 바라기만 하는 마음이 아닙니다. 운동선수들 보십시오. 얼마나 고생을 합니까. 말도 못하게 엄청난 노력들을 합니다. 피겨스케이팅을 하는 김연아 선수가 요즘 너무 잘해주어서 우리 모든 국민들 마음을 기쁘게 해줍니다마는, 생각해보십시오. 얼마나 고생이 많습니까. 그 젊은 나이에 먹을 것도 제대로 못 먹고, 충분히 잠도 못잡니다. 심지어 연애도 못합니다. 연애하면 끝나는 것이지요. 얼마나 어렵게 고생하고 있는지 모릅니다. 하지만 그런 많은 절제를 통해서 김연아 선수는 금메달을 소망합니다. 연애하는 젊은 사람들을 보십시오. 그들이 연애하면서 바라는 것이 무엇입니까? 결혼입니다. 결혼을 소망합니다. 보통 어려운 일이 아닙니다. 그러나 이상하게도 실망으로 끝날 때가 많습니다. 그렇게 바랐던 일이 이루어지지 못하는 경우가 많습니다. 그래서 불안하고 두려운 것입니다.

이 소망을 어떤 사람들은 쟁취하려고 합니다. 그래 싸움을 벌이고 역경을 무릅쓰기도 합니다. 이런 투쟁형의 인간이 있습니다. 하지만 실은 그 자체가 병든 것입니다. 소망의 사람이 아닙니다. 소망은 즐거워해야 합니다. 몸부림친다고 되는 것이 아니기 때문입니다. 다시 말합시다. 공부를 할 때에는 공부를 즐겨야 합니다. 공부를 해서 성공하겠다고 몸부림을 치면 그냥 죽습니다. 같은 일을 해도 소망이 있느냐 없느냐에 따라 그 결과는 매우 다릅니다. 소망을 즐거워하는 것이 참 중요합니다. 불안에 떨어도 안 됩니다. 될까, 안 될까? 이 불확실성 때문에 벌벌 떨며 사는 것은 소망에 대한 바른 자세가 아닙니다. "소망을 즐거워하며⋯⋯"

로마서 8장 24절, 25절은 말씀합니다. "우리가 소망으로 구원을 얻었으매 보이는 소망이 소망이 아니니 보는 것을 누가 바라리요 만일 우리가 보지 못하는 것을 바라면 참음으로 기다릴지니라." 한 차원 높습니다. 보지 못하는 것을 바라는 것입니다. 우리는 보이지 않는 것을 믿고 있습니다. 그것이 소망입니다. 만일 보이는 것을 소망했다면 그것은 절망으로 끝납니다. 보이지 않는 것을 바라고 나아가는 소망이라야 완전한 것입니다. 그래서 보지 못하는 것을 바란다면 참음으로 기다려야 합니다. 소망은 우리를 결코 부끄럽게 하지 않습니다.

빌립보서 1장 20절은 말씀합니다. "나의 간절한 기대와 소망을 따라 아무 일에든지 부끄러워하지 아니하고……" 사도 바울은 참 위대한 분입니다. 그는 감옥에 있으면서 이렇게 말씀합니다. "소망을 따라 아무 일에든지 부끄럽지 않다." 소망은 있는데 현재 하는 일이 부끄러운 일이라면 그것은 소망할 만한 것이 못됩니다. 소망하는 바를 따라서 아무 일에든지 부끄럽지 않게, 정말 유감없이 그렇게 살아가는 것이 소망 중에 즐거워하는 자세입니다. 또한 성경은 말씀합니다. "부끄럽지 아니하고 오직 전과 같이 담대하여 온전히 살든지 죽든지 내 몸에서 그리스도가 존귀케 되게 하나니 이는 내게 사는 것이 그리스도니 죽는 것도 유익함이니라." To die. 그리스도와 함께 죽는 것입니다. To live is Christ and to die is gain. 유명한 말씀입니다. To live, 사는 것 자체가 그리스도입니다. To die is gain, 죽는 것도 유익합니다. 이 얼마나 귀한 간증입니까. 사도 바울은 지금 감옥에 있습니다. 하지만 소망을 따라 부끄럽지 않습니다. 하늘나라의 소망을 바라보며 조금도 부끄러움이 없는 그가 사도 바울입니다. 그래서 말씀합니다. "소망 안에서, 소망 중에 즐거워하라."

제가 1960년대 초에 신당동 중앙교회에서 한 2년 동안 목회한

적이 있습니다. 그 시절에는 심방을 많이 했습니다. 그래 어느 가정에 심방을 갔을 때의 일입니다. 집 안이 한마디로 난장판이었습니다. 먹고 남은 음식물 쓰레기가 그냥 널려 있고, 옷장 문은 다 깨졌고, 방 한편에는 아이들이 크레파스로 그려놓은 낙서가 어지러웠습니다. 그야 말로 온 집안이 엉망이었습니다. 아이가 셋인데, 그 어머니가 아이들과 같이 그 고생을 하고 있었습니다. 그래 제가 참 고생이 많다고 위로했는데, 이 여자 집사님 얼굴이 밝은 것입니다. 히죽히죽 웃으면서 "괜찮아요, 괜찮아요. 애 아버지가요 의사인데요, 미국 유학을 갔거든요. 3년 동안 공부하고 온다고 갔는데, 오늘 돌아온답니다. 그래서 말입니다. 그 동안 얼마나 고생했는지를 좀 보여주려고요." 전혀 관계없습니다. 남편이 미국 가서 공부하고 있고, 지금 돌아옵니다. 아이들 하고 이렇게 난장판 속에 지내는데, 오히려 자랑스러워합니다. "당신 없는 동안 내가 이렇게 고생을 했어." 그 말 하고 싶은 것입니다. 소망 중에 즐거워하는 것이지요. 소망 중에 이까짓 것 문제가 되지 않습니다. 그리스도를 위해서 고생 많이 한 것, 자랑스러운 일입니다. 의를 위해서 고생 많이 한 것도 자랑스러운 일입니다. 정말 정직하고 진실하게 살면서 가난하게 산 것도 자랑스럽습니다. 소망 중에 즐거워합니다. 그리스도께서 보증하신 소망입니다. 십자가로 보증해주신 소망입니다. 이것을 바라보며 즐거워합니다. 소망을 향하여 인내하는 것입니다. 소망이 있는 인내는 결코 인내가 아닙니다. 즐거움입니다. 소망이 있으면서 참는 것은 그 자체가 재미있는 일입니다. 어려울 것이 없습니다.

제가 미국에 유학 가 있을 때 한국에 있던 제 아내가 아이들을 데리고 고생 많이 했습니다. 두 아이를 보고 미국으로 갔는데 그 사이에 또 아이를 하나 낳아서 셋이 되었습니다. 교회에서 주는 부목사 월급이 적은데, 유학 갔다고 그나마도 절반만 줬습니다. 집사람은 돈 버는 재주가 전혀 없습니다. 그래서 참 어렵게 살았습니다. 제가 다 압니다. 하지만 저는 걱정하지 않았습니다. "조금만 참아라. 다 보상할게. 고생되지만, 참아라!" 그런 인내는 참을 만한 것입니다. 솔직히 남편 유학 보내고 고생 좀 하면 어떻습니까. 고생할수록 자랑스럽습니다. 훈장감 아닙니까.

주님께서 우리를 기다리고 계십니다. 스데반이 하늘을 우러러 봅니다. 보좌에 서신 주님을 바라볼 때 비록 여기서 순교의 죽음을 당하지마는, 그 얼굴은 마치 천사의 것인 양 환하게 밝았습니다. 스데반은 확실히 소망 중에 즐거워했습니다. 이 즐거움으로 세상을 이기는 것입니다. △

나중까지 견디는 자

너희는 스스로 조심하라 사람들이 너희를 공회에 넘겨 주겠고 너희를 회당에서 매질하겠으며 나로 말미암아 너희가 권력자들과 임금들 앞에 서리니 이는 그들에게 증거가 되려 함이라 또 복음이 먼저 만국에 전파되어야 할 것이니라 사람들이 너희를 끌어다가 넘겨 줄 때에 무슨 말을 할까 미리 염려하지 말고 무엇이든지 그 때에 너희에게 주시는 그 말을 하라 말하는 이는 너희가 아니요 성령이시니라 형제가 형제를, 아버지가 자식을 죽는 데에 내주며 자식들이 부모를 대적하여 죽게 하리라 또 너희가 내 이름으로 말미암아 모든 사람에게 미움을 받을 것이나 끝까지 견디는 자는 구원을 받으리라
(마가복음 13 : 9 - 13)

나중까지 견디는 자

　우리가 너무나 잘 알고 있는 유명한 발명왕 에디슨은 78세 때 큰 사고를 당합니다. 미국의 뉴저지 웨스트 오렌지에 세워놓은 18동 규모의 복합 연구단지가 화재로 한순간에 잿더미가 된 일입니다. 전체 피해액이 수백만 달러에 이르렀고, 기왕의 연구 자료들과 한창 진행 중인 자료들도 모조리 불타 없어졌습니다. 아들 찰스 에디슨이 소식을 듣고 급히 뉴욕에서 달려와 그 비참한 광경을 보고 할 말을 잃었습니다. 하지만 아버지 에디슨은 그 참상 앞에서 망연해져 눈물을 흘리는 아들에게 태연히 이렇게 말했습니다. "찰스, 빨리 집으로 가서 네 어머니를 모셔오너라. 이런 장면은 두 번 다시 보기 힘들 테니까, 함께 이 장면을 보자!" 그리고 그는 후세에 길이 남을 중요한 말을 합니다. "이 재난에는 커다란 의미가 있습니다. 저의 지나간 성공과 실수들까지 말끔하게 타버렸습니다. 그래서 다시 새롭게 시작할 수 있게 되었습니다. 이렇듯 지난 일을 깨끗이 지워버리고 다시 시작할 수 있게 해주신 하나님께 감사합니다." 이렇게 에디슨은 그 끔찍한 화재현장에서도 담담했습니다.

　견딘다는 것은 무슨 뜻입니까? 참는다는 것은 무슨 뜻입니까? 그냥 버틴다는 것입니까? 아니면, 살아남는다는 것입니까? 아닙니다. 그런 것과는 다릅니다. 내가 당하는 고통의 의미를 내가 안다는 뜻입니다. 그러니까 이 고통이 우연한 사건이 아님을, 그 누구의 잘못도 아님을, 이 고통의 배후에 일을 주관하시는 하나님의 뜻이 있음을 알고, 그 하나님의 섭리를 알고, 이를 통한 하나님의 사랑까지 생각하면서 어려운 시련을 잘 소화해야 하는 것입니다. 이것이 견딘다는 말의 의미입니다. 고통을 당해도 누구를 원망하지 않고, 나아가 자책을 하지도 않습니다. 고통을 당할 때 그 큰 뜻을 알고, 하나님의 섭리와 경륜을 깨달으면서, 오히려 멀리 바라보며 하나님께 감사할 수 있을 때, 그것이 바로 견딘다는 것입니다.

살다보면 원치 않는 사건을 당하는 경우가 있습니다. 때로는 질병에 걸릴 수도 있고, 때로는 재난을 당할 수도 있고, 때로는 억울한 일을 겪을 수도 있습니다. 그때마다 우리는 두 가지를 생각해야 합니다. 하나는 버리는 것입니다. 하나님께서는 내게 버리라고 하십니다. "교만을 버려라. 욕심을 버려라. 허영을 버려라. 네 의심과 나약성을 버려라." 또 하나님께서는 내게 얻으라고 하십니다. "너는 네가 해야 할 일을 미루고 있다. 늘 마음에 가책을 느끼면서도 하지 못하고 있는 것이 있다. 그 미뤄오던 것을 이 사건을 계기로 행하라. 그래서 새로운 길로 가라." 새로운 세계를 보여주시는 것입니다. 새로운 가능성을 우리에게 말씀하고 계시는 것입니다. 이것이 견딘다는 것입니다. 내가 당한 고통의 현재적 의미, 동시에 미래적 약속, 미래적 의미를 확실하게 깨달으면서 잘 수용해야 합니다. 더 나아가 이 사건 앞에서 에디슨처럼 감사할 수 있을 때 바로 그것이 견딘다고 하는 말의 진정한 의미입니다.

야고보서 1장 2절과 3절에 귀중한 말씀이 있습니다. "너희가 여러 가지 시험을 당하거든 온전히 기쁘게 여기라 이는 너희 믿음의 시련이 인내를 만들어내는 줄 너희가 앎이니라." 시련을 만날 때 두려워하고 자책하고 원망하고 불평하고 좌절하는 것이 아니라, 온전히 기쁘게 여기는 것입니다. 이 시련 다음에 있는 일을 알기에, 이 시련을 통하여 이루시는 하나님의 큰 경륜을 알기에, 이 시련을 통하여 주시는 하나님의 축복을 알기에 시련을 만나면 오히려 기쁘게 여기는 것입니다. 이런 사람이 신앙인입니다. 바로 그 속에 믿음이 있습니다.

마태복음 24장에는 예수님의 우주관과 종말적 메시지가 나옵니다. "이 시대가 어디로 가느냐? 앞으로 큰 환난이 있을 것이다. 전쟁이 있고, 재난이 있고, 도덕적 타락이 있고, 갈등이 있고, 혼돈이 있을 것이다." 이렇게 예언하고 계십니다. 한 가지 잊지 말아야 할 것이 있습니다. 유토피아니즘에서 벗어나야 한다는 것입니다. '세상은 잘 될 것이다. 과학이 발전되니 다 잘 될 것이다. 의학이 발전하니 모두 다 오래 살 것이다. 모든 일이 잘 될 것이다.' 환상입니다. 여기에서 깨어나야 됩니다. 우리는 종종 이런 생각을 합니다. '이 일만 잘 되면 모든 게 다 잘 될 것이다.' 아닙니다. 어떤 사람은 우리나라는 다 잘하는데 정치만 엉망이라고 말합니다. 그러니까 정치만 잘 되면 모든 것이 다 잘 될 것이라고 생각하는 것입니다. 잊지 말아야 합니다. 예수님께서는 세상 끝을 바라보시면서 그런 헛된 환상에 사로잡히지 않으셨습니다. 이 세상에 장차 그런 세대가 오리라고 예언하지 않으셨습니다. 예수님께서는 전쟁이 있고, 재난이 있고, 지진이 있고, 도덕적 타락이 있고, 사람들이 서로 배신하는 혼돈이 올 것이며, 무서운 세상이 오리라고 말씀하십니다. 예수님의 종말론입니다. 그러나 마지막에는 이렇게 말씀하십니다. "끝까지 견디는 자는 구원을 얻을 것이다." 여기서 구원이란 꼭 살아남는 것만을 뜻하는 말은 아닙니다. 끝까지 견딘다는 것은 우선 낙심하지 않는다는 것입니다. '하나님께서 우리를 버리셨나? 아, 하나님께서 우리 죄악을 심판하시는가? 아니면 나를 버리셨나?' 이렇게 낙심하지 않아야 합니다. 사건 속에 있는 하나님의 말씀을 귀 기울여 듣는 자세가 필요합니다. 조용히 묵상하며 듣습니다. 이 사건을 통하여 하나님께서는 무엇을 말씀하고 계시는지 들어야 합니다.

요즘 신문이나 텔레비전을 보면 세상에 왜 이렇듯 사건들이 많은가 싶습니다. 다행히 어떤 사건은 해결이 되지만, 어떤 사건은 좀처럼 해결되지 않습니다. 그런가 하면 똑같은 사건이 또 터집니다. 여기서 저기서, 이 나라에서 저 나라에서 그렇습니다. 또 기상변화는 왜 이렇게 심한 것입니까? 지금 날씨가 몹시 추운데, 미국의 미네소타는 영하 40도라고 합니다. 이 현상을 두고 방송에서 재미있는 표현을 합니다. "거기는 화성보다 춥습니다." 지구의 기후가 지금 불안정한 것입니다. 이런 사건들을 접할 때마다 거기에 담겨 있는 하나님의 말씀을 조용히 귀 기울여 들을 줄 알아야 합니다. 요한계시록은 말씀합니다. "주께서 문 앞에서 두드리노니 문을 열면 들어가서 너는 나로 더불어 먹고 나는 너로 더불어 먹으리라." 역사의 문 앞에서 지금 하나님께서 문을 두드리고 계시는 것입니다. 여러분, 혹 무릎이 아프십니까? 하나님께서 지금 노크하고 계시는 것입니다. 정신이 오락가락하십니까? 하나님께서 지금 아주 강하게 노크하고 계시는 것입니다. 때가 온 것입니다. 역사의 문 앞에 서서 주님이 두드리시는 노크 소리를 들을 줄 알아야 합니다. 지금 이 세대가 어디로 가고 있습니까? 안다면 낙심할 것 없습니다. 하나님의 섭리, 하나님의 능력 안에서 모든 일을 해석해야 됩니다. 예외가 없습니다. 모든 사건 속에 하나님의 말씀이 있으니까요. 종말이 약속되어 있으니까요.

오늘본문에서 가장 귀중한 요절은 이것입니다. "이 모든 사건 속에서 증거될 것이다." 여기서 '증거된다'는 말이 참 중요합니다. 우리는 여기저기 다니면서 노방전도도 할 수 있고, 문서전도도 할 수 있고, 방송전도도 할 수 있습니다. 우리는 여러 방면으로 복음을 전합니다. 상대가 듣든지 안 듣든지, 우리는 해야 할 일을 해야 합니다. 복음을 전하는 일이 참 중요합니다. 이 세상에 복음을 듣지 못한 자가 없도록 복음을 전해야 됩니다. 그러자면 실생활에서 복음적으로 살아야 합니다. 오늘본문은 말씀합니다. "끝까지 견디는 자는 구원을 받으리라." 무슨 뜻입니까? 사랑이 식어지지 않는다는 것입니다. 세상 사람의 사랑이 다 식어도 그리스도인의 마음속 사랑의 불은 꺼지지 않습니다. 온 세상 사람들이 서로 배신을 하지만, 하나님의 사람은 배신하지 않습니다. 모든 사람의 사랑이 식고, 모든 사람이 다 낙심해도 우리는 낙심하지 않습니다. 모든 사람이 다 절망해도 우리는 하나님 앞에 감사 찬송하며 삽니다. 바로 이것이 견딘다는 말입니다.

가장 중요한 말은 '증거된다'입니다. 사랑이 식을 때 배반하지 않고, 핍박을 받을 때 위하여 기도하는 것입니다. 이 모든 사건 속에서 증거됩니다. 고난과 환난을 당하는데, 성도들을 통해서 복음이 전파된다는 것입니다. 그리스도인이 순교할 때 겉보기로는 비참하게 죽어가는 것 같습니다. 하지만 아닙니다. 그 순교로 말미암아 복음이 증거됩니다. 그 순교로 말미암아 놀라운 역사가 이루어집니다. 이것이 기독교사의 맥락입니다. 가장 중요한 사건은 스데반입니다. 그는 돌에 맞아 죽습니다. 그는 집사입니다. 사도가 아닙니다. 그러나 열심히 복음을 증거하다가 비참하게 생을 마칩니다. 재판절차도 없이 끌어내다가 돌로 쳐 죽였습니다. 겉보기로는 그야말로 비참한 최후입니다. 그러나 많은 학자들이 이구동성으로 하는 말이 있습니다. 그 현장에는 돌에 맞아 죽어가는 스데반을 지켜보던 사울이라는 사람이 있었습니다. 그는 마음이 더욱 강퍅해져서 스스로 예수 믿는 사람을 죽이려고 다메섹까지 갑니다. 바로 그 다메섹 도상에서 그는 예수를 만납니다. 사도 바울의 탄생입니다. 그래서 믿음의 사람들은 하나같이 이렇게 말합니다. "스데반은 죽었으나, 스데반의 믿음은 바울에게 전수되었다." 사도 바울은 바로 그 믿음에서 한 발자국도 벗어나지 못하고 일생을 주께 바칩니다. 얼마나 중요한 사건입니까.

제가 오래 전 신학대학에서 '바울신학'이라는 과목을 몇 학기 가르친 적이 있습니다. 바울의 신학사상이 어디에서 왔는지, 그 뿌리를 찾아가면 스데반이라고까지 말하는 사람도 있는데, 실제로 사도 바울은 스데반의 신학체계에서 한 발자국도 더 나가지 못했습니다. 다시 말하면 그는 스데반의 제자로 일생을 살았다는 결론입니다. 이 얼마나 중요한 이야기입니까. 스데반은 돌에 맞아 순교했습니다마는, 이것이 증거가 됩니다. 이로써 위대한 역사가 나타난다는 것이지요. 기독교의 역사는 순교의 역사입니다. 교회의 선교, 그 핵심은 순교 그 자체로부터 시작합니다. 스위스의 정신의학자 폴 투르니에는 그의 유명한 저서 「창조적 고통」에서 이렇게 말합니다. '위대한 용기는 가장 위급한 시기에 생기는 것이다. 필요한 용기는 오직 시련 그 자체와 함께 오는 것이다. 참 진리도, 참 사랑도, 참 믿음도, 창조적 용기도 다 고난 중에 있는 것이다.' 이래도 고난을 마다하겠습니까? 이제 우리는 모든 고난을 다 복음적으로 소화하고, 선교적으로 이해해야 합니다. 그리고 오히려 고난과 핍박과 환난을 환영할 수 있어야 합니다. 이것이 견딘다는 것입니다. 그러니 못 살겠다는 말은 이제 그만해야 합니다. 도저히 못 견디겠다고 불평하면 지는 것입니다.

제가 옛날 인천에서 목회할 때 심방을 참 많이 했습니다. 한 번 시작하면 아침부터 저녁까지 합니다. 하루는 어느 집에 들어가려고 하는데, 하필이면 그 집에 난리가 났습니다. 그 집에 초등학교 다니는 소중한 외아들이 있는데, 밖에서 싸우다 몇 대 맞고 돌아왔습니다. 그래 참다못해 다시 나가서 자기한테 손찌검을 한 아이를 때려 주려고 뛰쳐나가려 하는 참이었습니다. 그걸 심방하러 가던 우리들이 딱 붙들었습니다. 그래 그 녀석을 도로 집 안으로 끌고 들어가 방에 앉혀놓고 예배를 드리려 했습니다. 한데 이놈이 하도 분해서 참지 못하고 소리를 내서 울기 시작했습니다. 한 대 맞았으면 한 대 때려야 되는 거 아니냐고, 내가 왜 맞아야 되느냐고 발광을 하는 것입니다. 그래서 제가 이랬습니다. "너 이기고 싶으냐?" "예." "자신 있냐?" "예." "그럼 조심해라. 울면 진 거다." 그랬더니 울음을 뚝 그치는 것이었습니다. 맞았느냐 때렸느냐가 문제가 아닙니다. 울었느냐 울지 않았느냐가 중요합니다. 울면 진 것입니다. 낙심하면 지는 것입니다. 미워하면 완전히 패한 것이 되고 맙니다. 이 사실을 알아야 합니다.

오늘본문에서 예수님께서는 신비로운 말씀을 하십니다. "복음이 증거된다. 모든 환난과 재난 속에서 복음이 땅 끝까지 전해질 것이다." 저는 선교학을 전공했습니다. 그래 선교를 연구하면서 보니까 고난과 환난을 통하지 않고서 복음이 전해진 역사가 없습니다. 깊이 생각해야 합니다. 복음은 환난 중에 전해지는 것입니다. 심지어 이런 성경말씀도 있습니다. "너희가 법관들에게 끌려갈 것이다. 끌려가서 무슨 말을 할까 미리 생각하지 마라. 그냥 끌려가라. 현장에 딱 서면 무슨 말을 할지 성령께서 말씀해주실 것이다. 그 말만 하라." 얼마나 중요한 말씀입니까. "끌려갈 때 걱정하지 말고, 어떤 모양으로 죽을까 걱정하지 마라. 성령께서 인도하실 것이다." 두려워하지 말 것입니다. 오히려 기뻐할 것입니다. 성도의 승리는 그 믿음입니다. 견뎌야 합니다. 하나님께서는 끝까지 견디는 자를 구원하십니다. △

준비하시는 하나님

아브라함이 이르되 내 아들아 번제할 어린 양은 하나님이 자기를 위하여 친히 준비하시리라 하고 두 사람이 함께 나아가서 하나님이 그에게 일러 주신 곳에 이른지라 이에 아브라함이 그 곳에 제단을 쌓고 나무를 벌여 놓고 그의 아들 이삭을 결박하여 제단 나무 위에 놓고 손을 내밀어 칼을 잡고 그 아들을 잡으려 하니 여호와의 사자가 하늘에서부터 그를 불러 이르시되 아브라함아 아브라함아 하시는지라 아브라함이 이르되 내가 여기 있나이다 하매 사자가 이르시되 그 아이에게 네 손을 대지 말라 그에게 아무 일도 하지 말라 네가 네 아들 네 독자까지도 내게 아끼지 아니하였으니 내가 이제야 네가 하나님을 경외하는 줄을 아노라 아브라함이 눈을 들어 살펴본즉 한 숫양이 뒤에 있는데 뿔이 수풀에 걸려 있는지라 아브라함이 가서 그 숫양을 가져다가 아들을 대신하여 번제로 드렸더라 아브라함이 그 땅 이름을 여호와 이레라 하였으므로 오늘날까지 사람들이 이르기를 여호와의 산에서 준비되리라 하더라 여호와의 사자가 하늘에서부터 두 번째 아브라함을 불러 이르시되 여호와께서 이르시기를 내가 나를 가리켜 맹세하노니 네가 이같이 행하여 네 아들 네 독자도 아끼지 아니하였은즉 내가 네게 큰 복을 주고 네 씨가 크게 번성하여 하늘의 별과 같고 바닷가의 모래와 같게 하리니 네 씨가 그 대적의 성문을 차지하리라 또 네 씨로 말미암아 천하 만민이 복을 받으리니 이는 네가 나의 말을 준행하였음이니라 하셨다 하니라 이에 아브라함이 그의 종들에게로 돌아가서 함께 떠나 브엘세바에 이르러 거기 거주하였더라

(창세기 22 : 8 - 19)

준비하시는 하나님

　어느 유대 랍비의 이야기입니다. 랍비는 우리 개신교로 말하면 목사 같은 분인데, 유대교 회당에서 봉사하는 중요한 임무를 맡은 분입니다. 그 랍비에게 아들이 하나 있었습니다. 너무 귀하게 키워서 그런지 영 말썽꾸러기입니다. 요샛말로 말하면 문제아지요. 도대체 더는 어떻게 해볼 수가 없는 지경이었습니다. 그래 하도 답답하게 여기던 끝에 회당에서 멀지 않은 곳의 한 가톨릭교회가 운영하는 초등학교에 그 아들을 입학시켰습니다. 그리고 집을 떠나 그 학교의 기숙사에서 살면서 공부하도록 하였습니다. 놀라운 일이 일어났습니다. 그렇게도 말썽을 부리던 아이가 조용해지고, 아주 모범생이 되었습니다. 이 랍비가 너무나 감동하고 고마워서 교장선생에게 감사인사를 드리려고 그 학교를 방문했습니다. 그래 신부인 교장에게 물었습니다. "우리아이가 걷잡을 수 없는 말썽꾸러기였는데, 어찌 이렇게 조용한 아이가 되었는지 너무나 신기합니다. 비결이 무엇입니까?" 이에 교장인 신부가 대답합니다. "별거 있겠습니까. 아이가 말썽을 부리면 귀를 붙잡아 끌고 성당으로 들어갑니다. 거기에는 예수님이 못박히신 십자가상이 있습니다. 그걸 보여주면서 '이놈아 잘 봐라. 저기 계신 분도 유대 사람이다. 네가 말썽부리면 너 저렇게 되는 거야' 했더니 그 다음부터 조용해졌습니다."
　여러분, 십자가를 쳐다보십시다. 무슨 생각이 납니까? 여러분은 아브라함에 대해서 잘 알고 계십니다. 그는 갈대아 우르에 살았습니다. 그러나 75세에 하나님의 음성을 듣습니다. 그리고 큰 축복을 두 가지 받습니다. 하나는 땅을 주시겠다는 약속입니다. "지시할 땅으로 가라." 그 다음 약속은 "자손을 주마"입니다. 하늘의 별처럼, 바다의 모래처럼 너로부터 후손이 나와서 천하 만민을 이루게 되리라는 약속입니다. 그런데 이것이 무슨 일입니까. 25년을 기다려도 아이가 태어나지 않습니다. 아내는 단산한 것 같습니다. 이런 지경이 되었습니다. 그 25년 동안 그는 많은 실수를 했습니다. 아무튼 그렇게 살다가 25년 만에, 그러니까 99세 때 천사가 찾아와서 하는 말씀입니다. "내년 이때에 아들을 낳으리라." 아브라함은 깜짝 놀랐습니다. 무슨 소리입니까? 아내도 나이 들어 단산한지 오래 되었고, 자신은 실수하여 벌써 이스마엘까지 낳아놓은 처지입니다. 하지만 그는 하나님의 말씀을 믿었습니다. 성경은 말씀합니다. "아브라함이 죽은 것과 방불한 가운데에도 하나님의 말씀을 믿었다." 아브라함의 믿음을 하나님께서는 의로 여기셨습니다. 기독교 교리의 핵심입니다. 그리고 아브라함이 아들을 낳으니, 그가 바로 이삭입니다. 무려 그의 나이 백 살에 얻은 아들입니다. 얼마나 귀하겠습니까. 이리 보아도 저리 보아도 사랑스러웠을 것입니다. 그는 새로 얻은 아들에 대한 사랑에 흠뻑 취했습니다. 그렇게 27년이 지나갔습니다. 그때 하나님께서 아브라함에게 말씀하십니다. "아브라함아, 이삭을 모리아 산에 가서 내게 제물로 바쳐라." 아브라함이 깜짝 놀랍니다. 어찌 이런 일이 있을 수가 있습니까.

　사실 아브라함은 그동안 복의 근원은 하나님이시라고 믿고는 있었지만, 정작 하나님께서 주신 은사에 취하여 복의 근원이신 하나님을 잊고 있었습니다. 여러분, 이 점을 깊이 생각해야 합니다. 우리는 하나님을 복의 근원이라고 말합니다. 한데도 더러는 하나님을 생각하지 않고, 하나님께서 주신 축복만 생각합니다. 하나님께서 주시는 은사만 생각합니다. 하나님께서 내게 주신 은사에 너무 취하여 복을 주신 하나님을 망각하는 것입니다. 이 얼마나 잘못된 일입니까. 여러분, 자녀를 놓고 생각해보십시오. 부모님께 내가 사랑을 받았고, 많은 은혜를 입었습니다. 그럼 부모님을 소중히 여겨야 되는데, 부모님께 받은 선물만 소중히 여긴다면, 또 내게 돌아오는 유산만 생각한다면 이 얼마나 잘못된 생각입니까.

하나님과 하나님께서 주신 은사, 어느 쪽입니까? 아브라함이 그만 그 은사에 취했습니다. 아들 사랑에 깊이 빠져서 하나님을 소홀히 여겼던 것 같습니다. 하나님께 제사를 드리는 사람으로서 그는 하나님을 경배해야 되는데, 그 경배가 소홀해지지 않았나 싶습니다. 바로 이런 때 하나님께서 그를 일깨워주십니다. 어려운 시련을 통하여 아브라함에게 믿음의 현주소를 물으시는 것입니다. "너 지금 어디까지 왔는지 아느냐? 너는 아들만 생각했지, 아들을 주신 하나님을 잊어버렸다." 차츰 잊어버려가고 있었다는 말씀입니다. 이것이 문제였습니다. 이제 하나님께서 그에게 엄청난 시련을 주십니다. "모리아 산에 가서 네 아들을 내게 바쳐라." 모리아 산은 나중에 예루살렘 성전 터가 되는 곳입니다. 여기에 아주 중요한 의미가 있습니다. 믿음의 재정비입니다. 큰 시련을 통하여 깜짝 놀라게 하심으로써 믿음을 재정비하게 하시는 것입니다. 다행히 아브라함은 이 시련을 잘 이겨냅니다. 역시 아브라함은 귀중한 믿음의 조상입니다.

이와 관련하여 전해 내려오는 전설의 내용은 이렇습니다. 하나님께서 "네 아들 이삭을 바쳐라" 하실 때 아브라함이 그 음성을 듣고 고민합니다. '내가 들은 음성이 확실한데, 어찌 그럴 수가 있나? 하나님, 약속이 틀리지 않습니까. 이 아들을 통해 하늘의 별, 바다의 모래처럼 많은 자손을 주신다고 하셔놓고, 아직 장가도 못 보낸 이 자식을 제물로 바치라고 하시다니요?' 이성이 반항을 하는 것입니다. '내가 혹 잘못 들은 것은 아닌가? 그런 하나님이 아니신데?' 아브라함은 이 의심을 극복해야 했습니다.

하나님께서는 어떤 경우에도 사람의 생명을 제물로 요구하는 법이 없으십니다. 물론 우상에게 사람의 생명을 바치는 일은 많이 있습니다마는, 하나님께서는 절대로 사람의 생명을 죽여서 제물로 바치게 하시는 분이 아닙니다. 한데 오늘은 웬일입니까. "네 아들 이삭을 바쳐라." 아브라함이 아무리 생각해봐도 하나님께서 하나님답지 않으신 것입니다. 아브라함은 이성적으로 반항합니다. 이 일을 어찌해야 합니까? 분명히 아브라함의 의심은 잘못된 일이 아닙니다. 그러나 아브라함은 이 의심을 극복해야 합니다. 이성적 판단을 이겨내야 합니다. 그래서 이런 유명한 아우구스티누스의 말이 있습니다. '믿음이란 이성을 십자가에 못박는 것이다.' 여러분, 모두가 자기 나름대로 생각이 있고, 이성적 판단이 있고, 지식이 있고, 경험이 있고, 여러 가지 사고가 있겠지만, 이대로는 신앙이 안 됩니다. 어떤 때는 이 모든 판단 자체를 십자가에 못박아버려야 됩니다. 그러고 나서야 비로소 참 믿음의 세계에 들어갈 수 있습니다. 아브라함이 고민을 많이 합니다. 그러나 맨 마지막 결론은 하나님께서 주십니다. 그러니까 하나님께서 달라시는데 거기에 무슨 이의가 있을 수 있겠습니까. 그리고 모리아 산으로 갑니다. 여기에 중요한 사건이 하나 있습니다. '사흘 길을 갔다'는 것입니다. 먼 길입니다. 그 사흘 길을 간다는 것, 얼마나 고민했겠습니까. 아들하고 같이 가면서 이런 생각 하지 않았겠습니까. '내가 지금 둘이 가지만, 올 때에는 혼자 오겠구나. 이놈의 아들……' 이 생각을 하면서 사흘 길을 가는 그 아브라함의 모습을 생각해보십시오. 얼마나 고민이 깊었을까, 충분히 짐작이 갑니다. 이것도 하나님께서 주신 시련의 한 방법입니다. 아브라함이 사흘 길을 가면서 많이 생각하게 하신 것입니다.

  그리고 이제 마침내 아브라함이 제단을 쌓고 아들을 제물로 바치려고 하는 순간입니다. 그런데 전설에서는 그때 아브라함이 이삭과 이런 대화를 나누었다고 전합니다. "내 아들 이삭아. 내가 너를 얼마나 사랑하는 줄 아느냐?" "예, 알고 있습니다." "얼마나 사랑하는 것 같으냐?" "당신 목숨보다 저를 더 사랑하십니다." "그래, 네 말이 맞다. 내가 널 그렇게 사랑한다. 그런데 나는 너보다 하나님을 더 사랑한다. 하나님께서 너를 제물로 바치라고 하시는구나." 이삭이 답합니다. "예, 그러시지요. 하나님의 말씀이라면 그러셔야 하겠지요." 그리고 그가 제단 위에 올라갔습니다. 상상해보십시오. 아브라함이 이삭에게 제단 위로 올라가라고 말할 그 아버지 아브라함에게 이삭이 이렇게 말할 수 있지 않겠습니까. "백 살이 넘어 기어이 노망이 드셨군요. 하나님께서 그러실 리가 없지 않습니까." 이러면 일은 복잡해집니다. 그러나 이 아들 이삭은 말합니다. "아버지가 저를 사랑하시는 것이 확실합니다. 이것을 믿고 저는 제단 위에 올라가겠습니다." 비록 전설에 나오는 이야기이지만, 이 아들 이삭이 참 믿음직하지 않습니까.

  믿음이란 무엇입니까? 때로는 우리가 지식과 경험과 자기주장과 자기 생활관과 세계관을 비롯하여 여러 가지를 이렇게 판단해봅니다마는, 이것은 율법입니다. 세상을 합리적으로만 생각하면 안 됩니다. 율법은 합리적입니다마는, 은혜는 초합리적입니다. 이 점을 알아야 됩니다. 물론 합리적으로 따질 것은 따져야 합니다. 그러나 하나님의 세계, 기적의 세계, 창조의 세계는 우리의 좁디좁은 이성으로 감히 판단할 수 없습니다. 이 사실을 잊지 말아야 합니다. 지식과 상식의 세계를 벗어나야 됩니다. 율법을 벗어나야 됩니다. 그리고 초이성적이고 초율법적인 세계를 바라보아야 합니다. 이것이 은혜입니다. 상식의 세계에는 은혜가 없습니다. 은혜는 상식을 초월합니다. 과학지식도 초월합니다. 모든 경험도 다 초월합니다. 바로 이것이 은혜의 세계입니다. 그래서 아브라함은 하나님께서 시키시는 대로 이삭을 제물로 바치고자 칼로 그 이삭을 찌르려 하였습니다. 바로 그 순간 하나님께서 급하게 아브라함을 부르십니다. "아브라함아! 아브라함아!" 하나님께서 아마 더 급하셨을 것입니다. "이삭에게 손을 대지 마라. 내가 이제야 네가 나를 사랑하는 줄 알았다." 말리십니다. 하나님께서는 아브라함에게 복을 주려 하십니다. 큰 복입니다. 큰 그릇이 필요합니다. 큰 그릇은 시련을 통해 얻어집니다. 평탄무사 속에는 없습니다. 많은 시련을 통해서야 큰 그릇이 이루어집니다. 그러고 난 다음에야 큰 복을 받게 됩니다.

　　하나님께서 말씀하십니다. "이제야 네가 나를 사랑하는 줄 알았다." 오해하지 마십시오. 하나님께서 모르셨던 것을 그제야 아셨다는 말씀이 아닙니다. "이제야 네가 나를 사랑하는 줄 알았다." 이성적 판단을 극복하고 백 살에 얻은 소중한 아들까지 하나님께 바치는 그 마음을 소중히 여기시고 복을 주시는 것입니다. 그리고 암시하십니다. "네 후손 중에 메시아가 나올 것이다." 이 얼마나 크나큰 복입니까. 놀라운 이야기 아닙니까. 아브라함으로 믿음을 확증케 하시는 것입니다. 어떤 때에는 양자택일을 꼭 해야 합니다. 이쪽입니까, 저쪽입니까? 어느 쪽을 택해야 합니까? 하나를 택하기 위해서 다른 하나를 버려야 합니다. 하나님을 택하기 위해서 세상을 버려야 합니다. 하나님의 말씀에 순종하기 위해서 이성적 판단을 다 부정해버려야 됩니다. 이 점을 잊지 말아야 합니다.

유명한 베스트셀러 작가로 29권의 책을 쓴 대학교수 웨인 다이어의 「행복한 이기주의」라는 책이 있습니다. 그는 이 책에서 행복하기 위해서는 과거의 꼬리표를 버려야 한다고 말합니다. 잘했든 못했든, 잘났든 못났든 과거는 다 잊어야 합니다. 그리고 미지의 세계를 향한 새로운 날을 받아들일 수 있어야 합니다. 그는 말합니다. '모든 의무를 기쁨으로 소화해야 한다.' 믿음이란 무엇입니까? 살다보면 내 상식을 버려야 될 때가 있습니다. 보통은 상식적으로 살고, 합리적으로 살아갑니다마는, 결단을 해야 하는 순간도 있기 마련입니다. 그럴 때는 오직 믿음뿐입니다. 하나님뿐입니다.

오늘본문은 해피엔딩입니다. 무엇입니까? '여호와 이레'입니다. 하나님께서 가로막으시고, 양을 대신 제물로 주셨습니다. 이삭과 함께 모리아 산을 내려오면서 아브라함이 무슨 생각을 했겠습니까? '이럴 줄 알았으면 고민하지 말 걸. 이럴 줄 알았으면 내가 주저하지 말 걸. 하나님을 원망하지 말 걸. 하나님을 의심하지 말 걸' 하지 않았겠습니까. 아브라함은 기뻐해야 했습니다. 그러나 완전히 기뻐하지 못했습니다. 믿음의 세계란 무엇입니까? 하나님께 다 맡기는 것입니다. 잠깐은 이해가 안 되는 것 같아도 결국 하나님께서 다 알아서 하시리라고 믿는 것입니다. 하나님 말씀입니다. 벌써 기뻐해야지요. '여호와 이레'입니다. 하나님께서 준비해놓으셨습니다. 하나님께서 다 알고 하신 일입니다. 하나님께서 만드신 시나리오입니다. 하나님께서 만드신 커리큘럼입니다. 그러나 하나님을 온전히 믿지 못하면 걱정이 되고, 원망도 하고, 불평도 하게 되는 것입니다.

우리 앞에 어떤 일이 있습니까? 하나님을 믿으십시오. 그분의 능력을 믿으십시오. 여호와 이레, 하나님께서 준비하십니다. 그런 믿음입니다. 아브라함이 모리아 산을 내려오면서 기뻐한 것으로는 모자랍니다. 모리아 산에 올라가면서도 기뻐했어야 합니다. 그런 믿음입니다. 여호와 이레의 믿음입니다. 여기에 하나님의 자녀의 모습이 있습니다. △

잃으면 찾으리라

이에 예수께서 제자들에게 이르시되 누구든지 나를 따라오려거든 자기를 부인하고 자기 십자가를 지고 나를 따를 것이니라 누구든지 제 목숨을 구원하고자 하면 잃을 것이요 누구든지 나를 위하여 제 목숨을 잃으면 찾으리라 사람이 만일 온 천하를 얻고도 제 목숨을 잃으면 무엇이 유익하리요 사람이 무엇을 주고 제 목숨과 바꾸겠느냐 인자가 아버지의 영광으로 그 천사들과 함께 오리니 그 때에 각 사람이 행한 대로 갚으리라 진실로 너희에게 이르노니 여기 서 있는 사람 중에 죽기 전에 인자가 그 왕권을 가지고 오는 것을 볼 자들도 있느니라

(마태복음 16 : 24 - 28)

잃으면 찾으리라

　지난 정월에 발간된 「가이드 포스트」에는 한 청년의 절절한 고백이 실려 있었습니다. 깊은 동정을 느끼게 하는 이야기였습니다. 이 청년의 아버지가 술을 너무나 좋아한 나머지 알코올 중독이 되었고, 나중에는 중풍에까지 걸려 심한 고생을 하다가 세상을 떠났습니다. 그런 아버지의 모습을 보고 이 아들은 스스로 맹세했습니다. '나는 절대로 술을 마시지 않겠다.' 얼마 뒤 청년은 고등학교를 마치고 군대에 갔습니다. 열심히 복무를 하여 성실함을 인정받았습니다. 나중에는 예쁜 아가씨를 만나 사귀게까지 되었습니다. 그래 복무기한을 마치고 제대한 뒤 그 아가씨와 결혼해서 자녀도 낳고 좋은 가정을 이루었습니다. 정말 행복했습니다. 자랄 때에는 경험해본 적이 없는 가정의 행복을 누리며 살았습니다. 이만하면 성공이다 싶었습니다. 하지만 청년은 어느 때 그만 사업에 실패합니다. 그래 빚에 쪼들리게 되었고, 자기도 모르는 새 그는 술을 마시게 되었습니다. 계속 마셨습니다. 끊임없이 마셨습니다. 그러다 아버지처럼 알코올 중독이 되고 말았습니다. 뒤에 정신을 차리고 그는 이렇게 한탄합니다. "내 속에 알코올이 있는 것을 나도 몰랐다." 다 잊어버린 줄 알았는데, 남아 있었던 것입니다. 다 버린 줄 알았는데, 내 속에 알코올이 있었다는 것입니다. 내가 나 자신을 믿을 수 없습니다. 자신의 의지라는 것은 별 소용이 없습니다. 버렸다고 생각했는데 버리지 못했고, 끊었다고 생각했는데 끊지 못했습니다. 스스로 속은 것입니다. 그가 말합니다. "나의 구세주는 어디 있는가? 나는 어떻게 하면 온전한 새사람으로 살 수 있을까?" 여러 가지로 깊은 생각을 하게 만드는 처절하고 가슴 아픈 기사였습니다.

「영혼을 정리하는 프로그램」이라는 특별한 논문이 있습니다. 독일의 경영 컨설턴트이자 디자이너인 리타 폴레(Rita Polle)가 쓴 것입니다. 아주 유명한 논문입니다. 여기서 그는 이렇게 말합니다. '베그 다미트(Weg damit).' 곧 '버려라', '꺼져라', '떠나라'는 뜻입니다. 떠나야 살고, 끊어야 산다는 말입니다. 참 역설적입니다. 그러면서 그는 일곱 가지를 말합니다. 첫째는 '너무 많은 것을 버려라!'입니다. 너무 많이 버렸다고 할 만큼 버려라, 이것입니다. 너무 많이 버렸다고 할 만큼 버려야 합니다. '꽤 쓸 만한 것, 아까운 것까지도 버려라. 그래야 새로운 생을 살 수 있을 것이다.' 둘째는 '일에 대한 스트레스를 버려라!'입니다. 이 중압감, 이 스트레스라고 하는 것은 만병의 원인이요, 악 중의 악입니다. 우리가 앓는 모든 병의 85퍼센트가 스트레스의 영향이라고 합니다. 그러니까 스트레스를 버리라는 것입니다. 셋째는 '신경에 거슬리는 사람을 버려라!'입니다. 신경에 거슬리거든 다시 생각지도 말고, 만나지도 말고, 깨끗하게 훨훨 털어버리고 살라는 것입니다. 넷째는 '반쪽 일을 버려라!'입니다. 이 무슨 말인고 하니, 어중간한 일을 하지 말고 치워버리라는 것입니다. 반쪽 일은 하지 말고, 온전히 전념할 수 있는 일을 하라는 것입니다. 다섯째는 '두려움과 걱정을 버려라!'입니다. 잘 될까, 안 될까, 이런 걱정을 버리라는 것입니다. 여섯째는 '자신을 가로막는 장애물을 버리라!'이며, 마지막 일곱째는 '환상을 버려라!'입니다. 실패에 대한 경험도 버려야 됩니다. 더 중요한 것은 성공에 대한 환상을 버리는 것입니다. 성공했다는 것, 그 환상을 버리라는 것입니다. 여기에 문제가 있습니다. 내가 버릴 수 있습니까? 버리면 된다는 것까지는 알겠는데, 문제는 다 버릴 수 있느냐, 하는 것입니다. 이 일곱 가지를 내가 버릴 수 있느냐, 하는 데 있습니다. 여기에 문제의 초점이 있습니다.

오늘본문말씀은 그 유명한 베드로의 신앙고백에서부터 비롯됩니다. 예수님께서 제자들에게 물으시기를 "너희가 나를 누구라 하느냐?" 하셨을 때 베드로가 이렇게 대답했습니다. "주는 그리스도시요, 살아계신 하나님의 아들입니다." 예수님께서는 크게 칭찬하시고, 천국열쇠를 주시겠다는 말씀까지 해주셨습니다. 아주 흡족하게 말씀하셨는데, 그 다음에 돌이켜 예수님께서 말씀하십니다. "내가 십자가를 져야겠다." 이때 베드로가 또 충성스럽게 만류합니다. "그리 마옵소서." 맞지 않습니까. "주는 그리스도시요, 살아계신 하나님의 아들이신데, 아니, 그런 분이 십자가를 지신다니요? 이게 어디 말이나 됩니까. 그리 마옵소서!" 예수님께서는 사랑하는 제자 베드로에게 단호히 말씀하십니다. "사탄아, 물러가라! 저는 나를 넘어지게 하는 자로다." 참 결단에 찬 말씀입니다. "사탄아, 물러가라!" 그 다음으로 주신 말씀이 오늘본문입니다. "누구든지 내 제자가 되려면……" 예수님께서는 세 가지 조건을 말씀하십니다. "자기를 부인하고 자기 십자가를 지고 나를 좇으라." 문제는 내가 스스로 할 수 있느냐, 하는 것입니다.

깊이 생각해야 합니다. 자기를 부인하는 일, 할 수 있습니까? 자기의 잘못된 일을 끊어버리는 것, 할 수 있습니까? 나 스스로 내 마음을 다스릴 수 있느냐, 하는 말씀입니다. 자기를 부인하는 것, 정말 스스로 할 수 있는 일입니까? 또 자기 십자가를 지는 일, 내가 스스로 할 수 있습니까? 못합니다. 심지어 주님을 따르는 일도 내가 스스로 할 수 있는 일이 아닙니다. 여기에 문제의 심각성이 있습니다. 어느 날 예수님께서 말씀하셨습니다. "부자는 천국에 들어가기가 어렵다. 얼마나 어려우냐 하면 낙타가 바늘귀로 들어가는 것보다 어렵다." 제자들이 여쭈어봅니다. "아니, 예수님, 그렇다면 부자는 어떻게 구원을 얻을 수 있습니까? 낙타가 바늘귀로 들어간다니요? 말이 안 되는 일 아닙니까." 예수님의 말씀은 간단합니다. "하나님께서는 하실 수 있느니라." 부자는 작아지고 작아져서 마침내 바늘귀로 쏙 들어갈 만큼 작아져야 한다는 말씀입니다. 그런 마음으로 깨끗하게 자기를 포기할 때 비로소 바늘귀로 들어갈 만큼 작고 겸손한 마음의 사람이 될 수 있다, 이것입니다.

또한 사도 바울은 "돈을 사랑함이 일만 악의 뿌리가 된다"고 말씀했습니다. 돈은 지배해야지, 사랑해서는 안 되는 대상입니다. 돈의 노예가 되면 안 됩니다. 정말 안 됩니다. 텔레비전을 보다가 이런 재미있는 장면을 보았습니다. 어른들의 사랑을 아주 많이 받는 두 살 난 어린아이한테 어른들이 귀엽다고 세뱃돈을 많이 주었습니다. 예쁘다고 자꾸 주니까 아이가 그 돈을 가지고 돌아다니면서 다른 사람에게 나누어줍니다. 그래 제가 그 장면을 보고 "제발 그대로 살아다오!" 했습니다. 돈을 받았다고 그걸 숨겨놓고 사랑하면 안 됩니다. 이 어린아이와 같은 마음으로 일생을 살면 얼마나 좋겠습니까. 돈을 사랑함이 일만 악의 뿌리가 된다는 것을 모르는 사람은 없습니다. 그러나 사람들은 '돈 사랑'이라는 이 무서운 악에서 벗어날 줄을 모릅니다. 여전히 깊은 매력을 느낍니다. 돈을 사랑하는 것, 아주 무서운 일입니다.

옛날에는 돈보다 의리가 먼저였습니다. 하지만 요새는 돈 앞에서 부모도 없고, 자식도 없습니다. 이런 슬픈 이야기가 있습니다. 추석과 같은 명절만 되면 무려 천만 명이 넘는 사람들이 고향을 찾아 이동하느라 그야말로 난리입니다. 이에 대해서 어떤 사람이 좀 가시가 박힌 말을 한 적이 있습니다. "저 사람들이 왜 저렇듯 기를 쓰고 고향을 찾아가느냐? 그러지 않으면 부모님께 유산을 못 받을 것 같아서다." 바로 이것이 명절만 되면 그 수많은 사람들이 고향을 찾아가고 조상을 모시는 이유라는 것입니다. 한마디로 복 받기 위해서입니다. 그렇게 하지 않으면 우리 집안에 복이 오지 않을 것 같으니까, 또 사업도 잘 안 될 것 같으니까, 이 점이 걱정되어서 그런다는 것입니다. 전부다 돈 사랑이 그 뿌리입니다. 돈을 사랑하는 마음, 그것이 악의 뿌리인 줄 누가 모릅니까. 그러나 돈 사랑, 참 끊어버리기 어렵습니다. 나 혼자 힘으로는 안 됩니다. 그런고로 오늘본문말씀이 중요합니다.

또한 우리한테는 남들에게 보이고 싶어 하는 허영심과 명예심도 있습니다. 돈이나 지식이나 건강 말고 우리가 제일 마지막에 받는 시험이 있습니다. 명예입니다. 이 시험, 참 끊어버리기가 어렵습니다. 사람들에게 잘 보이고 싶어 하고 존경받고 싶어 하는 마음, 이것을 끊어버리지 못하면 정말 비참해집니다. 예수님께서 말씀하십니다. "사람에게 보이려고 기도하지도 말고, 사람에게 보이려고 구제하지도 마라."

오늘본문의 핵심은 '자기 십자가를 지는 일'입니다. 내가 할 수 있는 일이 아닙니다. 마태복음 11장에서 예수님 말씀하십니다. "내 멍에를 메고 내게 배우라. 멍에 이쪽은 내가 멜 테니, 너는 저쪽을 메라. 그리고 나와 박자를 맞추어서 내 멍에를 메고 함께 가자. 그리고 나를 배우라. 그러면 모든 일이 쉽게 될 것이다." 다 버렸다고 알았는데, 버리지 못했습니다. 다 끊은 줄 알았는데, 아니었습니다. 마태복음 26장을 보면 베드로가 예수님 앞에서 이렇게 호언장담합니다. "제가 예수님과 함께 십자가에 죽을지언정, 예수님을 버리지는 않겠습니다. 차라리 예수님과 함께 죽겠습니다." 그런데 웬일입니까? 재판정에 갔다가 거기 있던 계집아이 하나가 나와서 물어볼 때 베드로는 예수님을 모른다고 부인했습니다. 한두 번이 아니라, 무려 세 번이나 부인합니다. 그리고 닭이 울어 베드로가 뒤늦게 깨닫고 통곡합니다. 왜냐하면 자신이 그렇게 초라한 줄 몰랐기 때문입니다. 목숨을 걸고 예수님을 따르겠다던 굳은 결심이 불과 몇 시간 뒤에 그렇듯 맥없이 무너질 줄 몰랐던 것입니다.

　참으로 어려운 일입니다. 다 버린 줄 알았는데, 못 버렸습니다. 깊이 생각해야 합니다. 마태복음 19장에는 이런 말씀이 있습니다. 베드로가 예수님께 드리는 말씀입니다. "보소서. 우리가 모든 것을 버리고 주를 좇았나이다. 그런즉 우리가 무엇을 얻으리이까?" 여기에 귀한 말씀이 있습니다. "우리가 모든 것을 버렸습니다. 가진 거 버렸고, 직업도 버렸고, 다 버리고 주를 따르고 있습니다." 그렇다면 "주를 따릅니다" 하고 끝나야 합니다. 그런데 이렇게 여쭙니다. "무엇을 얻을 수 있겠습니까?" 이것이 함정입니다. "다 버린 자는 무엇을 얻을 수 있겠습니까?" 이 얻고자 하는 세속적 욕망, 여기서 그는 예수를 부인할 수밖에 없는 비참한 존재가 되는 것입니다. 깨끗이 버리지 못했습니다. 깨끗이 버리고야 온전한 은혜를 받을 수 있는데 말입니다. 여러분, 아직도 얻으려는 마음이 있습니까? 이제 그만 합시다. 지난날에도 없었지만, 앞으로도 없을 것입니다.

또 하나는 더 얻으려는 마음입니다. 버리지 않을뿐더러 거기서 더 얻으려는 마음, 하나도 버리지 않고 더 얻으려는 마음, 이런 가산적인 마음이 문제입니다. 아닙니다. 버리지 않고는 얻을 수 없습니다. 끊지 않고는 새로운 일은 시작되지 않습니다. 그런데도 끝내 버리지 않고 얻기만 하려는 그 마음이 우리로 참 은혜의 세계에 들어갈 수 없게 합니다. 그리고 또, 할 수 있는 한 버리지 않으려 하고, 할 수 있는 한 얻은 가운데에서 더 얻으려는 마음입니다. 그러나 오늘본문의 말씀은 신비롭습니다. "잃으면 찾으리라." 깊이 묵상하십시다. "잃으면 찾으리라." 내가 잃을 수 없고, 끊을 수 없다면 은혜는 무엇입니까? 그 신비로운 은혜라는 것은, 다시 말하면, 잃게 하시는 하나님의 축복을 뜻합니다. 주시기 위해서 먼저 빼앗으시는 것입니다. 더 큰 것을 주시기 위해서 작은 것을 거두어 가시는 것입니다. "잃으면 찾으리라." 찾게 하고자 잃게 하시는 하나님의 그 신비로운 역사를 우리가 이해해야 합니다. 이 과정을 통해서만 참으로 얻을 수 있으니까 말입니다.

가장 귀한 영생, 가장 고귀한 생명, 이것을 주시기 위해 주님께서는 우리가 소중히 여기는 것들을 거두어가십니다. 이것도 거두시고, 저것도 끊으십니다. 그래서 때로는 큰 아픔이 있습니다. 내가 부인하지 못하기 때문에 주께서 부인하게 하시고, 내가 십자가를 지지 못하기 때문에 주께서 십자가를 지시고, 내가 끊지 못하기 때문에 주께서 끊게 하십니다. 이 신비로운 역사를 여러분 한 사람 한 사람이 깊이 경험해야 합니다. "내가 끊지 못해서 끊게 하셨다. 내가 버리지 못함으로 버리게 하셨다." 더 큰 것을 주시기 위해서입니다. 그 놀라운 하나님의 역사를 성령 안에서 깨달아야 합니다. 여러분, 하루하루 경험하는 사건이 있습니다. 치밀하게 분석해보면, 거기에는 하나님의 손길이 있고, 하나님의 섭리가 있습니다. 그 속에서 내가 못하는 것을 하나님께서 친히 역사하십니다. 우리는 나중에야 깨닫습니다. 주께서 나를 온전케 하신 것입니다. △

주여 누구시니이까

　사울이 주의 제자들에 대하여 여전히 위협과 살기가 등등하여 대제사장에게 가서 다메섹 여러 회당에 가져갈 공문을 청하니 이는 만일 그 도를 따르는 사람을 만나면 남녀를 막론하고 결박하여 예루살렘으로 잡아오려 함이라 사울이 길을 가다가 다메섹에 가까이 이르더니 홀연히 하늘로부터 빛이 그를 둘러 비추는지라 땅에 엎드러져 들으매 소리가 있어 이르시되 사울아 사울아 네가 어찌하여 나를 박해하느냐 하시거늘 대답하되 주여 누구시니이까 이르시되 나는 네가 박해하는 예수라 너는 일어나 시내로 들어가라 네가 행할 것을 네게 이를 자가 있느니라 하시니 같이 가던 사람들은 소리만 듣고 아무도 보지 못하여 말을 못하고 서 있더라 사울이 땅에서 일어나 눈은 떴으나 아무 것도 보지 못하고 사람의 손에 끌려 다메섹으로 들어가서 사흘 동안 보지 못하고 먹지도 마시지도 아니하니라

(사도행전 9 : 1 - 9)

주여 누구시니이까

　카일 아이들먼 교수의 저서들 가운데 재미있는 제목의 책이 하나 있습니다. 「팬인가, 제자인가?」입니다. 유명한 사람에게는 그 사람을 좋아하는 팬이 있습니다. 인기 있는 연예인을 따르는 사람들이 참 많습니다. 팬들이 모이면 분위기가 아주 뜨겁습니다. 한데 여러분, 내가 팬인지 제자인지, 한 번 생각해봐야 합니다. 우리는 스스로 예수의 제자인 줄 알지만, 엄밀히 따져보면 정작은 예수의 팬일 경우가 많습니다. 그저 예수에게 매력을 느끼는 정도인 것입니다. 실제로 그런 식의 지성적인 교인이나 형식적인 교인이 많이 있습니다. 열광은 있지만, 헌신은 없습니다. 요란스럽게 소리는 지르지만, 대가는 치르려 하지 않습니다. 이런 사람, 바른 교인이 아닙니다. 요새는 어디를 가나 퍼포먼스입니다. 모든 것이 구경거리가 되고 말았습니다. 다들 구경하는 문화에 지나치게 빠져 있습니다. 진실이 부족합니다. 내 온 정성과 마음을 다 바치겠다는 마음가짐이 없습니다. 그저 환호하고 떠들고 즐기는 축제와 열광뿐입니다. 그런 사람은 한갓 팬에 지나지 않습니다. 제자는 결코 아닙니다.
　또 지식을 믿음으로 착각하거나 오해하는 경우가 있습니다. 심지어는 성경공부 자체를 믿음으로 생각하기도 합니다. 성경을 많이 읽으면 그것이 곧 믿음인 줄로 착각하는 것입니다. 성경을 그저 지식으로만 받아들이는 것입니다. 구약과 신약을 그저 재미있는 이야기나 유용한 정보로 여기는 것입니다. 하지만 정보의 축적은 믿음이 될 수 없습니다. 제가 언젠가 한번은 어느 교회에 저녁예배설교를 하러 간 적이 있었습니다. 설교가 끝난 다음 성경암송대회를 하는데, 저보고 심사위원을 해달라고 해서 최종후보 네 사람을 뽑았습니다. 그 가운데에서 1, 2, 3등을 정하는 것이었습니다. 제가 뒤에 앉아 채점을 하면서 참가자들이 성경을 암송하는 모습을 보았는데, 다들 너무나 잘 외우는 것입니다. 빌립보서 1장에서 4장까지를 통째로 다 암송하는데, 눈 질끈 감고 숨도 안 쉬고 줄줄 다 외워버립니다. 기 기억력, 참 기가 막힙니다. 그 비상한 능력, 저한테 반만 줘도 좋겠습디다. 참 부러웠습니다. 한데 이상한 점이 있었습니다. 제가 1등을 한 사람에게 상을 주는데, 사람들이 아무도 박수를 치지 않는 것입니다. 한데 2등 상을 주고 3등 상을 줄 때에는 다들 박수를 잘 쳤습니다. 그래 제가 예배 끝난 뒤에 그 교회 장로님과 목사님이 있는 자리에서 물어보았습니다. 그랬더니 대답이, 1등이 어느 여 집사님인데, 교회 안에서 별명이 투계(鬪鷄)라는 것이었습니다. 소문난 싸움꾼이라는 것이지요. 남편과도 싸우고, 시어머니와도 싸우고, 교회에 와서도 좌충우돌인 사람이었던 것입니다. 하지만 머리는 좋아서 성경을 그렇게 잘 외운다는 것입니다. 그 다음부터 제가 성경암송대회를 열지 않았습니다. 이것이 문제입니다. 성경은 많이 압니다. 하지만 행동이 없습니다. 중생이 없습니다. 그래서 제가 성경 많이 읽는 것을 별로 중요하게 여기지 않습니다. 예전에는 성경통독이나 성경암송 대회를 곧잘 열었지만, 그 뒤로부터는 하지 않았습니다. 성경은 단 한 절을 알아도 제대로 알아야 하고, 단 한 장을 읽어도 깊은 묵상으로 읽어야 합니다. 그래서 말씀의 능력을 받아야 합니다. 하나의 지식으로 받는 것은 신앙이 아닙니다. 성경지식이 곧 신앙은 아닙니다. 이 점을 우리가 알아야 합니다.

또 행동 없이 말로만 하는 경우가 있습니다. 뭐든지 말로만 합니다. 봉사도 말로만 하고, 섬기는 일도 말로만 하고, 교회가 어떻다느니, 세계가 어떻다느니, 늘 말로만 합니다. 말만 많습니다. 이것이 문제입니다. 지난번에 제가 일본에 갔다가 돌아오는데, 비행기에서 제 자리 바로 앞에 일본 여자 둘이 탔습니다. 2시간 동안 내내 대화를 합니다. 그것도 다른 사람이 듣고 앉았기가 힘들 정도로 열심히 떠들어대는데, 저도 기도하면서 간신히 참았습니다. 승무원한테 부탁해서 조용히 하게 시킬까도 싶었지만, 그냥 참았습니다. 그래, 어디까지 가나 보자는 마음으로요. 그때 제가 이런 생각을 했습니다. '하나님, 저런 여자와 같이 살지 않는 걸 감사합니다.' 정말 말이 많습니다. 두 시간 동안 숨도 안 쉬고 말을 합니다. 말이 너무 많은 사람, 어렵습니다. 그렇게 말을 많이 하면서도 정작 생각은 없습니다. 또 생각은 있지만, 행동이 없습니다. 믿음이라고 할 수 없습니다.

오늘 본문의 사건은 매우 중요합니다. 유명한 신학자들의 고백이 있습니다. '예수 그리스도께서는 사도 바울을 변화시키셨고, 바울은 세상을 변화시켰다.' 바울은 그만큼 중요한 사람입니다. 그 결정적인 사건이 여기 있습니다. 아무리 생각하고 또 생각해봐도 오늘 본문의 사건은 역사적이고 세계적인 큰 사건입니다. 사도 바울이 예수를 만납니다. 그래서 사울이 바울로 변화됩니다. 흔히들 예수 믿어서 변화된다고 말들은 하지만, 대개 보면 변화가 잘 안됩니다. 마지막 죽을 때에 가서야 가까스로 변화되는 경우는 많이 있습니다. 끝까지 변화되지 않다가 죽을 때에 가서야 비로소 싹 달라지는 것입니다. 그럼 역시 하나님께서는 크게 역사하신다고 생각해보게 되는데, 사람이 달라진다는 것, 참 어려운 일입니다. 변화되기가 그렇게

나 힘듭니다. 그래 심지어는 이렇게까지 말하는 사람도 있습니다. "성경에서 제대로 변화된 사람은 사도 바울 하나뿐이다." 정말로 그렇게 느껴집니다. 예수와 함께 변화된 사람, 완전히 변화된 사람, 180도로 변화된 사람이 바로 바울입니다. 예수를 핍박하던 사람이 예수를 전하는 사람으로 변했습니다. 예수 믿는 사람을 죽이던 사람이 예수의 이름으로 자기 목숨을 바치는 순교자가 됩니다. 바울은 그렇게 일생을 하나님께 바쳤습니다. 어찌하여 이렇게까지 변화될 수 있는 것입니까? 아주 확 달라지지 않았습니까. 이 변화는 어디서 온 것입니까? 기도만으로 된 것이 아닙니다. 수도생활만으로 된 것도 아닙니다. 성경공부만으로 된 것도 아닙니다. 그것은 오로지 만남을 통해서 된 일입니다. 이 만남이라는 사건이 그토록 중요합니다. 만남의 관계라는 것이 참으로 중요합니다.

본디 사도 바울이 기본으로 가지고 있었던 자질이 있었습니다. 바로 진실입니다. 모든 것은 하나님께서 은사로 주시지만, 진실 하나는 내가 가지고 있는 그릇입니다. 이 그릇이 있고야 은혜를 받을 수 있습니다. 진실, 적어도 자신이 아는 바에 대한 진실해야 합니다. 바울은 적어도 자신이 아는 바에 대해서는 진실했던 사람입니다. 한마디로 쓸 만한 사람입니다. 사도행전 9장 15절에는 아나니아를 통해서 주시는 말씀이 있습니다. "이스라엘 자손들에게 전하기 위하여 택한 나의 그릇이라." 진실한 사람이라는 뜻입니다. 적어도 자기가 아는 바에 대해서는 진실한 사람입니다. 자기가 확실히 아는 것에 대해서는 행동하는 사람입니다. 그래서 예수 믿는 사람을 죽인 것입니다. 왜냐하면 저들은 죽어야 된다고 생각했기 때문입니다. 개인적으로 저들과 원수이기 때문이 아닙니다. 율법에 충실했기 때문입니다. 이스라엘의 전통적인 율법주의에 워낙 충실하다보니 그런 시각에서 저들은 죽어야 된다고 생각한 것입니다. 학술이나 이론이 아닙니다. 행동입니다. 돌로 스데반을 쳐 죽입니다. 그것이 하나님을 섬기는 일이라고 생각했습니다. 그것이 율법에 충실한 믿음이라고 알고 행동한 것입니다. 여러분은 자신이 아는 바에 대해서 얼마나 충실합니까? 가끔 이런 경우가 있지 않습니까. 먹으면 안 되는 줄 알면서 먹어버리는 경우 말입니다. 이걸 먹으면 건강에 해롭다는 사실을 알면서도 먹어버립니다. 알면 아는 대로 행동해야 합니다. 옳다고 생각하는 일이 있으면 행동해야 합니다. 공부해야 된다고 하면 공부해야 합니다. 일어나야 된다고 생각하면 일어나는 것입니다. 변명이 필요 없습니다. 이것이 진실입니다.

디모데전서 1장 12절, 13절에서 사도 바울은 이렇게 고백합니다. "나를 능하게 하신 그리스도 예수 우리 주께 내가 감사함은 나를 충성되이 여겨……" 여기에서 '충성'은 '피스티스'라는 말로, '진실'을 뜻합니다. "충성되이 여겨 내게 직분을 맡기심이니 내가 전에는 비방자요 박해자요 폭행자였으나 도리어 긍휼을 입은 것은 내가 믿지 아니할 때에 알지 못하고 행하였음이라." 알지 못하고 행했기 때문에 하나님께서는 그를 긍휼히 여겨주셨습니다. 그리고 그에게 알게 해주셨습니다. 계시로, 말씀으로, 결정적으로는 만남의 사건으로 알게 해주셨습니다. 그리고 바울은 이 아는 데에 또 충실했습니다. 바로 이것이 진실입니다. 몰라서 잘못될 수는 있어도, 알고 잘못되지는 않습니다. 진실입니다. 그런데 아는지 모르는지, 몰라도 모르고, 알아도 모르고…… 그렇다면 아무 소용이 없습니다. 이것이 어려운 점입니다. 무엇인가 배웠으면 그대로 행해야 됩니다.

나이가 드니까 어디를 가나 꼭 사람들이 물어보는 것이 있습니다. "목사님, 건강비결이 뭡니까?" "무슨 운동을 얼마나 하십니까?" 하도 집요하게 물으니까 사실대로 말해줍니다. 이번에도 일본에 갔을 때 여러분들이 자꾸 묻기에 "특별한 것은 아닌데, 대답을 해줘도 실천은 힘들 거야" 했습니다. 그리고 이야기해주었습니다. 저는 새벽에 일찍 일어나서 줄넘기를 한 150번 합니다. 그리고 꼭 찬물로 목욕을 합니다. 몸 전체에 찬물을 끼얹는 것입니다. 그랬더니 다들 눈이 동그래져서 말합니다. "그건 안 되겠는데요!" 그럼 왜 물어봅니까? 실천도 못하는 것을 왜 묻습니까? 알았으면 해야 됩니다. 듣고도 그만, 모르고도 그만, 참 곤란하지 않습니까.

　사도 바울의 특징은 아는 대로 살았다는 것입니다. 아는 대로 행했습니다. 그리고 거기에 자신의 운명을 걸었습니다. 이 점이 바로 사도 바울의 위대함입니다. 그는 아는 대로 믿었고, 믿는 대로 행동했고, 그 행동에 완전히 헌신했습니다. 이렇게 변화되는데, 오늘 사건은 참 묘합니다. 공부해서 된 것도, 묵상해서 된 것도 아닙니다. 수도생활에서 나온 것도 아닙니다. 그럼 무엇입니까? 예수님께서 만나주셨습니다. 이 만남이라는 것이 이렇게나 중요합니다. 누구를 만나느냐가 중요합니다. 그 만남에 따라서 일생이 달라집니다. 그 가운데 제일이 배우자를 만난 것입니다. 잘못 만나면 운명이 곤두박질칩니다. 배우자를 잘못 만나 일생을 망친 사람들이 너무나 많습니다. 누가 이런 이야기 하는 것을 들은 적이 있습니다. "그때 저 사람을 만나지 말았어야 되는 건데……"

　조지 메이드의 유명한 책이 하나 있습니다. 「Significant Others (아주 의미가 많은 타인)」입니다. 내가 만나는 사람이 중요합니다. 특별히 하나님께서 나한테 만나게 해주신 사람이 참 중요합니다. 또 지금 내가 만나고 있는 사람이 중요합니다. 그 속에 내 운명이 있기 때문입니다. 예수님께서 사도 바울을 만나주십니다. 직접 만나주십니다. 찾아가서 만나주십니다. 사도 바울이 예수를 만난 것이 아닙니다. 예수님께서 바울을 만나주신 것입니다. 예수님께서 주도적으로 만나셨습니다. 바울이 그리스도인들을 박해하기 위해서 다메섹으로 갑니다. 거기에 도망가 있는 그리스도인들을 찾아 나선 것입니다. 체포공문까지 발급받아가지고 찾아갑니다. 세상에 이런 극악한 사람이 어디 있겠습니까. 지금도 다마스커스라는 지명이 있습니다마는, 그 당시 예루살렘에서 다메섹까지는 꽤나 먼 거리입니다. 지금이야 차나 비행기로 가면 문제가 없지만, 그 옛날에는 꼬박 일주일을 가야 했습니다. 낮에는 걸어가고, 해가 지면 아무 데서나 누워자면서 허위단심 가는 것입니다. 사람을 살리기 위해서가 아니라 사람을 죽이기 위해서 가는 것입니다. 그만큼 사도 바울은 아주 악종이었습니다. 그래 그가 다메섹까지 거의 다 갔는데, 그때 문득 하늘에서 빛이 내려옵니다. 그리고 "사울아, 어찌하여 네가 나를 핍박하느냐?" 하는 소리를 듣습니다.

오늘본문에는 참 기가 막힌 장면이 있습니다. "주여, 누구십니까?" 바울은 그 순간에도 확인하고 있습니다. 그는 철저하게 지적인 사람입니다. 알아야 되겠다는 말입니다. 그냥 확 감동받아서 "오, 주여!" 할 사람이 아닙니다. 바울은 아주 냉정한 사람입니다. 끝내 확인해야 했기에 물은 것입니다. 예수님께서 대답하십니다. "나는 네가 핍박하는 예수다." 참 기가 막힌 일 아닙니까. 여기서 중요한 문제가 생깁니다. 사도 바울은 예수 믿는 사람들을 핍박했습니다. 하지만 예수님께서는 말씀하십니다. "너는 나를 핍박했다." 교회를 핍박한 것이 곧 예수를 핍박한 것입니다. 그래서 예수님께서는 이렇게 대답하십니다. "네가 나를 핍박했다." 그리고 그를 강제로 부르십니다. 바울의 대답을 기다리지도 않으시고 다짜고짜 말씀하십니다. "성으로 들어가라. 네게 할 말이 있다. 아나니아가 기다리고 있으니 가보라." 참 전권적이고 강권적입니다. 사도 바울이 뭐라 대꾸할 틈을 주지 않으십니다. 그냥 일을 착착 진행시키십니다.

이제 문제가 있습니다. 아나니아는 바울이라는 사람이 얼마나 무서운 사람인지를 잘 알고 있습니다. 그가 지금 예수 믿는 사람을 잡아 죽이려고 여기까지 왔는데, 그 사람을 만나주겠습니까. 여기서 엄청난 말씀을 주님께서 하십니다. "나의 택한 나의 그릇이다. 그리고 저 사람이 많은 환난을 겪으며 복음을 전할 것이다. 나의 택한 그릇이다." 놀라운 하나님의 주도적 역사입니다. 대답을 기다리지 않으셨습니다. 하지만 사도 바울은 이 선택에 응답했습니다. 순종했습니다. 더는 묻지 않았습니다. "당신이 예수님이십니까? 그렇다면 저는 이제 당신의 종입니다." 그래 그는 빌립보서 3장에서 유명한 말씀을 합니다. "그리스도께 잡힌바 된 것을 잡으려고 좇아가노라." 선택받은 것을 그는 선택했습니다.

하나님께서 여러분을 선택하셨습니다. 그것은 지식의 세계가 아니고, 이론의 세계가 아닙니다. 감정의 세계도 아닙니다. 만남의 세계입니다. 하나님께서 여러분을 만나주셨습니다. 그 누군가를 통해서 말입니다. 그 누군가를 만났다는 사건 때문에 오늘 우리가 여기 있습니다. 만남의 관계가 아주 중요합니다. 그 속에 하나님의 경륜이 있고, 하나님의 축복이 있습니다. 하나님의 선택을 사도 바울이 선택했습니다. 하나님의 선택은 불가피합니다. 그러나 사도 바울은 스스로 선택해서 자원하는 길을 갑니다. 인간의 생각으로만 보면 사도 바울은 예수님의 원수입니다. 예수 믿는 사람을 잡아 죽인 사람 아닙니까. 그런데도 예수님께서는 그런 사람을 붙잡아 제자로 삼으셨습니다. 여러분은 최고의 사랑이 무엇이라고 생각합니까? 원수를 제자로 만드는 것, 원수를 친구로 만드는 것이 최고의 사랑입니다.

제가 언젠가 한번은 정치하는 분들과 만난 적이 있습니다. 그때 제가 이렇게 말했습니다. "우리나라 정치를 볼 때 좀 그릇이 작습니다." 정치하는 사람들 보면 자기 마음에 안 든다고 덜컥 관계를 끝장냅니다. 아닙니다. 잘하는 정치는 원수를 친구로 만듭니다. 이것이 사랑이고 정치 아니겠습니까. 아브라함 링컨에게는 스탠트라는 정적이 있었습니다. 대통령선거 때 이 스탠트는 링컨을 행해서 늘 모욕적인 언행을 일삼았습니다. 심지어는 이렇게까지 말한 적도 있었습니다. "고릴라를 보려거든 동물원에 가지 말고 아브라함 링컨을 보면 된다." 그 정도로 링컨을 심하게 비난하고 다녔습니다. 한데도 링컨은 자신이 대통령 되고 난 뒤 스탠트를 국무장관으로 임명했습니다. 굉장한 사건 아닙니까. 나중에 암살 당한 아브라함 링컨의 장례식에서 스탠트는 조사를 하면서 울었습니다. "이 세상에서 가장 위대한 분이 여기 누워 계십니다."

원수를 친구 만들고, 원수를 제자 만들고, 원수에게 사명을 주는 것, 놀라운 일 아닙니까. "내가 세운 교회를 좀 봐라. 내가 이룬 복음을 전파하라." 예수님께서 사도 바울에게 세우신 교회를 부탁하십니다. 이것이 소명이요, 이것이 신앙입니다. 사도 바울은 지식의 사람입니다. 그러나 오늘 사건은 지식의 세계가 아닙니다. 체험의 세계요, 만남의 세계입니다. 그리스도를 만나는 사건 속에서 자기의 지식이 확 돌아가 버리고 맙니다. 그래서 예수의 제자가 되고, 예수를 위해서 일생을 바칩니다. 오늘도 우리는 복잡한 지식을 가지고 삽니다. 끝이 없는 그 많은 정보 속에 흔들리고 있습니다. 조용히 생각합시다. 체험입니다. 주께서 나를 만나주십니다.

제가 아주 재미있는, 조그마한 책을 한 권 읽었습니다. 제목이 「우리 목사님은 왜 설교를 못할까?」입니다. 이 책을 쓴 사람의 이야기가 너무나 재미있습니다. 저자는 신학교 교수로 30년을 지냈습니다. 그러나 그는 마음에 썩 들지 않았습니다. 자기가 가르치는 것도 모두 마음에 안 들었습니다. 그러다 그가 큰 병에 걸렸습니다. 3개월 뒤면 죽는다는 것이었습니다. 그런 선고를 받고 나니 세상이 달라 보입니다. 여기서 그는 귀중한 말을 합니다. 한평생 하고 싶었던 말을 지금 하는 것입니다. 여기에 문제가 있다고 생각하고 책을 썼습니다.

중요한 사건 속에서 내가 변화되는 것이지, 이론에서 이론으로, 거기서 변화되는 것은 아닙니다. 사도 바울, 그 지적인 인간을 변화시킨 것은 만남이요, 만남이라는 사건입니다. 그렇게 확 돌려놓을 때 그는 주님의 사람으로 일생을 살아가게 됩니다. 그는 뒤늦게 갈라디아서 1장에서 이렇게 말씀합니다. "어머니의 태로부터 나를 택정하사 이방인의 사도가 되게 하셨다." 좀 더 깊이 생각해보니 길리기아 다소의 유대인 가정에서 태어난 그때부터 벌써 하나님의 위대한 역사는 있었노라는 간증입니다. △

지식을 버린 자의 말로

내 백성이 지식이 없으므로 망하는도다 네가 지식을 버렸으니 나도 너를 버려 내 제사장이 되지 못하게 할 것이요 네가 네 하나님의 율법을 잊었으니 나도 네 자녀들을 잊어버리리라 그들은 번성할수록 내게 범죄하니 내가 그들의 영화를 변하여 욕이 되게 하리라 그들이 내 백성의 속죄제물을 먹고 그 마음을 그들의 죄악에 두는도다 장차는 백성이나 제사장이나 동일함이라 내가 그들의 행실대로 벌하며 그들의 행위대로 갚으리라 그들이 먹어도 배부르지 아니하며 음행하여도 수효가 늘지 못하니 이는 여호와를 버리고 따르지 아니하였음이니라

(호세아 4 : 6 - 10)

지식을 버린 자의 말로

　정신과 전문의인 이시형 박사의 「공부하는 독종이 살아남는다」라는 재미있는 책이 있습니다. 요즘 취업을 앞둔 젊은이들이 직장을 얻기 위해서 얼마나 열심히 공부합니까. 여름도 겨울도 없습니다. 직장을 얻기 위한 취업공부가 참 치열합니다. 그런가하면 대학입시를 앞둔 학생들도 열심히 공부합니다. 정말 불쌍할 정도로 공부합니다. 얼마 전 새벽 승강기에서 어떤 고등학생을 만난 적이 있습니다. 아주 커다란 가방을 매고 그렇게 일찍 집을 나선 학생의 모습을 보고 놀랐습니다. 물어보니 하루 종일 도서관에서 공부하려고 간다는 것이었습니다. 그 말을 듣고 제가 이런 생각을 했습니다. '제발, 그렇게 일생을 살아라.' 그럼 엄청난 일이 이루어질 것입니다. 취업하려고, 또 대학에 들어가려고 공부하는 그 열심을 가지고 일생토록 공부를 하면 안 될 일이 없지 않겠습니까.
　인도의 간디는 세 가지 죄에 대해서 말합니다. 첫째는 공부하지 않는 죄입니다. 왜냐하면 공부를 하지 않는다는 것은 인간이기를 포기한 것이기 때문입니다. 인간으로서 생각을 하지 않으면 동물 아닙니까. 생각하지 않는 것, 속물이 되는 길입니다. 그런고로 공부하지 않는 죄가 죄 가운데서도 가장 큰 죄입니다. 둘째는 가르치지 않는 죄입니다. 셋째는 가르치는 대로 스스로 행하지 않는 죄입니다. 행해야 알게 됩니다. 행함을 통해서 확실한 지식을 얻게 됩니다. 행하지 않으면 그런 공부 하나마나입니다. 대단히 중요한 교훈이라고 생각합니다.

우리는 지금 대체로 나이 50을 넘으면 퇴직하게 됩니다. 그러면 사람들은 스스로를 퇴물이라고 비하합니다. '나는 쓸데없다.' '살아야 할 이유가 없다.' 이런 생각까지 합니다. 하지만 천만의 말씀입니다. 쓸모가 없어졌다면 그것은 나이가 들어서가 아니라 공부하지 않았기 때문입니다. 세상이 이렇게 빠른 속도로 변하고 있는데, 그에 발맞춰 내가 변화하지 못하고 공부를 하지 않아서 그만 쓸모없는 존재가 된 것입니다. 나이하고는 상관없는 문제입니다. 이 점을 인정해야 됩니다. 어떤 연구기관에서 72세의 노인들을 대상으로 그 뇌를 면밀하게 실험해보았습니다. 그 결과 뇌에서 기억력을 담당하는 해마의 신경세포는, 그렇게 나이가 많이 들었는데도, 여전히 계속 생성되고 있는 것을 확인할 수 있었다고 합니다. 몸은 늙어도 뇌는 결코 늙지 않습니다. 머리는 쓰면 쓸수록 더 좋아집니다. 쓰지 않아서 멍청하게 되는 것입니다. 근육도 마찬가지입니다. 팔을 안 쓰면 팔이 약해지고, 발을 안 쓰면 발이 약해집니다. 쓰지 않고 내버려두면 근육은 모르는 새 다 빠져나가고 맙니다. 이와 같이 우리 머리도 많이 써야 됩니다. 그것도 좋은 방향으로 써야 합니다. 그래야 정신도 건강하게 유지됩니다. 머리는 쓸수록 좋아집니다. 수학적인 능력이나 논리적인 능력은 떨어질 수 있지만, 전반적인 지능과 종합판단능력은 나이가 들면 들수록 더 좋아질 수 있습니다. 그러니 사용해야 합니다. 지식은 부족해도 지혜는 더욱 더 높아집니다.

세상에 가장 불행한 일은 공부하지 않는 것입니다. 공부를 하지 않는 이유가 도대체 무엇입니까? 공부를 하는 데에는 우선 목적이 있어야 됩니다. 확실한 목적의식이 필요합니다. 둘째는 내 삶에 대한 자존감이 있어야 됩니다. 자기 자신을 스스로 가장 소중히 여겨야 합니다. 내가 나를 사랑하지 않는데 누가 나를 사랑하겠습니까. 내가 나를 소중히 여기지 않는데 누가 나를 소중히 여기겠습니까. 그렇기에 열심히 공부해야 됩니다. 그래야 성취감을 얻고, 성취감을 얻는 만큼 자기 생의 질을 높일 수 있습니다. 양적인 생이 있고, 질적인 생이 있습니다. 삶의 질을 높이는 길은 오직 공부뿐입니다. 공부 자체를 즐기는 것이 질 높은 생을 사는 비결입니다. 한데도 공부하기를 싫어하는 사람들이 너무나 많습니다. 왜냐하면 공부를 하면 할수록 점점 더 마음이 괴로워지니까요. 생각이 많을수록 불안해지니까요. 그래서 일부러 하지 않으려는 것입니다. 알고도 행하지 않으면 괴로우니까 숫제 모르는 척하려는 것입니다. 이것이 문제입니다. 환자가 수술을 받을 때 마취를 하지 않습니까. 그냥 수술하면 고통이 너무 심하니까 마취제를 놓아 아픔을 못 느끼게 하는 것입니다. 우리가 맑은 정신으로 살자면 고통이 너무 많습니다. 그래서 맑은 정신을 흐리게 해서 고통을 잊으려고 술을 마십니다. 집 나간 자녀가 집에 돌아올 때 맨 정신으로는 창피하고 괴로우니까 술에 잔뜩 취한 인사불성의 몸으로 돌아오지 않습니까. 꼴이 얼마나 한심합니까. 맑은 정신으로 살아도 모자란 세상에 일부러 정신을 흐리게 만들어가며 삽니다. 그야말로 절망이요, 자학이요, 술이요, 마취요, 방탕입니다. 일부러 그러는 것입니다. 일부러 바보가 되는 것입니다. 하나의 정신적인 자살입니다.

오늘본문은 우리에게 매우 중요하고도 충격적인 말씀을 합니다. "내 백성이 지식이 없으므로 망하는도다 네가 지식을 버렸으니 나도 너를 버려……(6절)" 망하는 까닭이 경제나 정치에 있는 것이 아닙니다. 지식이 없으므로 망하는 것입니다. 예수님께서 십자가를 지시는 그 소중한 시간에 마지막으로 주신 교훈의 첫째가 무엇입니까? 모두 일곱 가지 말씀을 하시는데, 그 첫째가 '아버지여, 저들의 죄를 사하소서'입니다. 왜냐하면 모르기 때문입니다. 죄를 짓고도 모르기 때문에, 예수님을 십자가에 못박고도 모르기 때문에 자기 스스로 멸망의 구렁텅이로 빠지는 것이라고 예수님께서는 판단하고 계신 것입니다.

호세아서 6장 6절은 말씀합니다. "나는 인애를 원하고 제사를 원하지 아니하며 번제보다 하나님을 아는 것을 원하노라." 제사보다 하나님을 아는 것을 원하노라 하십니다. 하나님께서는 우리가 하나님을 알리기를 바라고 계십니다. 이것이 하나님의 뜻입니다. 그래서 하나님께서는 '계시하시는 하나님'이십니다. 파스칼의 「팡세」에 이런 말이 있습니다. '정신적 상태에서 사람은 세 가지가 있다. 첫째는 하나님께서 계신지 안 계신지 무관심하고, 어떤 때는 하나님을 억지로 부인하며 하나님 없이 사는 사람이다. 하나님 알기를 원치 않는 것이다. 둘째는 아직 하나님을 발견하지 못해서 하나님을 발견하려고 몸부림치며 애쓰는 사람이다. 그가 바로 철학자다. 셋째는 하나님을 발견하고 섬기며 하나님과 더불어 큰 평강을 누리며 사는 사람이다.' 유명한 종교개혁자 칼뱅은 사람에게는 꼭 필요한 지식이 두 가지 있다고 했습니다. 하나는 하나님에 대한 지식이요, 다른 하나는 자기 자신에 대한 지식입니다. 하나님에 대한 지식이 없이는 자기 자신에 대한 지식도 없는 것입니다. 이 둘은 동시에 이루어집니다.

안다는 것이 무엇입니까? 첫째는 생각으로 아는 것입니다. 그러니까 생각이 앞서가는 것입니다. 행동이 먼저 가면 동물입니다.

생각이 먼저 가야 인간입니다. 영성이 먼저 갈 때 그리스도인입니다. 생각을 먼저 해야 합니다. 먹기 전에 생각하고, 가기 전에 생각하고, 일하기 전에 생각하고, 아직 세상을 살면서 내세를 생각하는 것입니다. 생각으로 아는 것, 이성, 하나님께서 주신 이 깨끗한 이성의 기능으로 지성이 이루어집니다.

둘째는 경험이 중요하다는 것입니다. 생각만으로는 이루어지지 않습니다. 경험할 때까지는 참 지식이 아닙니다. 호세아에 기가 막힌 말씀이 있습니다. 하나님께서 호세아라는 선지자를 부르셔서 결혼을 하라고 명령하십니다. 하나님께서 중매를 하시는 것입니다. 한데 현모양처에 절세미인을 섭외해주시면 좋겠는데, 하필이면 거리의 창녀하고 결혼하라고 이르십니다. "창녀하고 결혼해라. 데려다가 결혼해라." 하나님의 명령이라 호세아는 어찌할 수 없이 창녀와 결혼을 했습니다. 그럼 이 여자가 고맙게 생각하고 깨끗하게 살아야 될 것 아닙니까. 아이를 둘이나 낳고서도 예전 버릇을 잊지 못해 자꾸만 밖으로 나돕니다. 그 탓인지 호세아는 둘째아들의 이름을 로암미라고 지었습니다. 히브리말로 '내 백성이 아니다'라는 뜻입니다. 아마도 호세아는 '아무래도 이 아이는 내 종자가 아니지'라고 생각했던 모양입니다.

결국 그 여자는 아주 집을 나가버리고 맙니다. 다시 창녀가 되어 어디론가 팔려갔습니다. 아마 그때 호세아는 이렇게 생각했던 것 같습니다. '잘 됐다. 이제는 깨끗이 씻고 다시 새 장가를 가야지.' 하지만 호세아 3장 1절에는 기가 막힌 말씀이 있습니다. 하나님께서 호세아를 다시 부르십니다. "너는 또 가서 타인의 사랑을 받아 음녀가 된 그 여자를 사랑하라……" 세상에 이게 무슨 말씀입니까? 예전 버릇을 못 고쳐서 끝내 집을 나가 도로 창녀가 된 여자를 다시 사랑하라고 하시다니요? 호세아는 말씀대로 합니다. "내가 은 열다섯 개와 보리 한 호멜 반으로 나를 위하여 그를 사고(2절)." 성경에는 나오지 않습니다마는, 호세아는 아마 이렇게 대답하지 않았을까 싶습니다. "하나님, 너무하십니다. 그만하면 이제 됐지 않습니까. 그 더러운 걸 제가 어떻게 다시 사랑하라는 말씀이십니까?" "네가 그 더러운 여자 사랑하기가 그렇게 어려우냐? 사실을 말하면 내가 이 백성을 사랑하기가 더 어렵다." 하나님 대답입니다. 무슨 말씀입니까? 호세아의 가정생활을 통하여 하나님께서는 하나님의 마음을 호세아에게 가르쳐주신 것입니다. "너는 너를 배신하고 나간 저 더러운 여자를 사랑하기가 이렇게 어렵다고 하는데, 이스라엘 백성은 어떠하냐? 여전히 우상을 섬기고 있지 않느냐? 그토록 타락한 백성을 사랑하는 내 마음은 얼마나 찢어지겠느냐?" 절절한 말씀입니다. 하나님께서는 그런 하나님의 마음을 호세아가 알아듣도록 말씀하고 계신 것입니다. 경험을 통해서 말입니다.

어떤 집에 아주 못된 아들이 있었습니다. 이 아들은 아버지의 땅까지 다 팔아먹고 나중에는 집까지 다 잡혀 먹었습니다. 어머니는 말도 못하고 괴로워하기만 합니다. 하지만 아버지는 전혀 그렇지 않습니다. 그 아들이 들어오면 사랑하고 또 사랑하고, 끝없이 사랑해주었습니다. 그 사랑이 마침내 아들을 사람으로 만들었습니다. 어머니가 물었습니다. "어떻게 저런 놈을 사랑하시오?" 아버지의 대답입니다. "예전에 나도 그랬거든!" 얼마나 중요한 말입니까. 자신이 방탕했던 경험이 있기 때문에 오늘 저 방탕한 아들을 누구보다도 잘 아는 것입니다. 아니, 더 사랑할 수 있는 것입니다. 여러분, 꼭 알아야 합니다. 우리가 지금 당하고 있는 이 뼈아픈 경험들을 통하여 하나님께서는 우리 마음을 두드리고 계십니다. "내가 너를 사랑한다. 내가 너를 이처럼 사랑한다." 이렇게 계속 말씀하십니다. 경험을 통해서 우리가 인격적으로, 확실히 하나님의 사랑을 알기를 원하고 계십니다. 우리가 하는 공부의 모든 주제는 하나님의 사랑입니다. 어떡하면 하나님의 사랑을 알 수 있을까, 아니, 하나님의 사랑을 어떻게 받아들일 수 있을까, 하는 것입니다.

셋째는 사랑으로 아는 것입니다. 사랑받을 때에만 지식이 이루어집니다. 사랑을 알기까지는 지식은 없습니다. 누가 무슨 말을 하고, 누가 무엇을 주고, 누가 뭐라고 해도 아닙니다. 고맙지도 않고, 반갑지도 않습니다. 마음이 열리기 전에는 아무것도 알 수 없습니다. 여기에 지식이 있습니다. 가슴으로 하는 것이요, 가슴으로 아는 것입니다. 히브리말로는 지식을 '다트'라고 합니다. 안다는 말은 '야다'입니다. '야다'는 곧 '사랑'이라는 말입니다. 특별히 젊은 사람들의 화끈한 사랑을 말합니다. 사랑하고야 지식이 이루어집니다. 사랑을 잃어버리면 들리는 것도 없고, 보는 것도 없고, 생각하는 것도 없습니다. 그 속에는 끓어 오르는 반항만 있습니다. 그럼 지식은 성립되지 않습니다. 그래서 오리엔테이션 시간에 이런 말을 많이 합니다. "공부할 때 제일 중요한 것은 교수를 존경하는 것이다." 선생님을 사랑하고야 공부가 됩니다. 선생님을 우습게보면 공부가 안됩니다. 아무 공부도 안 됩니다. 하나님을 사랑하는 마음이 있어야 하나님에 대한 지식이 성립됩니다. 그래서 하나님을 알아야 합니다. 힘써 여호와를 사랑해야 합니다.

오늘본문은 분명하게 말씀합니다. 진노하시는 하나님, 곧 무서운 하나님이심을 알아야 합니다. 하나님을 무서워할 줄 알아야 됩니다. 하나님 무서운 줄 모르는 사람은 사람도 아닙니다. 하나님의 진노를 먼저 알아야 합니다. 그래야 찢었으나 도로 낫게 하실 하나님도 알 수 있습니다. "찢었으나 도로 낫게 하실 것이요." 바로 긍휼하신 사랑입니다. 치유하시는 하나님이십니다. 이사야서 1장 5절, 6절에는 참 절절한 하나님의 사랑이 나타나 있습니다. 하나님께서 말씀하십니다. "어찌하여 더 맞으려고 하느냐?" 죄악을 범하는 백성을 하나님께서 진노하사 징계하십니다. 하지만 징계를 당해 매를 맞고도 계속 범죄 합니다. 여기서 더 맞으면 죽습니다. 하나님께서는 채찍을 드시고 이렇게 말씀하십니다. "어찌하여 더 맞으려고 하느냐?" 이렇듯 하나님 당신이 아파하고 계십니다. 하나님의 진노를 알고, 그 진노 속에 있는 하나님의 사랑을 알아야 합니다. 그 깊은 사랑을 알아야 됩니다.

제가 어렸을 때 아버지께 매를 많이 맞았습니다. 지금도 분명히 기억합니다. 무려 17살 때까지도 맞았습니다. 때리시면 그저 "잘못했습니다" 하고 맞아야지, 변명을 했다가는 절대 안 됩니다. 그래서 그냥 맞았습니다. 아버지께서 저를 때리실 때 어머니가 말리시면 난리가 납니다. 그래서 어머니는 제가 맞을 동안 문 밖에서 초조하게 서 계셨던 모양입니다. 그래 아버지께서 매를 다 때리시고 밖으로 나가시면 어머니께서 아버지께 한 마디 하십니다. "여보, 당신 아들 말이요, 그리 소중히 여기고 사랑한다고 하면서 왜 자꾸 때려요? 오늘 같은 일은 당신이 잘못한 것 같은데, 말로 해도 될 걸 왜 자꾸 애를 때려요? 사랑하는 거예요, 안하는 거예요?" 그 소리를 제가 안에서 조용히 들었습니다. 아버지 말씀이 이랬습니다. "자식은 속으로 사랑하는 것이지, 겉으로 사랑하는 게 아니야. 난들 왜 마음이 안 아프겠나? 이렇게 해야 사람이 되니까 때리는 거야." 그래서 제가 속으로 생각했습니다. '사랑하시긴 하시는가보구나.'

전쟁 때 제가 광산에서 고생하다가 도망해서 산에 숨어 있었던 적이 있었습니다. 그때 아버지께서 제게 식량을 공급해주셨습니다. 몇 달 동안이나 그 위험한 일을 하셨습니다. 정말 위험한 일입니다. 발각되면 그 자리에서 총살입니다. 한데도 아버지께서는 지게에다 미숫가루나 쌀, 어떤 때는 닭도 한 마리 튀겨서 지고 그 깊은 산을 올라오셔서 제가 숨어 있는 굴까지 오셨습니다. 제가 그것을 받을 때 아버지는 아무 말씀도 없으셨습니다. 주실 것을 다 주시고 한참을 말없이 앉아 계시다가 "몸조심해라!" 딱 한 마디 하시고 산을 내려가십니다. 그 뒷모습을 보면서 제가 속으로 맹세했습니다. '아, 아버지, 사랑합니다. 제가 이 산을 내려가게 되면 아버지를 더 사랑하겠습니다. 효도하겠습니다.' 뒷날 산에서 내려올 때 아버지를 멀리서 보았습니다. 그때 아버지께서는 공산당에게 총살당하셨습니다.

어느 아버지가 자식을 사랑하지 않겠습니까. 그러나 그 사랑은 공의로운 것입니다. 때리는 것이요, 그 매 속에 사랑이 있습니다. 이 사실을 읽을 수 있어야 됩니다. 그 마음을 헤아릴 줄 알아야 됩니다. 이것이 바로 창조적 사랑입니다. 호세아 4장 14절은 말씀합니다. "깨닫지 못하는 백성은 망하리라." 안다는 것이 고통스러울 때가 있습니다. 구제불능의 상태에서 안다는 것은 괴로운 일입니다. 차라리 모르면 좋을 것입니다. 그러나 그래도 알아야 합니다. 사람들이 하나님을 부인하는 이유가 있습니다. 하나님을 인정하고 나면 두렵기 때문입니다. 천당과 지옥을 믿고 나면 두렵습니다. 천당 지옥이 있다면 자기는 지옥에 갈 것 같으니까 말입니다. 그러니까 없다고 부인하고 싶은 것입니다. 하지만 그런다고 없어집니까? 지식을 부인해서는 안 됩니다.

    그래서 오늘본문은 말씀합니다. "하나님을 힘써 알자." 오늘도 하나님께서는 우리 마음을 두드리고 계십니다. 다른 것은 다 몰라도 괜찮습니다. 하나님만은 알아야 됩니다. 하나님께서 우리를 얼마나 사랑하시는지를 알아야 합니다. 그 십자가의 사랑을 알아야 합니다. 이것만 알면 사도 바울처럼 이렇게 확실히 고백하게 됩니다. '넉넉히 이기느니라. 그 사랑으로 말미암아 넉넉히 이기느니라.' △

하나님이 구하시는 것

내가 무엇을 가지고 여호와 앞에 나아가며 높으신 하나님께 경배할까 내가 번제물로 일 년 된 송아지를 가지고 그 앞에 나아갈까 여호와께서 천천의 숫양이나 만만의 강물 같은 기름을 기뻐하실까 내 허물을 위하여 내 맏아들을, 내 영혼의 죄로 말미암아 내 몸의 열매를 드릴까 사람아 주께서 선한 것이 무엇임을 네게 보이셨나니 여호와께서 네게 구하시는 것은 오직 정의를 행하며 인자를 사랑하며 겸손하게 네 하나님과 함께 행하는 것이 아니냐

(미가서 6 : 6 - 8)

하나님이 구하시는 것

　어느 봄날에 시어머니가 목이 몹시 말라 며느리를 불러서 일렀습니다. "내가 지금 속이 타고 목이 마르니까 시원한 물 한 그릇을 주면 좋겠다." 며느리가 대답합니다. "예, 알았습니다." 한데 며느리가 시어머니께 가져다드린 것은 시원한 물이 아니라 따뜻한 꿀 차였습니다. 봄이기는 하지만, 아직은 날씨가 쌀쌀해서 찬물보다는 따뜻한 물이 좋으리라고 나름대로 생각해서 그렇게 한 것입니다. 하지만 시어머니는 따뜻한 꿀물 말고 그냥 시원한 물을 가져오라고 다시 일렀습니다. 그랬더니 며느리가 이번에는 냉장고에 들어 있던 시원한 배를 깎아서 시어머니께 드렸습니다. 시어머니가 다시 말합니다. "그것 말고 냉수를 가져오너라." 그러자 며느리가 이번에는 냉장고에 넣어두어 시원해진 인삼 달인 물을 가져왔습니다. 마침내 시어머니가 화가 나서 이렇게 호통쳤습니다. "이빨도 없는데 배는 무슨 배며, 열이 많아서 인삼은 못 먹는 사람한테 무슨 인삼이냐!" 시어머니를 잘 모시고 싶었던 며느리는 칭찬은커녕 오히려 야단을 맞고 억울했습니다. 그래 돌아서서 눈물을 흘렸다는 이야기입니다.
　'잘 모시려고 했는데……' 이 얼마나 잘못된 생각입니까. 인간이 인간된 목적은 하나님을 기쁘게 해드리는 것입니다. 그러려면 자기 방법대로, 자기 소원대로 해서는 안 됩니다. 마태복음 6장에서 예수님 말씀하십니다. "그의 나라와 그 의를 구하라. 그리하면 이 모든 것을 더하시리라." '그의 나라와 그 의'입니다. 하나님의 나라와 하나님의 의를 따르는 것이 하나님을 기쁘게 해드리는 길입니다. 내 방법, 내 소원, 내 욕망에 집착하는 동안은 전혀 하나님을 기쁘게 해 드릴 수 없습니다. 이것이 중요합니다.

오늘본문에는 이런 질문이 나옵니다. "무엇을 가지고 하나님께 나아갈까? 무엇을 가지고 나아가면 하나님을 기쁘게 해드릴 수 있을까?" 지극히 인간적인 생각입니다. 오늘의 이야기가 아니고 그 옛날의 이야기니까 이렇게 요약됩니다. '많은 재물을 가지고 나갈까? 수양을 가지고 나갈까? 천천의 수양, 만만의 기름, 이 많은 재물을 가지고 하나님 앞에 나아가면 하나님께서 기뻐하실까?' 아닙니다. '주께서 무엇이 선한 것임을 보여주셨다'고 오늘 선지자는 우리에게 말씀합니다. 주께서 무엇을 원하시는지, 무엇이 선한 것인지를 우리에게 보여주신 것입니다.

인간은 누구나 나름의 욕구가 있습니다. 민족도 그 나름의 욕구가 있습니다. 우리 민족의 욕구는 번영, 자유, 평등입니다. 번영이 먼저입니다. 요새 정치지도자들이 흔히 하는 말이 행복입니다. 하지만 그 행복과 번영이 어디에서 오는지 하는 데 대한 메시지는 없습니다. 다시 생각해야 됩니다. 행복과 번영이 먼저가 될 수 없습니다. 무엇보다도 하나님께서 그런 것들을 요구하지 않으십니다. 오히려 공의와 인자와 겸손을 요구하십니다. 공의와 인자와 겸손이 먼저요, 그리고 나서야 번영입니다. 번영은 결과입니다. 번영이 목적이 될 수는 없습니다. 우리 그리스도인들은 개인적으로 하나님 앞에 기도합니다. 특별히 열심을 내어 철야기도, 금식기도는 물론이고 산기도도 합니다. 제가 언젠가 한번 삼각산에 올라갔다가 여기저기 바위 위에 앉아서 기도하는 사람들이 있기에 차를 세워놓고, 뒤에 가서 무슨 기도를 하나 하고 들어보았습니다. 장사 잘되게 해 달라, 아들

시험에 합격하게 해 달라, 돈 많이 벌게 해 달라, 취직시켜 달라……
다들 이런 내용으로 크게 소리 내어 기도하는 것이었습니다. 아닙니
다. 하나님께서 진정으로 원하시는 것이 무엇인지를 알아야 합니다.
그리고 기도의 초점을 거기에 맞추어야 합니다.

언젠가 여전도사님들 모이는 데 가서 제가 세미나를 인도한 적
이 있습니다. 주제는 '여전도사 일을 어떻게 해야 잘하나? 어떻게 하
면 교인들을 잘 섬기나?'였습니다. 강의를 마쳤을 때 어느 여전도사
님이 질문을 해왔습니다. "목사님, 마지막으로 한마디만 해주세요.
어떻게 하면 전도사 일을 잘 할 수 있습니까?" 그런 질문을 하는 의
도가 무엇인지 대충 짐작이 되었습니다. 우선 그분한테서 간절함이
느껴져서 어떻게 하면 좋을까 생각하다가 제가 이렇게 한마디로 대
답해드렸습니다. "예, 제가 한마디로 대답하겠습니다. 잘 들으세요.
눈치은사를 받아야 됩니다." 성령의 은사에 앞서서 '눈치은사'를 받
아야 합니다. 하나님의 눈치를 봐야 합니다. 하나님께서 무엇을 원
하시는지, 어느 방향으로 나를 인도하시는지, 하나님께서 도대체 어
떻게 하려고 하시는지, 그 하나님의 뜻을 먼저 알아차리고, 그 다음
에 교인들을 살피는 데 눈치가 빨라야 합니다. "교인들을 살피면서
그들이 무엇을 원하고, 어디가 아프고, 어떤 문제가 있는지를 열심
히 듣고 살피세요."

하나님의 눈치를 봐야 됩니다. 하나님께서 무엇을 원하시는 것
같습니까? 공의와 인지와 겸손입니다. 이것이 오늘본문에서 주신
말씀입니다. 공의는 영어로 Justice입니다. 의로움입니다. 의를 버리
면 나라도 망합니다. 이사야는 외칩니다. "나라는 의로 인하여 견고
하게 선다." 공의를 버리면 번영도 없고, 나라의 자유도 없습니다.

공의가 기반입니다. 우리는 흔히 번영과 자유를 앞세웁니다. 그리고 잘 살아야겠다고 몸부림을 칩니다. 그러나 아닙니다. 무엇보다도 바르게 살아야 됩니다. 대통령을 비롯하여 세상에서는 흔히 이걸 원칙이라고 말합니다. 저는 이 단어를 공의로 바꾸면 좋겠습니다. 원칙이 곧 공의 아니겠습니까. 우리가 존경하는 애국자인 안창호 선생은 이렇게 말합니다. "죽더라도 거짓말은 없으리라. 농담이라도 거짓말을 하지 마라. 꿈에라도 성실을 잃었거든 회개하라." 이것이 기본입니다. 진실해야 합니다. 끝까지 진실해야 합니다. 얼마나 내게 이익이 되느냐 아니냐는 중요하지 않습니다. 손익계산이 먼저가 아닙니다. 하나님 앞에 성실함이 먼저입니다. 진실이 먼저입니다. 그 다음은 하나님께 맡겨야 됩니다. 세월이 흐르면서 어느덧 번영을 앞세우고, 이익을 앞세우고, 내게 돌아오는 것이 무엇인지를 먼저 생각하는 순간 그만 공의를 잃어버린다는 말입니다. 의를 잃어버리는 것입니다. 협상도 타협도 안 됩니다. 의로움이 기본입니다. 잊지 말아야 합니다.

그리고 모든 일에서 사랑을 잊지 말아야 합니다. 오늘본문은 '인자'라고 말씀합니다. 참 중요한 말입니다. '인자'라는 말과 '사랑'이라는 말은 서로 조금 다릅니다. 같은 '사랑'이라도 '인자'는 수직적 사랑을 의미합니다. 서로서로 평등하게 사랑하는 것이 아닙니다. 위에서 밑으로 내려오는 사랑, 아버지와 어머니가 자식을 사랑하는 그런 사랑입니다. 대가를 요구하는 사랑이 아닙니다. 베푸는 사랑입니다. 흔히 말하듯 상대적인 것이 아니고, 절대적인 사랑입니다. 그것을 곧 '인자'라고 하는 것입니다. 영어로는 Mercy입니다. 큰 사랑입니다. 위에서 내려오는 사랑입니다. 얼마나 귀중합니까. 어버이가 자식을 사랑하듯, 그렇게 사랑하라는 말씀입니다. 모든 일에서 사랑을 잊어서는 안 됩니다. 나보다 저쪽을 사랑하는 마음과 저쪽을 배려하는 생각이 먼저 있어야 합니다. 반대는 이기심입니다. 나만 생각하는 사회는 망합니다. 하나님께서 원하시는 것은 공의이며 인자입니다.

또 하나님께서 원하시는 것은 겸손입니다. 겸손하게 행하라고 하십니다. 부자가 되어도 겸손하고, 지위를 얻어도 겸손해야 합니다. 교만이 없어야 합니다. 아브라함 링컨 대통령은 많은 고생을 한 사람입니다. 그런데 백악관에서 대통령으로 있을 때에도 그는 가끔 자기 구두를 손수 닦았습니다. 언젠가 하루는 링컨이 열심히 자기 구두를 닦고 있는데, 뒤에서 비서가 그 모습을 보고 말합니다. "구두를 제가 닦아야지, 대통령께서 닦으시면 되겠습니까." 그러자 대통령이 껄껄 웃으면서 말합니다. "그럼 내가 네 구두를 닦아야 하나? 내 구두 내가 닦는데 뭐가 어때서? 괜찮아." 얼마나 좋습니까. 내 구두 내가 닦으면 됩니다. 이것이 바로 겸손입니다. 지위가 높다고 모든 일을 남 시켜먹으려고 하면 안 됩니다. 적어도 가끔은 내가 내 일 하고, 남의 일도 내가 해줄 수 있으면 더 좋지 않겠습니까. 이것이 바로 겸손 아니겠습니까. 하나님 앞에 겸손해야 합니다. 아무 보상도 바라지 않고, 스스로 낮추어서 내가 내 일을, 또 남의 일도 내가 해줄 수 있는 겸손이 있어야 합니다. 나라도 사회도 겸손이 무너지면 안 됩니다. 돈 몇 푼 있다고 교만하면 안 되지요. 우리가 좀 잘 산다고 해서 교만하면 안 되는 것입니다.

오래전 이야기입니다. 중국이 처음 열렸을 때 중국의 지도자들이 저에게 어떻게 하면 좋겠느냐고 물어온 적이 있습니다. 이유가 이렇습니다. 우리 한국 사람들 가운데 종종 돈 좀 있다고 식당에서 백 불짜리 지폐를 함부로 뿌리면서 자기 마음대로 하려는 사람이 있다는 것입니다. 뭐가 마음에 안 드는지 그릇까지 깨버리고는 떡하니 돈 백 불을 내놓는다는 것입니다. 꼭 기억하십시오. 겸손해야 합니다. 있을수록 겸손하고, 알수록 겸손하고, 높을수록 낮추어야 됩니다. 왜냐하면 그것이 바로 하나님 앞에서 합당한 도리이기 때문입니다.

유명한 사회학자 막스 베버의 「프로테스탄티즘의 윤리와 자본주의 정신」이라는 유명한 저서가 있습니다. 사회학과 정치학과 경제학에서 다 같이 귀중하게 여기는 교과서와 같은 책입니다. 이 책에서 그는 '자본주의라고 하는 이 귀중한 역사가 어디서 이루어졌나?'라는 질문에 이렇게 답합니다. '그 뿌리는 프로테스탄티즘(개신교 사상), 곧 개혁신앙에서 왔다.' 프로테스탄트(개신교)의 금욕적 합리주의가 자본주의 정신에 결정적인 영향을 끼쳤다는 것입니다. 이것이 결론입니다. 기독교 정신, 특별히 개신교 칼뱅주의의 윤리가 번영을 이루었다는 것입니다. 이것이 자본주의라는 사실을 잊지 말아야 합니다. 원점으로 돌아가면 개신교의 칼뱅이 그 출발점입니다. 그는 우리 삶에 자기억제와 규율, 그리고 일에 대한 헌신이 있어야 한다고 주장했습니다. 일을 하나님께서 주신 소명으로 알고 열심히 해야 한다는 것입니다. 공부도 열심히 해야 하고, 일도 열심히 해야 합니다. 여기에 신앙이 있습니다. 잘 알려져 있다시피 칼뱅은 우리에게 철저한 금욕생활을 요구했습니다. 심지어 그는 30명 이상의 연회를 하지 말라고 기록했습니다.

제가 결혼주례를 참 많이 하는데, 요새 좀 마음에 안 드는 경우가 있습니다. 어지간히 좀 했으면 좋겠다는 생각이 드는 것입니다. 어떤 결혼식은 하객이 몇 천 명입니다. 결혼식이 지나치게 화려합니다. 너무하다 싶을 정도로 불필요한 화환들을 잔뜩 세워놓습니다. '아, 이게 뭐하는 짓인가? 저런다고 잘 사나? 지금 뭘 하고 있는 건가?' 이런 생각이 드는 것입니다. 절제해야 됩니다. 교만해서는 안 됩니다. 물질을 과시해서는 안 됩니다. 있을수록 더 검소해야 합니다. 미국의 자동차 왕 포드는 한 평생 10전짜리 이상의 팁을 줘본 적이 없다고 합니다. 그 당시에는 10전도 형편없이 적은 돈은 아니었지만, 그래도 재벌이니 그보다는 좀 더 많이 줄 수 있는 일 아니겠습니까. 한데도 포드는 10전짜리 팁만 주었습니다. 재벌이 왜 그렇습니까? 그는 돈을 귀하게 여겼기 때문입니다.

언젠가 어느 장로님하고 제가 식당에서 같이 식사를 하고 나오는데, 장로님이 대신 계산을 해주셨습니다. 그때 장로님이 거스름돈으로 천 원짜리를 받았는데, 그걸 잘 펴서 큰 장지갑에 고이 넣는 것이었습니다. 제가 기회를 놓치지 않고 왜 그렇게 천 원짜리를 귀하게 여기시냐고 물었습니다. 그 장로님 대답입니다. "저는 돈을 귀하게 여깁니다. 그래 그냥 꾸깃꾸깃 주머니에 넣는 법이 없습니다. 이렇게 잘 넣어가지고 다닙니다." 돈을 꾸깃꾸깃 주머니에 쑤셔 넣는 것, 안 됩니다. 돈을 소중히 여길 줄 알아야 합니다. 절제입니다. 더 부자가 되기 위해서가 아닙니다. 하나님께서 주신 소중한 선물이기 때문입니다. 또 돈은 많은 사람을 위해서 써야 하는 것이기 때문입니다. 그래서 기독교 정신이 '금욕적 합리주의'입니다. 그리스도인은 금욕적으로 살아야 합니다. 동시에 합리적이어야 합니다. 금욕적 합리주의, 이것이 하나님의 뜻입니다. 우리는 물질을 소중히 여겨야 합니다. 모든 것이 하나님께서 주신 선물입니다. 그 하나하나를 소중히 여겨야 합니다. 건강도 소중히 여기고, 지식도 소중히 여겨야 합니다. 그리고 금욕적으로 살아야 됩니다. 절제가 있어야 됩니다. 이것이 겸손입니다. 돈이 많다고 거만하지도, 아는 게 많다고 자랑하지도, 사업이 잘되었다고 기고만장해서도 안 됩니다. 스스로 낮추고 평범하게, 서민적으로 살아야 합니다. 이런 마음가짐이 필요합니다.

우리는 번영과 자유를 너무 앞세웁니다. 그러느라 정의를 저 멀리 보내고 말았습니다. 그러나 마지막에 보십시오. 정의가 없는 번영은 결국 멸망으로 가게 마련입니다. 또 한 가지, 교만해서는 안 됩니다. 물질이 있다고 교만하지 말고, 번영을 누린다고 절대 교만해서는 안 됩니다. 하나님 앞에서 늘 겸손해야 합니다. 여러분, 나라를 사랑하십니까? 말뿐이어서는 안 됩니다. 정말로 나라를 사랑한다면 공의를 앞세워야 합니다. 번영과 수익과 자유보다 먼저 사랑을 앞세워야 됩니다. 구석구석 교만한 흔적이 있나 잘 살펴야 합니다. 그리고 그 모든 교만의 흔적을 다 제거하고, 겸손히 행해야 합니다. 이것이 하나님의 뜻이요, 하나님을 기쁘게 해드리는 길입니다. 하나님께서는 이 모든 것을 하나님을 위해서가 아니라 우리를 위해서 주셨습니다. 이것이 우리가 행복하고, 우리가 잘 되도록 하나님께서 주신 귀한 복음입니다. "공의롭게 행하고 인자를 사랑하며 겸손히 행하라!" 이것이 하나님의 뜻입니다. △

은혜를 헛되이 받지 말라

　우리가 하나님과 함께 일하는 자로서 너희를 권하노니 하나님의 은혜를 헛되이 받지 말라 이르시되 내가 은혜 베풀 때에 너에게 듣고 구원의 날에 너를 도왔다 하셨으니 보라 지금은 은혜 받을 만한 때요 보라 지금은 구원의 날이로다 우리가 이 직분이 비방을 받지 않게 하려고 무엇에든지 아무에게도 거리끼지 않게 하고 오직 모든 일에 하나님의 일꾼으로 자천하여 많이 견디는 것과 환난과 궁핍과 고난과 매 맞음과 갇힘과 난동과 수고로움과 자지 못함과 먹지 못함 가운데서도 깨끗함과 지식과 오래 참음과 자비함과 성령의 감화와 거짓이 없는 사랑과 진리의 말씀과 하나님의 능력으로 의의 무기를 좌우에 가지고 영광과 욕됨으로 그러했으며 악한 이름과 아름다운 이름으로 그러했느니라 우리는 속이는 자 같으나 참되고 무명한 자 같으나 유명한 자요 죽은 자 같으나 보라 우리가 살아 있고 징계를 받는 자 같으나 죽임을 당하지 아니하고 근심하는 자 같으나 항상 기뻐하고 가난한 자 같으나 많은 사람을 부요하게 하고 아무 것도 없는 자 같으나 모든 것을 가진 자로다
　　　　　　(고린도후서 6 : 1 - 10)

은혜를 헛되이 받지 말라

　오늘날 기독교에는 여러 가지 이름의 선교회가 있습니다. 청년들이나 연세 드신 분들, 또 다양한 직업을 가진 분들을 위한 선교회가 있습니다. 미국에는 '유다 바이크 선교회'라는 아주 독특한 선교회가 있습니다. 그 선교회의 리더는 벤 프리스트라는 사람입니다. 본디 그는 바이크 족이었습니다. 바이크 족이란 머리칼을 치렁치렁 길러서 끈으로 질끈 동여매고, 가죽잠바와 가죽바지를 입고, 가죽부츠를 신고, 아주 시끄러운 굉음을 내는 육중한 오토바이를 몰고 다니는 사람들을 가리키는 말입니다. 요새 우리나라에서도 가끔 바이크 족들이 소란을 일으켜 매스컴의 기사거리가 되기도 하지요? 미국에서는 이 바이크 족들이 대단합니다. 밤만 되면 이 바이크 족들이 오토바이들을 일제히 몰고 나와 거리를 질주하는 모습을 흔히 볼 수 있습니다. 이들의 문제는 술을 잘 마시고, 마약을 한다는 데 있습니다. 술과 마약에 찌들어서 사는 것입니다. 언제 어떤 큰 사고를 낼지 알 수 없는, 시한폭탄 같이 위험한 사람들입니다.
　이런 바이크 족의 한 사람이었던 벤 프리스트가 어느 날 아무 생각 없이 주일에 교회 앞을 지나가다가 교회 간판을 보고 '아, 내가 어렸을 때는 교회에 나갔었는데……' 하는 생각을 했습니다. 그래 오토바이를 세워놓고 교회에 들어갔습니다. 크기가 자그마한 교회였는데, 그가 안에 들어가니까 온 예배당에 술 냄새가 진동을 합니다. 사람들이 그의 행색을 보고 바이크 족인 것을 알았습니다. 한데도 거기 집사님은 그를 친절하게 대해주었습니다. "어서 오십시오. 이리 앉으십시오." 그래 벤 프리스트는 맨 앞자리에 앉게 되었습니다. 술 냄새가 온 교회에 진동을 했지만, 모든 교인들이 누구 하나 불평하지 않고 그를 따뜻이 영접해주었습니다. 앞의 몇 가지 순서가 끝나고 설교시간이 되었습니다. 목사님이 말씀합니다. "우리 교회를 방문해주신 바이크 족 선생님을 환영합니다." 그리고 또 말씀합니다. "하나님께서는 당신을 사랑하십니다." 이 말씀을 듣는 순간 벤 프리스트는 갑자기 눈물이 팍 쏟아졌습니다. 깊은 감격과 함께 눈물이 마구 흘러 내렸습니다. "아니, 내가 이렇게 못된 짓을 하고 사는데, 어디에서도 나를 환영해주지 않는데, 그래서 모든 사람이 나를 미워한다고 생각하며 사는데, 아직도 하나님께서는 나를 사랑하시는구나!" 마침내 그는 깊은 감격 속에 새 사람이 되기로 결심합니다. 그리고 그 교회에 신자로 등록을 합니다. 그러고 나서 어머니께 전화를 드렸습니다. "어머니, 제가 오늘 교회에 나갔습니다. 그리고 그 교회에 제가 등록했습니다." 이 말을 들은 어머니의 말씀입니다. "이제야 내 기도가 응답되었구나!" 그는 자기 생각으로 살고, 자기 노력으로 살고, 자기 의지로 산다고 생각했습니다. 그리고 자기는 혼자라고 생각했습니다. 아니지요. 어머니의 기도가 계속 그와 함께했습니다. 그래서 드디어 이처럼 귀중한 중생의 역사를 체험한 것입니다. 그는 나중에 신학을 하여 목사가 되었고, 바이크 족을 위한 선교에 나섭니다. 그것이 '바이크 선교회'입니다.

여러분, 나는 혼자가 아닙니다. 내가 나 되기 위해서는 하나님의 많은 은혜가 있어야 하고, 나를 위해 기도해준 분들의 그 거룩한 노고와 수고가 있어야 합니다. 그래서 오늘의 내가 있다는 사실을 절대 잊어버려서는 안 됩니다. 얼마 전에 제가 신문에서 읽고 큰 충격을 받은 기사가 하나 있습니다. 우리나라 사람들이 요즘 자살을 많이 합니다. 한 해에 무려 2만5천 명이나 되는 사람들이 자살한다고 합니다. 그 가운데에는 자살을 시도했다가 병원신세를 지고 살아난 사람들이 있습니다. 한번 죽었다가 살아난 사람들이지요. 그런 사람들의 모임이 있습니다. 그 모임에서 그 사람들이 하는 말입니다. "나는 내가 혼자인 줄 알았다. 모든 사람이 나를 버린 줄 알았다. 나만 내가 쓸데없는 존재라고 생각하고 있었다. 모든 사람이 나를 사랑하고 있다는 사실을 나만 몰랐다." 이것이 공통적인 간증입니다. "모든 사람이 나를 이렇게 사랑하고 있다. 걱정하고 있다는 것을 나만 몰랐다." 그래서 자살을 하는 것입니다.

오늘본문에서 사도 바울은 우리에게 귀중한 메시지를 전해주고 있습니다. "은혜를 헛되이 받지 마라!" 은혜는 확실히 은혜입니다. 은혜 아닌 것이 없습니다. 하지만 은혜를 은혜로 모르면 은혜가 아닙니다. 은혜를 모르는 자에게는 은혜가 없습니다. 은혜를 깨달아야 합니다. 그런데 한 가지 심각한 문제가 있습니다. 언제 깨닫느냐, 하는 것입니다. 이 깨달음, 곧 은혜를 깨닫는다 하는 말은 한 마디로 '은총적 계기'를 뜻합니다. 은총적 계기가 와야 됩니다. 은총적 계기가 왔을 때 비로소 은혜를 은혜로 알 수 있습니다. 이 점을 잊지 말아야 합니다. 은혜보다 귀한 것은 은혜를 은혜로 깨닫는 것입니다. 그래야 은혜가 은혜 되기에 그렇습니다. 그리고 언제 깨닫느냐가 중요합니다. 간단하게 생각합시다. 건강이 은혜 아닙니까. 얼마나 소중한 은혜입니까. 건강해야 무슨 일이든 할 수 있지 않습니까. 내가 위생을 잘 지켜서 되는 것입니까? 내가 운동을 해서 되는 것입니까? 건강이라는 것, 은혜 중에 은혜요, 정말 큰 은혜입니다. 저는 아침저

녁으로 늘 생각합니다. '아, 오늘도 건강을 주셨다. 큰 은혜다.' 동년배 되는 목사님들과 친구들을 보니까 다 하나같이 비실비실합니다. 그래서 이렇게 기도합니다. '하나님, 언제까지 제게 건강을 주실지 모르겠지만, 오늘 건강 주신 것 감사합니다.'

여러분, 건강에 대한 감사를 언제 느낍니까? 사람은 참 이상하게도 건강을 잃어버리고 나서야 느낄 때가 많습니다. 병원에 입원하고서야 비로소 건강이 가장 소중하다는 것을 압니다. 건강할 때 미리 알았더라면 얼마나 좋겠습니까. 잃어버리고 나서야 '이럴 줄 알았으면 담배를 끊을 걸', '이럴 줄 알았으면 내가 화를 내지 말 걸', '이럴 줄 알았으면 욕심을 부리지 말 걸' 하고 후회해봐야 늦습니다. 미련한 일입니다. 은총적 계기가 와야 됩니다. 그래서 가끔 병원에 가야 됩니다. 그래 입원도 한 번씩 해봐야 의사 선생님이 고마운 줄도 알고, 주변 사람들이 찾아와서 위로할 때 '아, 나를 걱정해주는 사람들이 다 있었구나!' 하고 알게도 됩니다. 어떤 어린이가 몸이 아파 병원에 가서 진찰을 받으니 중이염이었습니다. 의사 선생님이 며칠 약 먹고 치료하면 곧 낫는다고 말해주었더니 이 어린이가 울면서 하는 말이 기가 막힙니다. "선생님, 고쳐주지 말아주세요. 귀가 아프니까 온 가족들이 저를 사랑해주는데요?" 어머니도, 할머니도, 아버지도 이 아이를 애지중지해주니까 이 아이가 병 낫기를 원치 않는 것입니다. "고치지 말아주세요." 사랑에 얼마나 갈급하면 이러겠습니까.

은총적 계기, 참 중요합니다. 돈을 잃어버리고야 돈이 귀한 줄 압니다. 명예를 잃어버리고야 명예가 귀한 줄 압니다. 은총적 계기가 와야 비로소 은혜가 은혜인 줄 알 수 있다는 것입니다. 그래서 은혜보다 더 중요한 것은 은혜를 은혜로 아는 그 깨달음입니다. 이 얼마나 중요합니까. 은혜란 쉽게 말하면 '거저 주시는 바'입니다. 내 공로 없이 공짜로 주어지는 것입니다. 문제는 은혜의 반대는 율법이라는 것입니다. 매사에 자꾸 율법적으로 생각하려는 것이 우리 인간의 마음에 큰 시험거리입니다. 은혜로 된 것인데도 내 노력으로 된 것처럼, 오직 축복으로 된 것인데도 내가 한 것처럼 자랑하고 싶어 합니다. 모든 것을 율법적 관계로 생각하는 것입니다. 심지어 어떤 사람들은 자기가 기도를 많이 해서 은혜 받을 줄로 생각하기까지 합니다. 내 공로, 내 업적이라고 완전히 믿고 받아들입니다. 내가 기도를 많이 해서 그 결과로 은총을 입었다고 굳게 믿는 것입니다. 잘못된 일입니다. 물론 기도하는 것은 굉장한 노력입니다. 하지만 이렇게 되면 또 시험에 빠지고 맙니다. 차라리 기도를 전혀 안 했는데도 하나님께서 은혜를 주셨다고 믿고 감사한다면 이것이 진짜 옳은 태도입니다. 그렇지 않습니까. 내가 아무리 기도하고 수고를 해도 내가 받은 은혜가 내 의나 내 수고의 대가로 주어진 것이 아니라는 마음, 이것이 은혜의 마음입니다. 이 얼마나 중요합니까.

한데 이보다 더 중요한 것이 하나 있습니다. 은혜는 지식의 세계가 아니고 감성의 세계라는 사실입니다. 은혜를 은혜로 느껴야 합니다. 느낌이 와야 됩니다. 은혜에 대한 아주 감격과 감사가 따라와야 됩니다. 눈물이 팍 쏟아질 만큼의 강렬한 느낌이 와야 됩니다. 문제는 이 감격이 어디서 오느냐 하는 것입니다. 중요한 문제입니다. 겸손해야 됩니다. 교만한 자에게는 은혜가 은혜 될 수 없습니다. 교만하면 은혜가 은혜로 느껴지지 않습니다. 은혜가 은혜 되지 못하는 것입니다. 내가 잘나서 그렇다고 생각하고 있는데, 어찌 은혜가 은혜 될 수 있겠습니까. 그러나 겸손한 자에게는 모든 것이 은혜입니다. 은혜가 은혜 되기 위해서 겸손은 절대조건입니다. 좀 더 깊이 생각합시다. 사실 겸손해서 은혜 되는 것이 아니고, 은혜를 은혜로 아는 순간 자연스럽게 겸손해지는 것입니다. 이 겸손의 은혜가 최고의 은혜입니다. 돈이다, 건강이다, 명예다 하고 요란들을 떨지만, 다 별 것 아닙니다. 가장 귀한 것은 겸손이라고 하는 은혜입니다. 은혜를 알고 은혜를 깨닫는 순간 나는 다 사라지고 겸손해집니다. 아주 낮아집니다. 그때는 모든 것이 은혜가 됩니다. 이 은혜가 최고입니다. 하나님께서 나를 겸손케 만드셨습니다. 이것이 은혜입니다. 지금 내가 겸손해졌습니다. 이것이 은혜입니다. 나를 겸손케 하는 은혜입니다. 그럼 자연스럽게 겸손해집니다. 교만은 율법에서 나옵니다. 율법주의에는 은혜가 없습니다.

'나는 벌레다.' 이런 생각으로 한 평생을 사는 사람이 있었습니다. 그는 '나는 벌레와 같다. 나는 버러지만도 못하다' 하고 생각하며 살았습니다. 이 사람은 인도 선교의 유명한 개척자인 윌리엄 캐리입니다. 그는 죽기 전에 스스로 자기 묘비명을 썼습니다. 자기가 죽으면 이렇게 써달라고 하면서 말입니다. 지금 그의 묘지 비석에는 이렇게 씌어 있습니다. '죄 많고 약하고 능력 없는 벌레인 나는 당신의 거룩한 손에 기대어 여기에 잠드나이다.' 그는 한평생 선교사로 살았습니다. 그러나 그의 의식은 '나는 벌레입니다. 아무것도 아닙니다'였습니다. 이 사람이 은혜의 사람입니다. 이 사람의 생각에는 은혜 아닌 것이 하나도 없습니다. '나는 벌레입니다. 나는 죄인입니다.' 이 얼마나 중요한 마음입니까? 이것이 바로 은혜의 근본이라는 사실을 알아야 합니다.

은혜라는 말은 본디 '카리스'입니다. '카라'는 '기쁘다'는 말입니다. '카리스'와 '카라'의 어원이 같습니다. 그래서 은혜는 곧 기쁨입니다. 감격입니다. 큰 기쁨입니다. 이것이 은혜입니다. 이 은혜는 높은 생산성을 가지고 있습니다. 은혜를 깨닫고 은혜에 감격하고 나면 여기서 또 다른 새로운 생명력이 솟아납니다. 그래서 사랑받은 사람, 사랑에 감격한 사람은 사랑할 수 있습니다. 당연합니다. 용서받은 감격을 가진 사람은 당연히 용서할 수 있기 때문입니다. 그래서 은혜는 공짜가 아닙니다. 은혜를 받는 순간 또 다른 은혜를 생산하는 소중한 헌신이 뒤따릅니다. 그래서 은혜를 알고 나면 주께 헌신하고, 헌신하면 행복하고, 행복하면 감사하고, 감사하면 또 다른 은혜를 생산하게 되는 것입니다. 이것이 바로 은혜입니다. 이렇게 은혜에 사는 사람에게는 은혜 아닌 것이 없습니다.

제가 1963년 미국에서 공부할 때 뉴저지를 방문한 적이 있었습니다. 그때 거기에서 특별한 음악회가 열렸습니다. 저는 그런 음악회는 생전 처음 봤습니다. 저녁 7시 반에 시작해서 새벽 4시 반에 끝나는데, 밤새껏 노래를 부르고 찬송하고, 좀 쉬었다가 또 찬양하고, 또 찬양합니다. 그런 음악회입니다. 그래 새벽 4시 반까지 찬양을 하는데, 찬송곡들이 모두 프렌시스 크로스비라는 분이 작사한 곡들이었습니다. 크로스비 여사는 시각 장애인입니다. 날 때부터가 아니고 살다가 눈을 다쳐서 시각 장애인이 된 분입니다. 이분이 병원에서 진찰을 받을 때 의사가 마지막으로 이랬다고 합니다. "아무래도 당신은 맹인이 될 수밖에 없겠습니다." 그때 이분이 얼마나 믿음이 좋았던지 이렇게 대답했다는 것입니다. "Oh! God make me blind. Oh, God, thanks for making me blind." "하나님, 참으로 감사합니다.

저를 맹인 만들어주신 것 감사합니다. 화려한 세상을 보지 않고 하늘나라를 보고, 속된 것을 보지 않고 주님만 바라볼 수 있게 해주셔서 감사합니다." 그때부터 찬송이 터져 나왔습니다. 그렇게 해서 그분은 찬송가를 무려 4천 곡이나 만들었습니다. 그 가운데에서 세계적으로 가장 많이 불리는 찬송이 4백 곡이고, 우리나라 찬송가책에도 스물아홉 곡 정도가 들어 있습니다. '예수를 나의 구주 삼고', '인애하신 구세주여'를 수많은 찬송들이 다 크로스비 여사가 작사한 곡들입니다. 이분은 자신을 장님으로 만들어주신 것에 대해서까지도 감사했습니다. 여기서부터 출발하는 것입니다. 은혜란 은혜를 은혜로 아는 사람의 것입니다. 모든 것이 은혜요, 은혜 아닌 것이 없습니다.

사도 바울은 갈라디아 3장 3절에서 말씀합니다. "성령으로 시작했다가 육체로 마치겠느냐 은혜로 시작했다가 율법으로 마치겠느냐." 권면입니다. 고린도전서 15장 10절은 유명한 사도 바울의 간증입니다. "나의 나 된 것은 오직 은혜라." 은혜 아닌 것이 없습니다. 고린도후서 12장에서 사도 바울은 결정적인 말씀을 합니다. "육체의 가시, 곧 사단의 사자." 그는 아주 치명적인 질병을 가지고 있었습니다. 제가 연구한 바로는 간질병입니다. 한평생 간질병을 앓으면서 전도하러 다녔습니다. 그러다보니 자꾸 쓰러집니다. 하지만 바울은 이것을 은혜라고 믿었습니다. 이 병이 있어서 겸손하고, 주님만을 의지할 수 있기에 이 육체의 가시, 곧 자신의 약한 것까지 은혜로 수용하고 있습니다. "나의 나 된 것은 전적으로 은혜라." 그에게는 은혜 아닌 것이 없습니다. 그렇게 모든 것을 은혜로 알고, 오직 그 은혜에 보답할 양으로 겸손하게 그의 일생을 주께 바치는 것입니다.

이 얼마나 놀라운 역사입니까.

　빌리 그레이엄 목사님이 지금 94세입니다. 몸이 너무나 좋지 않습니다. 파킨슨병도 있고, 성한 곳이 없습니다. 제자들이 찾아왔다가 그 고생하는 모습을 보고 "우리가 목사님을 위해서 특별히 기도하겠습니다" 하고 말씀을 드렸더니 목사님이 하신 말씀입니다. "그렇게 하지 마. 자네들은 몰라. 내가 이 병 중에서 전에 못 듣던 하나님의 음성을 들어. 전에는 깨닫지 못했던 하나님의 진리를 깨달아. 전에는 느끼지 못했던 하나님의 깊은 사랑을 느끼고 있어. 절대로 그렇게 기도하지 마!" 왜 그렇습니까? 이것이 은혜니까요. 이 고통도 은혜니까요. 이 고통을 통하여 하나님께서는 나를 겸손하게 만드시고, 내 영혼을 깨끗하게 하시기 때문입니다. 하나님 앞에 더욱 가까이 가는 그 귀한 체험을 간증하면서 그는 모든 것이 은혜라는 것을, 은혜로 은혜 되게 하는 그 은혜의 깊은 간증을 하고 있는 것입니다. "은혜를 헛되이 받지 말라!" △

네가 낫고자 하느냐

  그 후에 유대인의 명절이 되어 예수께서 예루살렘에 올라가시니라 예루살렘에 있는 양문 곁에 히브리 말로 베데스다라 하는 못이 있는데 거기 행각 다섯이 있고 그 안에 많은 병자, 맹인, 다리 저는 사람, 혈기 마른 사람들이 누워 물의 움직임을 기다리니 이는 천사가 가끔 못에 내려와 물을 움직이게 하는데 움직인 후에 먼저 들어가는 자는 어떤 병에 걸렸든지 낫게 됨이러라 거기 서른여덟 해 된 병자가 있더라 예수께서 그 누운 것을 보시고 병이 벌써 오래된 줄 아시고 이르시되 네가 낫고자 하느냐 병자가 대답하되 주여 물이 움직일 때에 나를 못에 넣어 주는 사람이 없어 내가 가는 동안에 다른 사람이 먼저 내려가나이다 예수께서 이르시되 일어나 네 자리를 들고 걸어가라 하시니 그 사람이 곧 나아서 자리를 들고 걸어가니라 이 날은 안식일이니

(요한복음 5 : 1 - 9)

네가 낫고자 하느냐

　로즈메리 러셀(Rosemary Russell)이라고 하는 스물다섯 살 난 미모의 한 여인이 있었습니다. 그녀는 아이비리그 대학을 졸업한 수재이며, 그 나이에 벌써 연봉이 7만5천 불이나 되는 좋은 직장에도 다니고 있었습니다. 넓은 정원이 있는 집에서 살았고, 좋은 차를 몰고 뉴포트 해변을 누비고 다니는 여유를 즐기는 아가씨였습니다. 인간적으로 생각하면 아무것도 부러울 것이 없는 삶이었습니다. 한데 어느 봄날 그녀는 호텔에 투숙했고, 다음날 아침 시체로 발견됩니다. 자살이었습니다. 문제는 자살 자체가 아닙니다. 유서 한 장이 발견되었는데, 이것이 특별한 의미가 있어서 타임지에 소개되었고, 마침내 온 세계에 알려지게 되었습니다. 딱 한 줄, 짧은 유서였습니다. 'I'm so tired of clapping with one hand(나는 한 손으로 손뼉 치는 일에 너무 피곤해서 죽는다).' 한 손으로 손뼉을 치면 소리가 나지 않습니다. 고독했다는 뜻입니다. 그녀는 곁에 아무도 없이 혼자였습니다. 그게 너무나 힘들었던 것입니다. 그녀는 자기와 함께할 사람을 찾지 못했습니다. 그런가하면 자기가 해야 할 일도 찾지 못했습니다. 내가 꼭 도와야 되고, 내가 사랑해야 될 사람이 있는데, 발견하지 못했던 것입니다.

　어렵고, 가난하고, 병들고…… 고독이 그런 낮은 데에 있는 것 같지만, 실은 고독은 저 높은 위에 있습니다. 얼굴도 예쁘고, 몸매도 좋고, 지식도 있고, 학벌도 있고, 좋은 직장도 있고…… 그야말로 남들은 못 가진 것을 다 가졌습니다. 하지만 바로 그 절정에 절박한 고독이 있습니다. 이 점을 잊지 말아야 합니다. 이 사람이 왜 죽었을 것 같습니까? 가난할 때 사람은 고독합니다. 무식할 때도 고독합니다. 병들 때 뼈가 아플 만큼 고독합니다. 소외될 때 고독한 것 사실입니다. 그러나 모든 것을 가지면 고독하지 않느냐 하면 그렇지 않다는 것이 문제입니다. 실은 더 많이 고독합니다. 지식을 아무리 많이 가졌다고 해도 결국 허영뿐입니다. 실은 아는 게 없습니다. 그걸 스스로 잘 압니다. 그래서 다른 사람이 내가 얼마나 모르는 게 많은지, 그걸 알게 될까봐 걱정입니다. 재산을 아무리 많이 가졌어도 마찬가지입니다. 그에게는 다른 사람들이 모두 도둑놈으로 보인다고 합니다. 누가 자기한테 악수를 청해올 때도 '이놈이 내게서 또 얼마나 떼어먹으려고 왔나?' 하는 생각이 먼저 든답니다. 부부간에도 돈 많은 집에서는 이렇게 생각들을 한답니다. '저 남자가 얼마나 뒤로 돈을 많이 숨겨 가지고 있나?' '이 여자가 또 얼마나……' 돈이 많으면 부부 사이에도 사랑이 없기가 쉽습니다. 서로 의심하기 때문입니다. 이 사실을 알아야 됩니다. 돈 많은 집 자녀들은 또 어떨 것 같습니까? 유대 랍비의 교훈에 이런 말이 있습니다. '돈이 많으면 상속자는 있어도 아들은 없다.' 내 돈을 물려 줄 사람은 있지만, 진정한 의미에서 아버지와 어머니를 존경하는 자식은 없다는 것입니다. 여러분도 잘 아십니다. 대개 보면 부잣집 자녀들, 효자가 드뭅니다. 가난한 집, 거기에 효자가 있습니다.

언젠가 제가 미국 로스앤젤레스에서 일 관계로 만난 분이 있습니다. 장로님인데, 브라질에 이민을 간 분입니다. 아들 셋을 데리고 처음 이민을 가서 열심히 고생고생 하여 자식들을 미국으로 유학 보냈습니다. 그래 큰아들은 의사가 되고, 둘째아들은 변호사가 되었습니다. 그런데 일 년 내내 한 번도 소식이 없답니다. 셋째아들은 워낙 공부를 못해서 아버지와 같이 일을 했는데, 그 아들이 효자랍니다. 그 아들만 효자입니다. 잘난 놈들은 일 년에 전화 한 번도 하지 않습니다. 슬픈 사실입니다. 이 점을 알아야 됩니다. 자녀들 공부 열심히 시키려고 애쓰지만, 다 불효자 만든다고 생각하면 됩니다. 돈 많이 벌면 마지막에 다 망가집니다. 돈 많이 벌면 다 이혼합니다. 이 사실을 인정해야 합니다. 그래서 고독은 하위 층에만 있는 것이 아니라, 상위 층에도 있습니다.

지금 우리나라가 물질적으로는 살 만합니다. 6·25전쟁까지 겪었던 그 어렵고 힘든 시기에 했던 고생, 말로 다 표현할 수조차 없습니다. 하지만 그때는 자살하는 사람들이 많지 않았습니다. 다들 어떻게든 살아보려고 노력했습니다. 그런데 요새는 조금만 삐걱하면 잘못된 판단을 하고 맙니다. 어떻게 하면 좋겠습니까? 한 해 동안 무려 2만5천 명이나 자살을 한다고 합니다. 그것도 젊은이들이 자살을 많이 합니다. 군대에서만 해도 한 해에 백 명 이상이 자살을 한다고 합니다. 사흘에 한 명씩 자살하는 꼴입니다. 왜 이래야 합니까? 고독입니다. 고독은 아주 실존적인 문제입니다. 하나님을 만나기 전에는 고독에서 벗어날 수 없습니다. 신앙을 가지기 전에는 절대로 고독에서 벗어나지 못합니다. 그런가하면 문화적 고독도 있습니다. 세대차이가 심해서 말이 통하지 않습니다. 그래서 고독합니다. 이런 사회적인 고독이 점점 심해지고 있습니다.

지금은 돌아가시고 안 계신 목사님이 생전에 나이 90이 넘었을 때 제가 이렇게 여쭈어본 적이 있습니다. "목사님, 요즈음 어떻게 지내십니까?" 그러자 목사님 대답이 이랬습니다. "아, 이거 사는 재미가 없어. 전에는 친구들이 있고, 동기동창이 다 있어서 만나면 반갑고 그랬는데, 다 먼저들 가버려서 이제 나 하나 남았는데, 젊은 사람들한테 전화를 걸자니 싫어하는 것 같아서 눈치가 보여. 전화할 데가 없어. 전화 받을 일도 없고. 눈이 잘 안 보이니 책도 못 보겠고. 사는 게 이래……" 그래서 요즘에는 기도만 하고 있노라고, 기도가 가장 재미있다고, 그 행복이 최고라고 말씀하는 것이었습니다.

「From the Loneliness to Anomie」라고 하는 유명한 책을 써서 잘 알려진 새들러(William Sadler) 교수는 우주적 차원의 고독을 말합니다. 고독은 실존적인 것입니다. 절대 면할 수 없습니다. 여기서부터 생각하면 됩니다. '고독이란 있는 것이다. 아니, 반드시 있는 것이다. 누구에게나 있는 것이다.' 이렇게 생각해야 합니다. 고독의 이유를 다른 데 돌리지 말아야 합니다. 친구가 없으니까, 돈이 없으니까, 병들었으니까, 가난하니까…… 아닙니다. 사람은 본디 고독합니다. 이 고독의 실존을 이해하는 것이 고독으로부터 벗어나는 길입니다. 잊지 말아야 합니다.

로젠블라트(Roger Rosenblatt)가 쓴 「유쾌하게 나이 드는 법(Rules for Aging)」이라는 재미있는 책이 있습니다. 이 책에서 그는 '나이 들어가면서 어떻게 하면 잘 늙어갈 수 있을까?' 하는 문제에 대하여 우리에게 나름대로 조용한 교훈을 줍니다. 사랑받지 못한다고 고독합니까? 그렇다면 바다도 고독한 것입니다. 자식이 안 찾아온다고 고독합니까? 쓸데없는 생각입니다. 그런 생각 이제는 보류해야 합니다. 사랑받지 못하기 때문에 고독한 것이 아닙니다. 인간은 실존적으로 애초부터 고독한 존재입니다. 그런가하면 이제는 나이 들면서 절대로 남을 탓하지 말라고 합니다. 누구 때문에, 혹은 뭐 때문에…… 이렇게 원인을 나 말고 다른 데로 돌리지 말라는 것입니다. 그리고 더 재미있는 말을 합니다. '나이 30이 넘었으면 부모 탓하지 말라.' 모든 것은 내 탓입니다. 누구 원망할 것이 없습니다. 아무도 탓하지 않는 순간 절반은 고독에서 벗어날 수 있습니다. 누구를 탓하면서부터 문제가 됩니다. 지금 결혼하여 살면서 '내가 저것 때문에 불행하다'라고 생각합니까? 아닙니다. 다른 사람하고 결혼해도 마찬가지입니다. 남편 때문에, 아내 때문에, 자식 때문에…… 이렇게 후회합니까? '때문에'라는 말을 지워버려야 합니다. 고독은 실존적인 문제입니다. 피할 수 없습니다. 그렇기에 생각을 바꿔야 한다는 것입니다.

오늘본문에는 세상에서 가장 고독한 사람이 한 명 나옵니다. 예수님께서 그 사람을 만나주십니다. 무려 38년 동안이나 병석에 누워 있는 사람입니다. 20세에 병이 들었다면 지금 58세입니다. 그 좋은 세월을 병석에서 다 보냈습니다. 그리고 현재는 생활력이 없어서 구걸하며 연명을 하는 처지 아니겠습니까. 성경에는 나오지 않습니다마는, 정말 힘들고 어렵게 살아가는 처지임에는 틀림이 없는 것 같습니다. 인심 좋은 사람을 만나면 밥을 먹을 수 있지만, 못 만나면 굶어야 합니다. 그렇게 하루하루 죽지 못해 살아가는 사람입니다. 하지만 오늘본문에서 예수님께서는 이 사람을 만나주시고 이렇게 물으십니다. "네가 낫고자 원하느냐?" 그의 대답이 참 절절합니다. "물이 동할 때 저를 물에 넣어줄 사람이 없습니다." 헬라어로는 '안트로폰 우께쿠'입니다. 직역하면 'I have not a man!'입니다. '한 사람이 없습니다'라는 뜻입니다. 단 한 사람도 내게는 없다, 이것입니다. 사람이 없는 것이 아닙니다. 자기를 도와줄 한 사람이 없다는 것입니다. 둘도 아니고, 단 한 사람이 없는 것입니다. 그를 돕는 것, 대단히 어려운 일이 아닙니다. 그저 물이 움직일 때 들어가게만 해주면 되는 일입니다. 그런다고 꼭 낫는다는 보장이 있는 것도 아닙니다. 그렇게 믿지도 않는 것 같습니다. 그래도 단 한 번 남들보다 먼저 물에 들어가보고 싶은 것이 이 사람의 소원입니다. 바보 같은 소원이지요. 한데도 자신을 도와 물에 들어가게 해줄 그 한 사람이 없었습니다. 한 사람이면 충분한데, 그 한 사람이 없습니다. 38년 된 사람입니다. 깊은 고독에 빠져 있는 것입니다. 모든 사람이 다 떠났습니다. 모든 사람이 그를 버렸습니다. 아니, 스스로 보낸 것입니다. "나 때문에 여기 머물러 있지 마라. 나 때문에 네 생애를 망치지 마라. 어차피 나는 이리 살다 죽을 것이다. 다 가라." 그렇게 주변 사람들을 다 보냈을지도 모릅니다. 그리고 38년입니다. 청춘을 고스란히 다 보냈을 뿐만 아니라, 가족도 물리쳤습니다. 그리고 그냥 그렇게 남은 시간을 살아가고 있습니다.

뿐입니까. 이 사람은 몸만 병든 것이 아닙니다. 마음도 병들었습니다. 38년 동안이나 병상에 있다 보니 생각도 병들고, 의식도 병들었습니다. 고독하다보면 미신에 빠지기 쉽습니다. 요즘에는 가끔 정말 이상한 일이 있습니다. 텔레비전에서 이상한 미신놀음을 합니다. 도대체 사람들을 어디로 인도하는 것인지 참 안타깝습니다. 그렇지 않아도 지금 고독하고 어려운데, 이상한 것들을 자꾸 보여줍니다. '천기누설'이니 뭐니 해가면서 사람들을 미혹하는 것입니다. 오늘본문에도 그런 이야기가 나옵니다. 천사가 와서 목욕을 한다는 것입니다. 말도 안 되는 소리 아닙니까. 천사가 와서 목욕을 할 때 물이 동한다니, 이게 어디 말이 되는 소리입니까. 그저 온천지대니 더러 그렇게 물이 흔들릴 때가 있는 것 아니겠습니까. 하지만 사람들은 바람이 없는데도 물이 움직이니까 눈에 안 보이는 천사가 와서 목욕을 하고 있다고 생각하는 것입니다. 게다가 그때 맨 먼저 물에 들어가는 사람은 어떤 병이든지 다 낫는다고 믿습니다. 미신입니다. 하지만 이 사람은 지금 바로 그걸 간절히 소원합니다. 예수님께서 물으십니다. "네가 낫고자 하느냐?" 이때 예수님께서 바라시는 대답이 무엇이겠습니까? "네, 낫고자 합니다." 이런 대답 아니겠습니까. "제가 지금 38년 동안 누워 있지마는, 아직도 제가 소망을 버리지 않았습니다. 낫고자 합니다." 하지만 그는 이렇게 말합니다. "물이 동할 때 저를 넣어줄 사람이 없습니다." 그의 소원은 자기 병이 낫는 것이 아니라, 물이 동할 때 거기에 한 번이라도 맨 먼저 들어가보면 좋겠다는 것입니다. 그뿐입니다. 지극히 미신적인 소원입니다. 몸뿐만이 아니라 의식까지 병든 것입니다.

　그런데 예수님께서 절기에 오셨다가 많은 사람들 가운데에서 이 사람을 만나셨습니다. 이 가장 고독한 사람, 아마도 예루살렘 가운데 가장 고독할 사람, 이 가장 불쌍한 사람, 38년 된 환자를 만나주신 것입니다. 성경의 문맥을 주의 깊게 살펴보면 예수님께서는 그를 혼자 찾아가서 만나주셨습니다. 이 사람이 예수님께로 올 수가 없으니까 예수님께서 몸소 그를 찾아가신 것입니다. 그리고 물으셨습니다. "네가 낫고자 하느냐? 아직도 낫고자 하느냐? 아직도 소망을 버리지 않았느냐?" 이 얼마나 중요한 말씀입니까. 38년, 아니 100년이 되더라도 환자한테는 낫고자 하는 마음이 있습니다. 그러니 "예, 낫고자 합니다" 했으면 좋겠는데, 그는 엉뚱한 답을 합니다. "물이 동하거든 저 좀 거들어서 물에 들어가게 해주십시오." 하지만 예수님께서는 그의 말은 들은 척도 하지 않으십니다. 그렇다고 "너는 몸이 병들더니 정신도 병들었구나. 정신 차려라. 아직도 이런 미신에 매여 있다니, 너 생각이 글러먹었구나!" 하고 꾸짖지도 않으셨습니다. 어차피 몸이 병들면 정신도 병들기 때문에 병자는 다 같이 병자입니다. 그런고로 예수님께서는 개의치 않으시고 딱 한 마디를 하십니다. "일어나 네 자리를 들고 걸어가라." 건강한 사람한테 말씀하시는 것 같습니다. 38년 동안 그러고 있는 사람한테 다짜고짜 일어나라니, 이게 어디 말이나 되는 소리입니까. 예수님께서는 이 사람에게 도대체 어떤 것을 원하시는 것입니까? 38년 동안이나 누워 있는 사람이니 누가 일어나라고 하면 그가 뭐라고 하겠습니까? "이거 사람 무시하는 거야? 웃기네. 내가 38년을 누워 있은 사람이야. 누구더러 일어나라 마라 해?" 이렇게 나오지 않겠습니까. 그러나 예수님께서는 말씀하십니다. "일어나라! 자리를 들고 일어나라!" 아마도 그 순간 예수님께서는 그가 "예!" 하고 벌떡 일어나기를 기대하지 않으셨을까요. 두 말 않고 벌떡 일어나는 응답 말입니다. 이 사람, 일어났습니다. 굉장한 믿음입니다. 말씀은 능력입니다. 말씀에 대한 아주 직선적인 순종입니다. 절대적 순종입니다. "일어나라!" 하시니 벌떡 일어났습니다. 행동입니다. 그 오랜 세월 동안 한 번도 일어나본 적이 없는 사람을 흡사 건강한 사람 대하듯 하신 것입니다. "일어나라!"

아무리 오래 누워 있었다고 하더라도 상관없습니다. 내가 어떤 미신에 매여 있고, 어떤 잘못된 생각에 사로잡혀 있다하더라도 다 잊어버리십시오. 오늘 주시는 말씀에만 순종하면 됩니다. "일어나라! 일어나라!" 조용히 말씀하십니다. "옛 생각에서 떠나라. 낫고자 하느냐? 일어나라! 지금 이 처지에서 일어나라!" 아주 단순한 말씀입니다. 소망을 버리지 말아야 합니다. 주님을 향한 소망, 우리가 가야 할 하나님 나라, 우리를 맞아주실 주님을 생각하고, 그 그리스도를 바라볼 때에만 소망이 있습니다. 그 밖의 어떤 것으로도 고독을 위로할 수 없습니다. 누구의 근심도, 누구의 마음도 해결할 길이 없습니다. 오늘 주님의 말씀에 귀를 기울이시기 바랍니다. "네가 낫고자 하느냐? 일어나라." △

구속을 기다리는 자

생각하건대 현재의 고난은 장차 우리에게 나타날 영광과 비교할 수 없도다 피조물이 고대하는 바는 하나님의 아들들이 나타나는 것이니 피조물이 허무한 데 굴복하는 것은 자기 뜻이 아니요 오직 굴복하게 하시는 이로 말미암음이라 그 바라는 것은 피조물도 썩어짐의 종 노릇 한 데서 해방되어 하나님의 자녀들의 영광의 자유에 이르는 것이니라 피조물이 다 이제까지 함께 탄식하며 함께 고통을 겪고 있는 것을 우리가 아느니라 그뿐 아니라 또한 우리 곧 성령의 처음 익은 열매를 받은 우리까지도 속으로 탄식하여 양자 될 것 곧 우리 몸의 속량을 기다리느니라 우리가 소망으로 구원을 얻었으매 보이는 소망이 소망이 아니니 보는 것을 누가 바라리요 만일 우리가 보지 못하는 것을 바라면 참음으로 기다릴지니라

(로마서 8 : 18 - 25)

구속을 기다리는 자

제가 몇 해 전 평양에 갔을 때 고려호텔에서 한국의 그 유명한 옥수수 박사님을 만났습니다. 생산성 높은 개량 옥수수를 만들어 그 종자를 가지고 연구를 많이 하였고 큰 성과를 거둔 분입니다. 그분이 평양에 초청을 받은 것입니다. 그분은 지금까지 그 좋은 옥수수 종자를 북한에 퍼트려 식량문제 해결에 도움을 주려고 헌신적으로 노력해왔습니다. 제가 물었습니다. "일 잘 되어갑니까?" 그런데 그분 대답이 이랬습니다. "아닙니다. 좋은 종자들을 많이 가져다가 여기저기 뿌려놨더니 잘 자라서 잎도 튼실하게 나오고 줄기도 충실하게 잘 여물어서 처음에는 성공했다고 다함께 기뻐했습니다. 한데 웬일입니까? 이삭이 나오지를 않습니다." 옥수수가 대만 자라고 이삭이 안 나오더라는 것입니다. 이분이 장로님인데, 이 이야기를 하면서 눈물을 흘렸습니다. 땅기운이 충분하지 않다는 것입니다. 그래 그분이 이번에는 사방으로 다니면서 북한에 비료 보내는 운동을 합니다. 지금 이대로는 아무리 좋은 종자라도 그 쓸모없는 박토에서 옥수수가 열매를 맺을 수 없다는 것입니다. 그래 그렇듯 애절하게 여기저기 호소를 하고 다니는 것입니다.

사람이 타락하면 정신도 타락하고, 몸도 병들고, 인간관계도 다 잘못되고, 마지막에는 자연도 심판을 받습니다. 이 사실을 알아야 합니다. 여러분 가정에서 흔히들 화초를 키우지 않습니까. 더러는 잘 자라지만, 또 더러는 잘 시들기도 합니다. 물을 안 줘서 시든 것이 아닙니다. 부부싸움을 해서 시드는 것입니다. 여러분의 마음이 깨끗하고 정결해야 그 좋은 기운을 받아서 화초도 잘 자랍니다. 사악하고 우울한 마음은 화초에게 해를 끼칩니다. 얼마 못 가 시들어 죽는 것입니다. 이것은 엄연한 사실입니다. 그런고로 우리는 생각해야 합니다. 하나님께서 우리에게 주시는 복도 마찬가지입니다. 우리의 영육이 깨끗해야 그 복이 복 됩니다. 자연도 그렇습니다. 하나님께서 말씀하십니다. "너의 땅을 내가 구속하리라. 땅을 구속하리라." 이 얼마나 귀중한 의미가 있는 말씀입니까.

오늘본문에 나오는 이 '속량'이라는 말이 예전 성경에서는 '구속'이었습니다. 서로 비슷한 말이기는 한데, 이 두 단어 사이에는 엄연한 차이가 있습니다. '속량'은 '구원'과 관련이 깊습니다. '구원'은 히브리어로 '소테리아'이고, 이와 비슷한 말인 '구속'은 '아폴룻테로옷신'입니다. 이 '구원'은 말하자면 대가를 치르고 이루어지는 완전한 구원을 뜻합니다. 막연한 구원이 아닙니다. 대가를 치름으로써 확실하게 받는 구원입니다. 이렇듯 대가를 이미 치른 구원을 '속량'이라고 하는 것입니다. 사람은 영이 구원을 받아야 합니다. 정신이 구원을 받아야 합니다. 가치관이 구원을 받아야 합니다. 그리고 몸도 구원을 받아야 합니다. 그래야 몸이 건강해집니다. 여기에 아주 중요한 의미가 있습니다.

제가 책에서 이런 놀라운 이야기를 읽었습니다. 사람 몸의 건강은 그 85퍼센트를 정신이 차지하고 있다고 합니다. 뿐만이 아니라, 우리가 흔히 '병든다'고 말하는데, 이 가운데 80퍼센트는 스스로 만들어내는 병이라는 이야기입니다. 건강하게 살자고 잘 먹고 약도 쓰고 하면서 온갖 몸부림을 치지만, 다른 한쪽으로는 자기 건강을 스스로 해치고 있다는 말입니다. 스스로 자기 건강을 해치고, 스스로 자기 병을 만들고 있다는 것입니다. 이것은 사실이니까 듣기 싫어도 받아들이면 좋겠습니다. 많은 사람들이 암 때문에 고생을 합니다. 병원에서 한번 암이라고 판정하면 그저 꼼짝을 못합니다. 내과의사가 암을 진단할 때 환자한테 흔히 물어보는 말이 있습니다. "3년 전에 무슨 일이 있었습니까?" 3년 전에 어려운 일이 있었고, 정신적으로 잠을 못자고 괴로워한 일이 있었습니다. 3년 전에 크게 얻어맞은 후유증으로 지금 암이 발병하는 것입니다. 인정해야 합니다. 그러니까 정신과 영의 건강을 잘 지키고, 항상 하나님을 찬양하고, 늘 아름다운 인간관계를 맺어나갈 때 비로소 자연환경도 구원을 받는 것입니다. 땅이 옥토가 됩니다. 이 사실을 잊지 말아야 합니다. 그래서 피조물에 고대하는 바는 온전한 구원입니다. 우주적 구원, 영적 구원, 대자연적으로, 곧 환경적으로…… 그런 구원을 생각하게 됩니다.

　예수님께서 환자들을 보실 때 이런 말씀을 하시지 않습니까. "네 믿음이 너를 구원했으니 평안히 가라!" 여기서 구원은 건강입니다. "네가 병들었는데, 영이 병들고 몸도 병들었는데, 내가 네 죄를 사하노라. 오늘 네 영이 건강하고, 동시에 네 몸도 건강할지어다." 그런고로 온전한 구원에 얼마나 구체적인 의미가 있는가를 다시 생각해야 됩니다. 오늘본문은 구원의 엄청난 값을 치르고, 곧 십자가의 값을 치르고 이미 완성된 구원을 선포하고 있습니다. 이 구원은 약속입니다. 미래지향적입니다. 하나님의 시간이 있고, 우리의 시간이 있습니다. 하나님의 시간을 '카이로스'라고 하고, 우리의 시간을 '크로노스'라고 합니다. 카이로스, 곧 하나님의 그 큰 경륜 속에 있는 것을 우리가 우리의 현실 속, 시간 속에 받아들이는 것입니다. 바로 여기에 온전한 구원이 있습니다. 구원은 하나님의 약속입니다. 성취는 우리 현실생활 속에서 이루어지는 것입니다. 약속을 믿고, 하나님을 믿고, 그 약속의 성취를 믿어가는 가운데 구원은 오늘 우리의 현실 속에서 구현된다는 사실을 잊지 말아야 합니다.

그러므로 이 언약의 신앙, 곧 하나님의 약속과 구원에 대한 믿음을 가져야 됩니다. 하나님의 경륜 속에 큰 계획이 있습니다. 그래 모든 상황을 통해서 구원이 이루어집니다. 동시에 내게 그 구원을 받아들일 수 있는 성숙함이 있어야 됩니다. 그런고로 그 하나님의 약속을 성취하기 위한 프로세스가 있는 것입니다. 그 과정 속에 내가 있습니다. 내가 그 과정 속에서 지금 어느 지점에 와 있는가를 생각해보십시다. 구원의 약속에 대한 기다림이 있어야 됩니다. 여러분의 기다림은 지금 어디까지 와 있습니까? 사도 바울은 말씀합니다. "구원이 믿을 때마다 가까웠다." 여러분도 가까웠습니다. 세상은 멀어지고, 하늘나라는 가까웠습니다. 주님을 만날 시간이 가까워오고 있습니다. 온전한 구원이 다가오고 있습니다. 현시점을 생각하며 다시 믿음을 확정해야 합니다. 그럼 믿음의 반대는 무엇입니까? 물론 불신앙이지요. 하나님의 존재도 믿지 않고, 하나님의 능력도 믿지 않고, 하나님의 사랑도 믿지 않는 것도 불신앙이지만, 또 하나의 불신앙이 있으니, 그것은 초조함입니다. 하나님께서 하시는 일이 못마땅한 것입니다. 하나님께서 정하신 커리큘럼이 내 마음에 안 드는 것입니다. 여러분, 많은 세월을 살면서 이제는 좀 깨달았습니까? 내 생각은 잘못되었고, 하나님의 생각은 언제나 옳았습니다. 하나님께서 하시는 일은 완전합니다. 하지만 나는 미련해서 공연히 쓸데없이 좌절하고 화내고 절망합니다.

우리가 많은 고난을 겪고 살면서 늘 죽느니 사느니 그랬는데, 이제 보니 그 얼마나 어리석은 일입니까. 「고난의 학교」라는 책에 이런 말이 있습니다. '첫째, 견디지 않으면 안 된다.' 고난은 불가피하다는 생각으로 사는 사람들이 있습니다. 인생무상이라는 것이지요. '둘째, 사람은 참고 견딜 것이다.' 이 고난은 내가 넉넉히 견딜 수 있다는 소망으로 사는 사람들이 있는 것입니다. '셋째, 반드시 이 고난을 통해서 약속을 받을 것이다.' 약속에 대한 기다림의 신앙이 있는 것입니다. 한 걸음 더 나아가 '나는 이 고난을 겪을 필요가 있다'고 생각해야 합니다. 이것은 현실적 구원입니다. '이 고난이 내게 꼭 유익하다. 벌써 유익하다.' 이 사실을 이미 알고 있는 사람이 있습니다. 그런고로 고난을 오히려 기뻐하는 것입니다. 이 고난을 통해서 이루어지는 유익함이 너무나 크다는 사실을 잘 알고 있기 때문에 기다릴 수 있는 것입니다. 죽지 못해 사는 것이 아닙니다. 더 큰 영광과 행복, 그리고 저 복된 시간을 바라보며 사는 것입니다.

오늘본문에는 너무나 유명한 말씀이 있습니다. "생각하건대 현재의 고난은 장차 우리에게 나타날 영광과 비교할 수 없도다(18절)." 이와 관련한 유명한 일화가 있습니다. 종교개혁자인 존 칼뱅 목사님은 세상을 떠나는 순간 바로 이 성경구절을 암송했습니다. "현재의 고난은 장차 우리에게 나타날 영광과 족히 비교할 수 없도다." 칼뱅 목사님은 이 말씀을 무려 스물일곱 번이나 암송했다고 합니다. 그렇게 마지막까지 이 말씀을 암송하다가 세상을 떠났습니다. 지금 우리가 겪는 고난은 장차 우리에게 나타날 영광과 족히 비교할 수 없습니다. 이렇게 칼뱅은 앞을 훤히 바라보며 그토록 오랫동안 기다리던 약속의 세계를 향하여 들어가는 축복을 누렸다는 것입니다. 이것이 구원입니다.
　그래서 초조함은 금물입니다. 하나님의 커리큘럼에 불만을 품지 말아야 합니다. 초조할 것 없습니다. 우리 한국 사람들은 성급한 '빨리빨리 문화'로 유명합니다. 저는 오래 전 군대에서 미군들하고 같이 있었습니다. 그들 사이에 이 '빨리빨리'라는 말이 조금 와전되어서 아마 '허바허바'라는 말로 들렸던 모양입니다. 그래 뭐든지 '허바허바'라고 하는 것입니다. 한국 사람들이 재미있어하고 좋아하니까 그들이 늘 이 말을 입에 달고 사는 것을 제가 보았습니다. 이 문제에 관한 재미있는 책이 한 권 있습니다. '빨리빨리 문화'에 대해서 연구한 내용인데, 그 문화에 젖어 있는 사람의 베스트10을 뽑아놓았습니다. 그 가운데 맨 마지막 열 번째가 편의점에서 음료수를 마신 다음에야 돈을 내는 사람입니다. 돈을 먼저 내고 마셔야 할 텐데, 우선 마셔놓고 나중에 돈을 내는 사람입니다. 얼마나 바쁩니까. 그 가운데 또 하나는 화장실에 가서 일을 보면서 동시에 이를 닦는 사람입니다. 또 자판기에서 커피를 뺄 때 커피가 다 나오기도 전에 종이컵에 손을 대고 있는 사람입니다. 3분이면 되는 라면을 끓이지도 않고 생으로 먹는 사람도 있습니다.
　조급합니다. 너무 조급히 행동하고, 조급히 판단하고, 조급히 결정하고, 조급히 끝냅니다. 절망까지도 조급하게 합니다. 우리는 너무 조급합니다. 잊지 마십시다. 조급함은 불신앙입니다. 그리고 낙심하는 것도 완전히 신앙을 저버리는 일입니다. 신앙은 기다림입니다. 느긋한 마음으로, 사랑하는 마음으로, 기다리는 마음으로, 행복한 마음으로 기다리는 것입니다. 구원은 추상적인 것이 아닙니다. 정신세계에서 이루어지는 일이 아닙니다. 구체적입니다. 이 점을 잊지 말아야 합니다. 우리가 사도신경을 외울 때 맨 마지막에 가서 '부활을 믿습니다'라고 고백합니다. 정신적으로 이루어지는 구원이 아닙니다. '다 생각하기 나름이지.' 이런 정도의 신앙으로는 안 됩니다. 부활은 현실입니다. 확실해야 합니다. 구원의 구체성과 현실성을 믿고 나아가야 합니다. 이것이 바로 몸의 부활이요, 우주적 부활입니다.

오늘본문은 말씀합니다. "만물이 탄식하며 그 구원의 날을 기다리고 있다." 이 얼마나 확실한 말씀입니까. 구약성경에는 수많은 이야기들이 나옵니다. 아브라함은 하나님의 약속을 받았습니다. 분명히 약속을 받았는데도 그는 그 뒤로 25년을 살아가면서 그 약속에 대한 믿음이 흔들립니다. 그래 약속의 땅을 버리고 애굽으로 가기도 하고, 자식을 주신다는 말씀을 믿고도 그만 잘못해서 이스마엘을 얻기도 하지 않습니까. 25년을 살아가는 가운데 지친 것입니다. 모세는 광야에서 이스라엘을 인도하는 40년 동안 참 초조했습니다. 조금이라도 더 빨리 가고 싶었습니다. 그러나 하나님의 경륜은 그렇지 않았습니다. 우리는 성경을 통해 40년을 기다리다가 지쳐가는 모세를 볼 수 있습니다. 노아는 또 어떻습니까. 그는 약속을 받고 무려 120년 동안이나 방주를 준비합니다. 이스라엘 백성들은 바벨론의 포로가 되어 70년을 기다립니다. 그러고 나서야 이스라엘로 돌아올 수 있게 됩니다.

이런 말을 하는 분들이 있습니다. "이스라엘 백성들은 70년이 지나서야 나라가 회복되어 바벨론 포로에서 돌아오게 되었는데, 우리도 해방 뒤 70년 쯤에는 통일이 되지 않을까?" 하지만 이 정도는 메시아를 기다리는 사람들한테는 아무 것도 아닙니다. 그들은 무려

2천 년, 3천 년을 기다려야 됩니다. 끝까지 기다려야 됩니다. 이것이 몸의 속량입니다. 그래서 그리스도의 나타나심을 기다리고, 온 우주가 구원받는 날을 기다리는 것입니다. 온유한 마음과 겸손한 마음으로 인내하고, 약속의 세계를 환영하는 마음으로 그날이 가까이 오는 것을 환희 속에 기다려야 합니다. 몸의 속량을 기다리는 것입니다.

신앙은 곧 기다림입니다. 온유하고 겸손하게 기다리는 것입니다. 아무도 원망하지 말고 기다려야 합니다. 여러분 혹 불행한 때가 있었습니까? 그때가 있어서 오늘이 있는 것입니다. 어려운 고난의 시간이 있었습니까? 그때가 있어서 바로 오늘이 있는 것입니다. 옛날에 저는 북한의 강제노동수용소에서 8개월 동안 고생했습니다. 엄청난 고생입니다. 그야말로 인간지옥입니다. 하지만 이제와 가만히 생각해보면 그것은 최고의 축복이었습니다. 그날이 있어서 오늘의 제가 있는 것이기 때문입니다.

지난날을 돌이켜보면 수없이 많은 어려운 일들이 있었습니다. 그래서 제가 오늘 여기에 있는 것입니다. 그러니 오늘이 있어서 내일이 있다는 생각도 해야 합니다. 그저 하나님께 감사하면서 온유하고 겸손한 마음으로 느긋하게 기다려야 합니다. 하지만 이 기다림은 단순한 현실의 연장이 아닙니다. 현실의 최선도 아닙니다. 내가 가진 가능성의 시련도 아닙니다. 어리석고 미련한 나의 꿈을 이룬다는 이야기도 아닙니다. 하나님의 약속에 근거한 일입니다. 하나님께서 말씀하신 것입니다. 그리스도를 통해서 말씀하신 바 그 약속을 오늘 우리가 기다리는 것입니다. 우리를 구속하셨습니다. 그리고 속량, 곧 이미 값을 치렀습니다. 확실합니다. 우리는 그저 몸의 구속을 찬송하며 기다릴 뿐입니다.

로마서 8장 11절에 이런 말씀이 있습니다. "예수를 죽은 자 가운데서 살리신 이의 영이 너희 안에 거하시면 그리스도 예수를 죽은 자 가운데서 살리신 이가 너희 안에 거하시는 그의 영으로 말미암아 너희 죽을 몸도 살리시리라." 이 신앙의 뿌리는 예수님의 부활에 있습니다. 이 부활신앙의 현실성을 오늘도 확실히 믿고 그 약속을 기다리는 자의 행복이 우리 가운데 늘 함께하기를 바랍니다. △

가난한 자가 없으리라

네가 만일 네 하나님 여호와의 말씀만 듣고 내가 오늘 네게 내리는 그 명령을 다 지켜 행하면 네 하나님 여호와께서 네게 기업으로 주신 땅에서 네가 반드시 복을 받으리니 너희 중에 가난한 자가 없으리라 네 하나님 여호와께서 네게 허락하신 대로 네게 복을 주시리니 네가 여러 나라에 꾸어 줄지라도 너는 꾸지 아니하겠고 네가 여러 나라를 통치할지라도 너는 통치를 당하지 아니하리라 네 하나님 여호와께서 네게 주신 땅 어느 성읍에서든지 가난한 형제가 너와 함께 거주하거든 그 가난한 형제에게 네 마음을 완악하게 하지 말며 네 손을 움켜 쥐지 말고 반드시 네 손을 그에게 펴서 그에게 필요한 대로 쓸 것을 넉넉히 꾸어 주라 삼가 너는 마음에 악한 생각을 품지 말라 곧 이르기를 일곱째 해 면제년이 가까이 왔다 하고 네 궁핍한 형제를 악한 눈으로 바라보며 아무것도 주지 아니하면 그가 너를 여호와께 호소하리니 그것이 네게 죄가 되리라 너는 반드시 그에게 줄 것이요, 줄 때에는 아끼는 마음을 품지 말 것이니라 이로 말미암아 네 하나님 여호와께서 네가 하는 모든 일과 네 손이 닿는 모든 일에 네게 복을 주시리라 땅에는 언제든지 가난한 자가 그치지 아니하겠으므로 내가 네게 명령하여 이르노니 너는 반드시 네 땅 안에 네 형제 중 곤란한 자가 궁핍한 자에게 네 손을 펼지니라

(신명기 15 : 4 - 11)

가난한 자가 없으리라

어느 큰 공업도시의 열악한 빈민가에서 후생사업국 공무원으로 일하는 한 여자가 있었습니다. 그녀는 일을 하면서 늘 마음에 걸리는 문제가 하나 있었습니다. 열두 살 난 한 소년이 있었는데, 소아마비로 걷지를 못합니다. 형편도 어려운데다가 후생국이 마련한 시설에서 외로이 살고 몸도 불편하니 얼마나 힘들겠습니까. 하지만 이 소년은 항상 밝은 얼굴로 명랑하게 지내며 똑똑하기까지 합니다. 그래 이 후생국 여직원은 그 소년이 하도 불쌍하여 의사한테 도움을 청합니다. 소년의 다리를 어떻게든 수술하여 걸을 수 있도록 해줄 수 없겠느냐고요. 물론 수술비는 없습니다. 의사도 그 아이를 만나보고 감동하여 무료로 수술을 해주기로 합니다. 그 결과 소년은 걸을 수 있게 되었습니다. 이제는 더 이상 지팡이를 짚고 다닐 필요가 없어졌습니다. 소년은 너무나 기쁘고 행복했습니다. 그 일을 주선한 여직원도 행복했고, 무료로 수술을 해준 의사도 참 보람 있는 일을 했다며 기뻐했습니다. 의사가 소년에게 물었습니다. "앞으로 노력하면 더 잘 걷게 될 텐데, 그럼 무엇을 하고 싶으냐?" 소년이 대답합니다. "열심히 공부해서 선생님처럼 의사가 되고 싶습니다." "좋은 일이다. 꼭 그렇게 되기를 바란다." 그들은 그렇게 헤어졌고, 그 뒤로 20년의 세월이 흘렀습니다. 어느 날 공교롭게도 그때 수술을 주선했던 여직원이 길에서 우연히 그 의사를 다시 만났습니다. 그래 서로 반갑게 인사를 나누다가 의사가 그 소년의 근황을 물었습니다. 소년이 뜻하던 대로 의사가 되었는지 궁금했습니다. "그 아이 이름이 히

리안이라고 했던가요?" "네, 맞습니다. 그런데 그 아이는 지금 교도소에 있습니다. 사람을 살해하여 형을 살고 있는 중입니다." 그리고 여직원은 이렇게 덧붙였습니다. "우리는 그 아이에게 걷는 법은 가르쳐주었지만, 정작 어디에 가야 할지, 그 방향은 가르쳐주지 못했습니다. 그 아이가 꼭 해야만 할 일을 가르쳐주지 못한 것입니다. 무엇을 위해서 살아야 할지, 그걸 가르쳐주지 못했습니다. 저는 그때 단 한 번이라도 그 아이를 데리고 교회에 나갔으면 좋았을 것을, 하고 지금 후회하고 있습니다."

마태복음 19장에서 예수님께서는 특별한 사람을 만나 특별한 교훈을 주십니다. 그는 젊은 율법사고, 돈 많은 부자기도 합니다. 그가 예수님께 찾아와 질문합니다. 심각한 질문입니다. 다른 사람들처럼 병을 고쳐달라는 것도 아니고, 굶주렸으니 먹을 것을 달라는 것도 아니고, 헐벗었으니 입을 것을 달라는 것도 아닙니다. 이 사람의 요청은 아주 고상합니다. "제가 어떻게 하면 영생을 얻겠습니까?" 이에 예수님께서는 매우 어려운 조건을 내놓으십니다. "네게 있는 것을 다 팔아 가난한 자에게 주라. 그리고 와서 나를 따르라. 그러면 영생을 얻을 것이다." 이 율법사는 예수님의 말씀을 듣고 근심하며 돌아갔습니다. 자기 돈을 다 내놓아야 된다는데, 그러기는 아깝고, 하면서도 영생은 얻고 싶고…… 이 갈등을 이겨내지 못하고 그냥 돌아갑니다. 많은 사람들이 질문합니다. "정말 그렇게 자기 재산을 다 팔아서 가난한 자에게 주어야 영생을 얻을 수 있습니까?" 여러분은 어떠십니까? 여기에는 아주 고도의 심리학적인 문제가 있습니다. 이 젊은 율법사는 지금 영생을 바라고 있습니다. 여기서 '영생'을 조금 쉽게 '마음의 평안'이라고 생각해봅시다. 그러니까 그가 이렇게 여쭈었다고 가정해보자는 것입니다. "제가 마음의 평안을 어떻게 하면 얻겠습니까?" 이 질문에 예수님께서는 과연 어떤 말씀을 해 주셨을까요? "네가 지금 부자가 아니냐? 젊은 율법사가 아니냐? 우리 앞에 이렇게 가난한 자들이 많다. 여기 가도 거지가 있고, 저기 가도 불쌍한 사람이 많다. 네 눈앞에 가난한 사람이 이렇게 많은 것을 눈으로 보면서는 네가 절대로 마음의 평안을 얻을 수 없다." 이런 말씀 아니겠습니까. 그래서 예수님께서는 "가진 것을 다 팔아 가난한 사람들에게 나누어주고 나를 따르라" 하고 말씀하신 것이다, 하는 것이 바로 심리학적인 해석입니다.

우리는 평안을 원합니다. 그러나 우리 앞에는 가난한 사람들이 많이 있습니다. 여기에도 있고, 저기에도 있습니다. 가끔 제가 서울역에 기차를 타러 갈 때 한 겨울 지하도에서 노숙자들을 볼 때가 있습니다. 따뜻한 방 안에 있으면서도 춥다고들 하는데, 그 노숙자들은 얼어붙을 듯이 추운 날씨에 난방시설도 없는 그 한데서 누워 있는 것입니다. 그 모습을 보고 나면 적어도 몇 시간 동안은 마음이 편치가 않습니다. 이유야 어쨌든 그 추위에 그런 데에서 밤을 지낸다니, 어떻게 그럴 수가 있습니까. 깊이 생각해야 됩니다. 문자 그대로 생각해봅시다. 이것이 복음입니다. 성경은 이렇게 말씀합니다. "너희 중에 가난한 자가 없으리라." 아멘! 정말 가난한 자가 없어야 합니다. 내가 부하고 가난하고의 여부는 중요하지 않습니다. 내가 얼마나 좋은 집에 사느냐, 얼마나 좋은 음식을 먹느냐는 중요하지 않습니다. 우리 앞에, 우리 주변에 가난한 사람들이 없어야 그곳이 낙원입니다. 그것이 행복입니다. 가난한 사람이 있는 한 절대로 우리는 행복할 수 없습니다. 단잠을 잘 수 없습니다. 우리가 아무리 찬송을 불러도 우리 마음에 그림자가 있고, 우리가 아무리 기도를 해도 우리 마음이 편치가 않습니다. 특별히 우리는 북한을 생각하고 있지 않습니까. 북한의 그 어려움, 상상할 수 없는 그 고통을 마음에 그릴 때마다 우리는 도저히 평안할 수 없습니다. 단잠을 잘 수 없습니다. 그래서 이 성경말씀이 더욱더 절절하게 우리 마음에 다가옵니다. "너희 중에 가난한 자가 없으리라." 부하다고 다 복이 아닙니다. 절대로 나 하나 잘 먹었다고 복이 될 수는 없습니다. 우리 주변에, 우리 사회에 가난한 사람이 없어야 진짜 복 아니겠습니까.

요사이 우리가 '복지(Welfare)'라는 말을 많이 듣습니다. 이 복지는 어떻게 이루어지는 것입니까? 크게 세 가지를 생각합니다. 하나가 우리가 잘 아는 바와 같이 사회주의적 방법입니다. 혁명을 통해서, 권력을 통해서 부자의 것을 빼앗아서 가난한 자에게 주는 것입니다. 강제로 빼앗는 혁명입니다. 공산주의 이론입니다. 강한 자의 것을 빼앗아서 약한 자에게, 부한 자의 것을 강권으로 빼앗아서 가난한 자에게 분배하는 것입니다. 그러면 되겠습니까? 제가 젊었을 때 북한에서 토지개혁 하는 것을 보았습니다. 아무리 조그마한 동리에라도 기와집이 몇 채는 꼭 있습니다. 그때 보니까 부잣집의 그 좋은 기와집에 가난한 사람들이 들어가서 그 큰 집을 자기들 멋대로 여러 칸으로 나누어 함께 살았습니다. 그러다 보니 머지않아 집이 돼지우리처럼 엉망이 되더라고요. 정말이지 꼭 이렇게까지 해야 되나 싶었습니다. 사회주의적인 분배라고 하는 것, 정말 올바른 방법입니까? 그렇게 하면 정말 가난한 사람이 없어집니까? 역사가 증명하듯 오히려 더 가난해지고 말았지 않습니까. 바른 해결책이 아니었던 것입니다. 그런가하면 자본주의적 발상도 있습니다. 우리가 흔히 말하는 '복지제도'라는 것입니다. 세금과 제도를 통해서 분배하는 것입니다. 제도를 잘 만들어서 구조적인 문제를 해결하는 것입니다. 얼마 이상을 가지면 얼마를 내놔야 되고, 얼마 이상을 가지면 얼마를 분배해야 하고…… 이런 식의 복지제도를 만들어가지고 문제를 해결해보자는 시도입니다. 이것이 아마 대부분 정치하는 사람들의 이상인 모양인데, 여러분이 다 아시는 대로 잘 안 되고 있지 않습니까. 복지를 하니까 외려 더 망가지고 있습니다. 복지국가라고 하는 유럽을 보십시오. 아주 망가져 있습니다. 일을 안 합니다. 인간성이 망가지고, 사회가 망가집니다.

그럼 어떻게 하면 좋겠습니까? 우리 기독교의 발상으로는 많이 가진 사람들이 자기 소유를 스스로 나누어주는 것입니다. 많이 가진 사람들이 마음을 열어서 다함께 잘 살도록 하는 것입니다. 자원하는 마음, 그 선한 마음을 통해서 이루어지는 복지가 이상적인 복지라고 생각합니다. 하지만 이 역시 쉽지는 않습니다. 가난한 사람이 없는 사회, 그런 이상적인 사회를 만들기 위해 역사는 수없이 시행착오를 반복했고, 온 힘을 다 기울여왔지만, 현실은 그렇지 않았습니다. 그렇게 되기가 어렵습니다. 성경은 이 문제에 대해서 오늘 해답을 줍니다. "여호와의 말씀만 듣고 그 명령을 지켜라. 그리하면 너희 사회에 가난한 자가 없으리라." 요점인즉, 우리가 가난한 사람을 돌보고, 가난한 사람을 위하여 수고하고, 이렇게 저렇게 해서 복지를 이루는 것이 아니고, 하나님의 말씀만 듣고, 하나님 앞에 모든 사람이 바로 서게 되면 그 결과로 이 사회에는 가난한 사람이 없게 된다는 말씀입니다.

장 바니에의 「인간되기」라는 유명한 저서가 있습니다. 이 책에서 그는 인간성장의 핵심을 말할 때 '동행'이라는 단어를 씁니다. 동행이 되고, 더불어 생각하고, 더불어 행할 때에만 인간이 인간 될 수 있다는 말씀입니다. 무슨 말입니까? 모든 사람이 자기 어깨를 짓누르는 죄책감을 버리고, 서로의 존재가치를 인정하고, 서로가 서로에게 부끄러움이 없고, 자기존재를 함께 영유하며 살아갈 수 있을 때, 곧 서로 인정해줄 수 있을 때, 거기에 진정한 복지가 있다는 것입니다. 다시 말하면 '네가 있고야 내가 있다'는 마음입니다. 네가 행복하고야 내가 행복할 수 있습니다. 그런 행복의 세계가 있을 때 인간이 인간 될 수 있습니다. 더불어 사는 세상에 대해서 강조하는 것입니다.

오늘본문은 말씀합니다. "여호와의 말씀만 듣고 그 명령을 지켜라. 그리하면 결과적으로 너희 사회에 가난한 자가 없으리라." 하나님께서 복을 주시기에 그렇습니다. "이웃을 내 몸과 같이 사랑하라." 이웃을 내 몸과 같이 사랑할 때 비로소 가난한 사람이 없을 것입니다. 특별히 오늘본문은 말씀합니다. "넉넉히 꾸어주라." 아주 오묘한 말씀입니다. 그냥 주라는 말씀도 있고, 또 넘치도록 넉넉하게 주라는 말씀도 있습니다. 세 번째가 묘한 말씀입니다. '꾸어주라'고 했습니다. 공짜가 아닙니다. 책임을 가지고 살도록 하기 위해서 꾸어주라고 하십니다. 다 아시다시피 그냥 받으면 재미가 없습니다. 구제받는 것이 좋은 것 같지만, 꼭 그렇지는 않습니다. 하지만 꾸어주면 어떻습니까? 내 존재감이 살아납니다. 나중에 갚으면 되니까요. 그냥 받는 것과는 의미가 다릅니다.

가난한 사람 본인이 책임을 느끼는 존재로 살아갈 수 있도록 꾸어주되 넉넉히 꾸어주라, 이것입니다. 가난한 자로 하여금 스스로 그 가난을 면할 수 있는 기회를 얻게 하라는 것입니다. 꾸어주고 내가 꾸고, 또 꾸임 받은 그런 마음 말입니다. 가난한 사람이 스스로 책임을 지고 살아갈 수 있는 사회, 얼마나 아름답습니까. 문제는 꾸어줄 때 넉넉하게 주라는 데에 있습니다. 조건을 걸지 말라는 것입니다. 아낌없이 주라고 말씀합니다. 왜 그렇습니까? 가난한 사람이 스스로 책임을 지면서 살아갈 수 있어야 하기 때문입니다. 가난한 사람이 자기 존재감을 가지고 살 수 있어야 하기 때문입니다. 가난한 사람이 열등의식을 가지지 않아야 하기 때문입니다. 가난한 사람에게 부끄러운 마음이 없도록 해야 한다는 말씀입니다. 그래서 넉넉하게 주라고 말씀하는 것입니다.

마태복음 5장 40절에는 재미있는 말씀이 있습니다. "누가 나에게 오리를 억지로 가자고 하거든 십리까지 가라. 속옷을 요구하거든 겉옷까지 주라." 여러분, 만원을 달라고 하거든 2만원을 줍시다. 넉넉하게 주십시오. 그래서 받는 사람이 부끄럽지 않도록 해야 합니다. 그런 사회에는 가난한 사람이 없을 것입니다. 유명한 신학자 본회퍼는 「성도의 공동생활」이라는 유명한 저서에서 이렇게 말합니다. '우리 성도들은 이웃을 사랑해야 하는데, 사랑하는 것에는 세 단계가 있습니다. 첫째, 섬김에는 경청이 있어야 합니다. 말씀을 잘 들어야 합니다.' 제가 최근에 재미있는 책을 한 권 읽었습니다. 「잡담」이라고 하는 책입니다. 우리가 주고받는 말들이 다 잡담입니다. 여러분은 봉사 가운데 최고의 봉사가 무엇인지 아십니까? 말도 안 되는 말을 들어주는 일입니다. 그것 잡담입니다. 내용도 없고, 뜻도 없고, 기억할 만한 말도 아니지만, 잘 들어주면 어떻게 되는지 아십니까? 들은 것은 별로 없지만, 사람을 얻게 됩니다. 들어줌으로써 사람의 마음을 얻을 수 있습니다. 가장 무서운 말이 무엇인지 아십니까? 상대가 말하는 중에 불쑥 끼어드는 이런 한마디입니다. "미쳤냐? 말도 안 돼!" 그러면 끝난 것입니다. 그 시간부로 인간관계는 끝납니다. 그렇게 말하고 살면 부부가 아니지요. 말도 안 되는 말을 들어야 됩니다. 자꾸 들어줘야 합니다. 그것도 재미있게 들어야 합니다. "그랬어? 정말 그랬구나!" 그러면 마음이 열립니다. 그러니까 섬김의 첫째는 이렇게 간단합니다. 들어주면 되는 것입니다. 이것이 섬김입니다.

 그 다음에는 적극적으로 이해하는 것입니다. 그리고 덮어 주는 것입니다. 또 어려운 문제가 있으면 짐을 나누어지는 것입니다. 상대의 허물을 용납하고, 상대의 부족함을 용납하는 것입니다. 그리고 허물을 나누어가지는 것입니다. 사랑은 물질로 오지 않습니다. 사랑은 가슴으로 이루어집니다. 오늘본문은 아무리 보아도 귀한 말씀입니다. "이렇게 하면 너희 속에 가난한 자가 없으리라." 하나님 말씀만 듣고, 하나님께 순종하고, 이웃을 네 형제로 사랑하고, 그리고 넉넉하게 베풀라는 것입니다. 저 사람이 필요로 하는 것보다 더, 저 사람이 요구하는 것보다 더 많이 넉넉하게 주라는 것입니다. 그러면 하나님께서 복을 부어주시리라는 것입니다. 이 복은 높은 것입니다. "너의 주변에 가난한 자가 없으리라."

 여러분, 우리의 마음을 이제는 좀 열어야겠습니다. 나이 오십이 넘었거든 정신 차려야 합니다. 그저 넉넉해야 합니다. 만 원을 달라고 하면 오천 원만 주던 것 그만하고, 이제는 만 원을 달라고 하거든 이만 원을 주어야 합니다. 그리고 부탁인데 가게에 가서 물건 살 때 값을 깎지 마십시오. 그 사람도 돈 벌고 살아야 되는데, 보태주지는 못할망정 그렇게 마음 아프게 해서야 되겠습니까. 우리가 이렇게 살아가면 우리 주변에 불행한 사람이 없을 것입니다. △

뒤를 돌아보는 자

　길 가실 때에 어떤 사람이 여짜오되 어디로 가시든지 나는 따르리이다 예수께서 이르시되 여우도 굴이 있고 공중의 새도 집이 있으되 인자는 머리 둘 곳이 없도다 하시고 또 다른 사람에게 나를 따르라 하시니 그가 이르되 나로 먼저 가서 내 아버지를 장사하게 허락하옵소서 이르시되 죽은 자들로 자기의 죽은 자들을 장사하게 하고 너는 가서 하나님의 나라를 전파하라 하시고 또 다른 사람이 이르되 주여 내가 주를 따르겠나이다마는 나로 먼저 내 가족을 작별하게 허락하소서 예수께서 이르시되 손에 쟁기를 잡고 뒤를 돌아보는 자는 하나님의 나라에 합당하지 아니하니라 하시니라
(누가복음 9 : 57 - 62)

뒤를 돌아보는 자

저는 농촌에서 태어나서 농부의 아들로 자랐습니다. 농사일을 거들고 살았기에 고달픈 농민의 생활을 뼈저리게 체험하고 살았습니다. 제가 열여섯 살 때 즈음이었습니다. 아버지께서 저한테 밭가는 법을 가르쳐주고 싶으셨는지, 소 두 마리가 끄는 보습쟁기를 제게 주시면서 그것으로 밭을 한번 갈아보라고 하셨습니다. 주의사항은 간단했습니다. 보습쟁기는 발밑에 잘 두고 눈은 반드시 저 멀리 앞을 바라보는 것입니다. 그래 제가 아버지 말씀대로 보습쟁기를 붙잡고 앞을 보며 "이랴!" 하고 외쳐 소를 몰기 시작했습니다. 한데 소가 앞으로 막 나가는 것이었습니다. '소걸음'이라는 말을 여러분이 다 잘 아실 것입니다. 소는 보통 느릿느릿 갑니다. 하지만 그때 제가 몰고 있던 소는 어찌나 빨리 앞으로 막 나가는지, 제가 깜짝 놀랐습니다. 그렇게 한참을 가다가 보니 뭔가 좀 잘못된 것 같은 생각이 들어서 뒤를 돌아보았습니다. 그랬더니 보습쟁기가 하늘로 올라가 있는 것이었습니다. 크게 빗나간 것입니다. 그걸 보고 제가 '이거 정말 큰일 났구나!' 싶었는데, 그때 아버지께서 아주 엄하게 말씀하셨습니다. "보습쟁기를 붙잡은 사람은 절대로 뒤를 돌아보면 안 돼!"

저는 오늘 본문말씀을 아주 실감나게 체험한 바가 있습니다. 예수님께서도 아마 해보셨을 것 같습니다. 이렇게 말씀하십니다. "손에 쟁기를 잡고 뒤를 돌아보는 자는 하나님 나라에 합당하지 아니하니라……(62절)" 얼마나 실감나는 이야기입니까. '뒤를 돌아보는 자는 합당치 않다. 앞만 보고 가야 한다'는 말씀입니다. 유명한 골프

선수 최경주의 별명은 탱크입니다. 미국의 PGA라든가 영국의 프리미어에서 우승한 경력이 있는 세계적인 골프선수인 그는 말합니다. "나는 뒤를 돌아보지 않는다. 그것이 실패든 성공이든 나는 뒤를 돌아보지 않는다." 문화도 다르고, 언어도 다르고, 생활양식도 다른 남의 나라에 가서 골프선수로 활동하는 일은 참으로 어렵고 엄청난 모험입니다. 그러나 그는 오직 하나님만 믿고 훌륭하게 활동하고 있습니다. 최경주 선수는 부인의 전도로 뒤늦게 그리스도인이 된 사람입니다. 이제는 그 바쁜 골프여정에도 주일이 되면 교회에 나가고, 수요일 저녁에도 가까운 교회 어디라도 찾아서 가는 성도입니다. 유명한 이야기가 있습니다. 어느 수요일 저녁에 가까운 교회에 갔는데, 교인이 몇 사람 없었습니다. 그 교회에서 예배를 드렸습니다. 사실 그 다음날에 큰 게임이 있는데도 그 저녁에 예배를 드리러 간 것입니다. 그래 마치고 나오면서 8만 불을 헌금했습니다. 미국이 깜짝 놀랐습니다. '8만 불 헌금'이라고 신문에까지 났습니다. 그는 오직 믿음으로 살아보려고 그렇게 애 쓰는 사람입니다. 그가 하는 일은 골프입니다마는, 그 사건 속에서 계속 신앙을 확증하며 살아가고 있습니다.

유명한 톨스토이의 세 가지 질문이 있습니다. '세상에서 가장 중요한 일은 무엇이냐? 세상에서 가장 중요한 사람은 누구냐? 세상에서 가장 중요한 때는 언제냐?' 톨스토이 스스로 그의 작품 속에서 이렇게 대답합니다. '세상에서 가장 중요한 일은 지금 내가 하고 있는 일이다. 세상에서 가장 중요한 사람은 지금 내가 만나고 있는 사람이다. 세상에서 가장 중요한 때는 바로 지금이다.' 에드워드 할로웰(Edward M. Hallowell) 교수가 쓴 책의 제목이 참 인상적입니다. 「창

조적 단절」입니다. 그는 이 책에서 이렇게 말합니다. '창조적 단절이 없이는 창조적인 미래도 없다.'

오늘본문에는 세 사람이 나옵니다. 예수님을 따르는 세 사람, 세 가지 모양의 제자입니다. 이 장면이 아주 비상합니다. 예수님께서는 지금 십자가를 지시기 위하여 예루살렘으로 올라가고 계시는 중입니다. 누가복음 9장 51절은 말씀합니다. "예수님께서 예루살렘을 향하여 올라가시기로 굳게 결심하셨다." 굳게 결심하셨다니, 무슨 뜻입니까? 헬라어 원문으로는 '얼굴을 굳게 했다'는 뜻입니다. 비상한 결심을 하신 것이지요. 아주 중요한 시점입니다. 십자가를 지시기로 하고 예루살렘을 향해 올라가시는 길입니다. 그러니까 이 길은 마지막 길입니다. 그러니까 이것은 끝으로 하시는 말씀입니다. 한마디로 유언인 셈입니다. 그렇게 예루살렘으로 올라가시는 예수님의 마음, 얼마나 비장하시겠습니까. 바로 그 예수님 앞에 세 가지 모양의 사람들이 나타났습니다. 첫째는 열정 형입니다. 이 사람이 자진하여 예수님께 와서 하는 말입니다. "어디로 가시든지 저는 따르리이다." 하지만 예수님께서는 "아, 그러냐? 따르라!" 하지 않으십니다. "각오가 되었느냐?" 하지도 않으십니다. 예수님의 마음은 너무나도 간단합니다. 따르겠다는 그 간구를 허락하지 않으십니다. 대신 이렇게 말씀하십니다. "여우도 굴이 있고 공중의 새도 집이 있으되 인자는 머리 둘 곳이 없도다……(58절)" 다른 말로 조금 바꿔봅시다. "오늘 밤 내가 유숙할 곳도 없다. 나를 따라다니면 노숙해야 하고, 나를 따라다니면 찬 잠을 자야 할 것이다. 너는 너무나 여유 있는 집에서 살았어. 열정은 좋으나 그 결심 가지고는 안 된다. 일시적인 결심 하나만 가지고는 안 된다." 예수님께서는 이 사람의 마음을 읽으셨습니다. 이 사람은 부잣집 아들입니다. 일생을 편안하게 산 사람입니다. 예수님께서 인기가 좋으신 것을 알고, 그 능력과 그 지혜와 그 권세와 그 영광을 바라보면서 아마도 '아, 예수님을 따라가면 무슨 좋은 수가 나겠구나!' 하고 생각한 것 같습니다. 이런 아주 평범하고 얄팍한 생각을 예수님께서는 단호히 사양하십니다. "공중의 새도 집이 있고, 여우도 굴이 있지만, 나는 머리 둘 곳도 없다. 너는 화려한 꿈을 가지고 나를 따르겠다고 하는데, 실망할 것이다. 너는 준비가 안 돼 있어. 그거 가지고는 안 될 것이다. 경험 속에도 없어. 그런 고로 너는 내 제자가 될 수 없다."

유명한 심리학자 데이빗 씨맨스는 그의 저서에서 이렇게 말했습니다. '가장 치명적인 무기는 심리적 무기다. 가장 큰 적은 낮은 자존감이다.' Low self-esteem, 낮은 자존감이 문제입니다. 자기 자신을 너무 크게 보는 것도 문제지만, 자기 자신을 너무 작게 보는 것도 문제입니다. 그래서 '나는 아무 소용도 없다. 나는 능력도 없다. 나는 다른 사람과 좋은 관계도 맺을 수 없는 사람이다'라고 자기 자신을 비하하고, 자기 자신을 낮춘다는 말입니다. 그렇게 되면 마침내 자기정체성도 없어집니다. 타고난 자기재능도 발굴하지 못합니다. 미래에 대한 비전도 없습니다. 대인관계는 더더욱 원만할 수 없습니다. 제가 50년 동안 목회하면서 인간관계에서 가장 어려운 사람이 누구냐고 묻는다면 이렇게 대답할 수 있습니다. "열등의식이 있는 사람." 열등의식에 젖어 있는 사람, 패배의식에 젖어 있는 사람하고의 관계가 제일 힘듭니다. 어떻게 위로해줄 수가 없습니다. 이렇게 해도 오해하고, 저렇게 해도 문제를 삼습니다. 스스로를 비하하는 사람한테는 백약이 무효입니다. 참 힘듭니다. 어떤 말로도 격려

할 수 없고, 어떤 말로도 위로할 수 없습니다. 그런 사람은 하나님의 사역을 스스로 파괴합니다. 자신에게 주신 은사를 스스로 소멸시킵니다. 낮은 자존감, 참으로 문제입니다.

오늘 본문에는 회의론자가 한 사람 나옵니다. 예수님께서 이 사람을 향하여 "너는 나를 따르라" 하셨습니다. 스스로 따르겠다는 사람에게는 그만두라고 하셨으면서, 엉뚱한 사람한테는 따르라고 하셨습니다. 거기에 대한 대답이 또 재미있습니다. 우선 "따르겠습니다" 해놓고는 토를 다는 것입니다. "먼저 가서 제 부친을 장사하고 따르겠습니다." 부친에 대한 의무나 자녀에 대한 의무를 다하고 따르겠다는 말입니다. 이 '먼저'라는 단어가 중요합니다. 주를 따르는 것이 먼저여야 할 텐데, 이 사람은 그보다 더 먼저인 것이 하나 있었던 것입니다. 부모를 장례하는 것입니다. 여기에 대해서 윌리엄 바클레이는 아주 재미있는 이야기를 하고 있습니다. 옥스포드 대학에서 아프리카 사람들을 지도자로 키워야겠다는 생각으로 아프리카 출신의 똑똑한 청년들에게 전액장학금을 지급하기로 하였습니다. 그래 학비를 포함하여 생활비 전체를 지급할 것이니 와서 공부하라고 그들에게 초청장을 보냈습니다. 얼마 뒤에 그 대상자 가운데 한 명한테서 편지가 왔는데, 이런 내용이었습니다. '부모님을 장례한 다음에 가겠습니다.' 총장이 다시 편지를 보냈습니다. '부모님이 지금 돌아가셨나요? 아니면 살아계십니까?' 이런 답이 돌아왔습니다. '지금 40세이십니다.' 얼마나 기가 막힙니까. 바로 이런 뜻입니다. 여기서 부모님의 장례를 치른다는 것은 자식으로서 부모님께 대한 도리를 다하겠다는 말입니다.

비약이 다소 심한 이야기 같습니다마는, 제 고백입니다. 제가 지금 이 자리에 서 있습니다마는, 애당초 저는 여기에 서 있을 사람이 아닙니다. 6·25 전쟁이 아니었다면 저는 그대로 고향 땅에 있어야 할 사람입니다. 제가 독자거든요? 게다가 저희 집안에는 땅이 많았습니다. 한마디로 저는 지주의 아들입니다. 자자손손 대물림되는 땅입니다. 그런 제가 집을 떠날 이유가 없지 않습니까. 절대로 떠날 수 없습니다. 김일성 수령이 나가라고 해서 왔습니다. 그렇지 않습니까. 그 양반이 가라니까 왔지, 정상적인 상황이었다면 올 필요도 없고, 올 수도 없는 일입니다. 떠난다는 것, 참 중요합니다. 내가 내 힘으로 떠날 수 없습니다. 쉽지 않습니다. 오늘 이 사람의 '부모를 장례하고 따르겠나이다'라는 말이 쉽게 들리지만, 다 우리 이야기입니다.

그런가하면 세 번째 사람은 조금 다릅니다. 이 사람은 인정 형입니다. "예수님을 따르겠습니다." 이렇게 자진해서 말합니다. "제가 따르겠습니다마는, 먼저 가서 가족들에게 인사하고 오겠습니다." 이 정도입니다. 인사하고 오겠답니다. 그런데 예수님께서는 아니라고 하셨습니다. 아주 박절하게 말입니다. 마지막 인사도 하지 말라는 것이지요. 왜 그렇습니까? 이 사람이 공처가니까 집에 가서 "내가 예수님을 따르겠다" 할 때 그 아내가 "여보, 가긴 어딜 가?" 하면 못 오는 것 아니겠습니까. 인사하는 것은 인간으로서 마땅한 도리입니다. 그러나 중요한 일에는 인사도 안 됩니다. 인사마저도 끊어야 합니다. 그 인정 때문에 안 되는 것입니다. 사실 많은 경우 그렇지 않습니까. 공부도 그렇고, 인간의 모든 활동이 다 그렇습니다. 더욱이 큰일을 할 때에는 더더욱 그렇습니다. 인정에 끌리면 되는 일이 없습니다. 더더욱 우리가 큰 뜻을 가지고 나간다면 인정은 끊어야 됩니다. "먼저 가서 가족에게 인사하겠습니다." 이 말까지도 예수님께서는 "No!" 하셨습니다. 이 사람의 나약성을 아시기 때문입니다. 인사자체는 문제가 아닙니다. 그가 본디 나약한 사람이기 때문이었습니다. 한번 갔다가는 영영 못 올 사람이라는 것을 예수님께서는 잘 알고 계셨습니다.

독일의 유명한 신학자 본회퍼는 예수님의 제자로 살아가려면 확실한 믿음이 있어야 하는데, 세 가지에 주의해야 한다고 말했습니다. 첫째는 '행위 없는 믿음'입니다. 믿었으면 행해야 하고, 행했으면 또 믿어야 합니다. 둘째는 '순종 없는 신앙'입니다. 내 뜻을 다 이루고 나서 뭘 하겠다는 자세는 안 됩니다. 내 뜻을 버리고 그분의 뜻을 따라야 합니다. 그런 순종이 있고야 예수님의 제자가 될 수 있습니다. 셋째는 '십자가 없는 은혜'입니다. 은혜를 사모하고, 은혜를 위하여 산다고 하면서도 정작 십자가는 지지 않습니다. 바로 앞에 십자가, 그 은혜가 있는데도 그렇습니다. 우리는 십자가를 통해서 은혜를 받는 것입니다. 우리가 부활절을 바라보고 있습니다마는, 십자가에 죽은 다음에야 비로소 은혜, 곧 부활이 있습니다. 부활 없는 신앙은 잘못된 것이지요. 십자가 없는 부활은 없습니다. 이 사실을 잊지 말아야 합니다. 그래서 본회퍼가 늘 쓰는 용어 가운데 '값싼 은혜'라는 말이 있습니다. 희생을 지불하지 않고, 십자가를 생각하지 않고, 오직 은혜만을 생각하는 값싼 은혜가 오늘 문제라고 그는 말합니다.

유명한 사무엘 스마일즈는 「인격론」이라는 저서에서 이렇게 말합니다. '사람에게 가장 귀중한 것은 용기다. 용기가 운명을 결정한다. 그런데 그 용기의 첫째는 솔직할 수 있는 용기이다.' '솔직'의 반대는 '변명'입니다. 잘했든 못했든 솔직해야 합니다. 솔직함이 용기입니다. 솔직하면 힘이 있지만, 변명하면 사람이 추해집니다. 형편없는 인간이 되고 맙니다. 인격이 추락합니다. 또한 불의에 대해서 저항할 수 있어야 됩니다. 저항의 용기가 필요합니다. 요새도 우리가 많이 보지 않습니까. 몇 푼 되지도 않는 뇌물을 받아 챙겼다가 일생이 망가지고 맙니다. 거절할 수 있는 용기가 없습니다. 저는 신문에 난 기사를 볼 때마다 '도대체 얼마를 먹었나?' 궁금해서 보면 참 안타깝습니다. 몇 푼 되지도 않는 것을 거절하지 못한 것입니다. 어느 순간 잘못된 것이라고 생각이 되면 단호하게 끊어야 합니다. 끊지 못함으로 이렇게 부끄러워지는 것입니다. 또한 사실대로 말할 수 있는 용기가 있어야 합니다. 왜 우리가 말을 더듬습니까? 왜 말이 어수선합니까? 사실을 떠나 있기에 그렇습니다. 맞으면 맞는다고, 아니라면 아니라고 답할 수 있는 용기가 없는 것입니다. 자기 모습을 있는 그대로 노출할 수 있는 용기가 있어야 합니다. 남들이야 어떻게 생각하든 상관없습니다. 성공이든 실패든 상관없습니다. 나는 나입니다. 이것이 진정한 내 모습입니다. 이 용기가 필요합니다.

오늘 예수님께서 우리에게 말씀하십니다. '손에 쟁기를 들고 밭을 가는 사람은 주위를 돌아보지 마라.' 그 동안 잘못되었더라도 돌아보지 말 것입니다. 잘했더라도 돌아보지 말 것입니다. 오직 앞만 보고 나아갈 것입니다. 요새 '목적 지향적 인간'이라는 말을 많이들 합니다. 우리가 가야 할 길이 앞에 있는데, 그 목적에 이끌리어 사는 것입니다. 여러분, 우리 앞에 무엇이 있습니까? 죽음이 있고, 영생이 있습니다. 확실합니다. 우리 앞에 있는 하나님의 나라, 우리 앞에 계신 주님을 만나는 그 시간을 지향하는 목적을 세우고, 그 목적을 향해서 나아가는 것입니다. 뒤 돌아보지도 말고, 후회하지도 말고, 타협하지도 말고, 그저 묵묵히 갈 것입니다. 깊이 새겨야 합니다. "보습쟁기를 들고 저 앞을 향해 밭을 갈며 나아가면서 뒤를 돌아다보는 사람은 합당치 않다." △

겸손한 왕의 신비

　그들이 예루살렘에 가까이 가서 감람 산 뱃바게에 이르렀을 때에 예수께서 두 제자를 보내시며 이르시되 너희는 맞은편 마을로 가라 그리하면 곧 매인 나귀와 나귀 새끼가 함께 있는 것을 보리니 풀어 내게로 끌고 오라 만일 누가 무슨 말을 하거든 주가 쓰시겠다 하라 그리하면 즉시 보내리라 하시니 이는 선지자를 통하여 하신 말씀을 이루려 하심이라 일렀으되 시온 딸에게 이르기를 네 왕이 네게 임하나니 그는 겸손하여 나귀, 곧 멍에 메는 짐승의 새끼를 탔도다 하라 하였느니라 제자들이 가서 예수께서 명하신 대로 하여 나귀와 나귀 새끼를 끌고 와서 자기들의 겉옷을 그 위에 얹으매 예수께서 그 위에 타시니 무리의 대다수는 그들의 겉옷을 길에 펴고 다른 이들은 나뭇가지를 베어 길에 펴고 앞에서 가고 뒤에서 따르는 무리가 소리 높여 이르되 호산나 다윗의 자손이여 찬송하리로다 주의 이름으로 오시는 이여 가장 높은 곳에서 호산나 하더라 예수께서 예루살렘에 들어가시니 온 성이 소동하여 이르되 이는 누구냐 하거늘 무리가 이르되 갈릴리 나사렛에서 나온 선지자 예수라 하니라

(마태복음 21 : 1 - 11)

겸손한 왕의 신비

선교사이면서 의사이기도 했던 슈바이처 박사가 아프리카 선교에 한 평생을 바치고 고향으로 돌아오게 되었습니다. 이 소식을 들은 많은 사람들이 슈바이처 박사가 도착하는 기차역으로 환영을 나갔습니다. 사람들은 당연히 그가 1등 칸에서 내릴 줄 알았습니다. 하지만 그는 1등 칸에 없었습니다. 그래 사람들은 이번에는 2등 칸으로 갔습니다. 거기에도 슈바이처 박사는 없었습니다. 설마 하고 3등 칸으로 갔더니 그곳 구석자리에 슈바이처 박사가 앉아 있는 것이었습니다. 사람들이 슈바이처 박사에게 물었습니다. "아니, 박사님께서 1등 칸으로 오셔야지, 어떻게 이 3등 칸을 타셨습니다. 왜 이렇게 불편하게 오셨습니까?" 그러자 슈바이처 박사가 빙그레 웃으면서 하는 말입니다. "4등 칸이 없어서요!" 이 여유, 과연 어디에서 나오는 것입니까?

가수 조영남이 노래를 한 곡 만들어 불렀습니다. 지금 그의 나이가 70입니다. 자기 자신의 이야기라고 생각됩니다. '겸손하기 어렵다. 겸손하기 어렵다. 우리 부모가 겸손하라고 하셨으나 나는 겸손하기 어렵다.' 이 가사가 전부입니다. 사실입니다. 꼭 겸손해야 됩니다. 잘 알면서도 겸손하기가 참 어렵습니다. 누가 겸손이 얼마나 어려운 것인지를 알기만 해도 저는 그를 상당한 수준의 인격을 가진 사람이라고 말하고 싶습니다. 겸손은 내면의 힘입니다. 위대한 힘입니다. 그것은 겸손이라는 여유로 꽃 피고 나타납니다.

겸손에는 '피동적 겸손'이 있고, '능동적 겸손'이 있습니다. 그저 그럴 수밖에 없으니까, 가난하고 병들었으니까, 하는 식의 억지 겸손이 아닙니다. 이는 버티는 것밖에 안 됩니다. 이 사실을 알아야 합니다. 참으로 겸손하면 겸손 그 자체가 주는 행복을 누릴 수 있습니다. 가난하다고 겸손한 것이 아닙니다. 가난한 사람도 교만할 수 있습니다. 무식하면 겸손합니까? 꼭 그렇지도 않습니다. 어렵습니다. 자꾸만 교만이 속에서부터 꿈틀거리고 올라옵니다. 많은 사람들이 자살을 해서 지금 걱정거리가 되고 있는데, 그 원인이 무엇입니까? 물론 수많은 원인이 있겠지마는, 영적인 시각으로 보면 교만이 그 원인입니다. 반항입니다. 교만이 거기까지 가는 것입니다. 겸손하면 죽을 때 죽더라도 자살은 하지 말아야 합니다. 피동적인 겸손은 겸손이 아닙니다. 능동적인 겸손이라야 됩니다. 겸손의 신비를 알고, 겸손의 행복을 다 경험하고 사는 사람의 여유가 바로 겸손입니다. 신비로운 행복을 겸손에서 배우고 체험할 수 있습니다.

오늘본문에서 예수님께서는 나귀를 타시고 예루살렘으로 입성하십니다. 우리는 이날을 가리켜 '종려주일'이라고 합니다. 예수님께서 나귀를 타시고 예루살렘 성을 향해 올라가실 때 많은 사람들이 종려나무가지를 들고 나왔습니다. 종려나무가지는 승리의 상징입니다. 종려나무 가지를 흔드는 것은 전쟁에서 승리하고 돌아오는 개선 장군을 환영하는 행사입니다. 승전하고 돌아오는 왕을 환영하는 행사가 바로 이것입니다. 호산나를 외치며 깃발대신에 종려나무 가지를 들고 흔드는 것입니다. 이런 행사를 하는 날이 종려주일입니다. 분명 왕으로서 권세를 행사하시는 시간입니다. 그 큰 권세와 능력을 나타내는 중요한 퍼레이드가 펼쳐지는 날입니다.

그런데 여기에 아이러니가 있습니다. 예수님께서는 지금 마차를 타신 것도 아니고, 굽 높은 군마를 타신 것도 아닙니다. 작고 보잘것없는 나귀새끼를 타셨습니다. 오늘본문은 이것을 아주 확실하게 말씀합니다. 겸손입니다. 옛날에는 우리나라에서도 나귀를 많이 볼 수 있었습니다. 제가 사는 동리에서도 볼 수 있었는데, 그 조그만 나귀가 어떻게 사람을 등에 태우고 가는지 신기합니다. 물론 말처럼 힘차게 달리지는 못합니다. 당장 쓰러질 것처럼 위태롭게 걸어갑니다. 이 나귀새끼가 바로 겸손의 상징입니다. 나귀새끼를 타신 예수님, 권세와 겸손의 신비를 보여주는 놀라운 사건입니다. 예수님께서는 왕권이 있습니다. 왕의 영광과 권세가 있습니다. 그러나 겉으로는 나귀새끼를 탄 소박한 한 사람의 모습입니다. 이것이 종려주일의 의미입니다.

어떤 사람들은 말합니다. "예수님께서 십자가를 꼭 지셔야 했나? 안 지실 수는 없으셨나? 능력도 많고, 지혜도 많으신 분인데, 왜 그렇게 십자가를 지셔야 했나?" 의구심을 품는 것입니다. 그래서 어떤 사람들은 그때 예수님께서 나귀를 타시고 예루살렘 성으로 올라가시는 그 퍼레이드를 안 하셨더라면 바리새인과 제사장들과 정면충돌하는 사태를 피할 수 있으셨을 것이라는 설명도 합니다. 아마도 십자가를 아예 지지 않으셨거나, 적어도 유월절에 십자가를 지지는 않으셨으리라는 것입니다. 또한 예수님께서는 예루살렘 성전을 깨끗이 하십니다. 소와 양을 팔고 사는 장사치들이 예루살렘 성전 마당에 우글우글하는 것을 보시고 예수님께서는 저들을 다 몰아내셨습니다. "만민의 기도하는 집을 어찌하여 강도의 굴을 만들었느냐?" 하고 외치셨습니다. 성전을 깨끗이 하셨습니다. 이 광경을 보고 제사장과 서기관들, 고관들이 감히 뭐라고 할 수 없었습니다. 그

양심의 가책이 되는 일을 오늘까지 정말로 해왔기 때문에 예수님 앞에서 아무 말도 할 수 없었던 것입니다. 그들은 정말로 부끄러웠습니다. 그러나 동시에 그들의 마음속에는 예수님께 대한 분노가 있었습니다. 그래서 예수님을 십자가에 못박을 수밖에 없었던 것입니다. 이것이 당시의 상황입니다.

그런데 누가복음 9장 51절에 나오듯이 상황이 그런데도 불구하고 예수님께서는 기어이 예루살렘을 향하여 올라가시기로 굳게 결심하셨습니다. 예수님께서는 마음속에 있는 계획대로 모든 일을 차근차근 진행하십니다. 예루살렘으로 올라가시고, 마침내 십자가에서 돌아가십니다. 아주 자발적인 사건입니다. 예수님의 계획대로 된 것입니다. 예수님의 굳은 결심대로 된 것입니다. 저들의 손으로 이루어진 일이 아닙니다. 여기에 묘한 의미가 있습니다. 정치적 상황에서 이루어지는 십자가 사건입니다. 예수님의 마음 깊은 곳에서 이루어지는, 그 귀한 하나님의 섭리를 위한 사건입니다. 만백성을 구원하시는 역사입니다. 문제는 이것이 아닙니다. '십자가가 부득이한 것이냐? 무지와 무능에서 온 것이냐? 억지로 지신 십자가냐? 피할 수 없어서 지신 십자가냐? 아니면 자발적으로 지신 것이냐? 스스로 선택하신 것이냐?' 이것이 문제입니다.

십자가는 예수님께서 능력이 없으시고 지혜가 없으셔서 지신 십자가가 아닙니다. 우리 만백성을 구원하시기 위하여 자발적인 선택으로 지신 십자가입니다. 이 진리를 말씀해주는 것이 오늘본문의 사건입니다. 예수님께서 나귀를 타시고 성을 향하여 올라가십니다. 어떤 젊은 신학자들은 묘하게 이렇게도 말합니다. '이 사건은 마치 나를 죽이라고 하는 것이나 마찬가지다.' 예수님께서는 어째서 모든 것을 다 아시면서도 굳이 이 행사를 벌이셨느냐는 것입니다. 여기에 중요한 신비가 있습니다. 이 권세 뒤에 신비로운 겸손이 있었습니다. 모든 것을 하나님의 뜻에 맡기시고, 오직 하나님의 뜻에만 순종하셨습니다.

겟세마네 동산에서 예수님께서는 간절히 기도하십니다. 결정적인 순간입니다. "내 뜻대로 마옵시고 아버지의 뜻대로……" 하시는 그 순간, 그 속에 겸손이 있습니다. 하나님 앞에 겸손하십니다. 하나님의 뜻 앞에 자기 자신을 온전히 위탁하는 겸손입니다. 그리고 그대로 십자가까지 가십니다. 예수님께서는 생명을 하나님께 위탁하셨습니다. 그뿐 아니라, 하나님 앞으로 가시는 모든 과정까지도 온전히 하나님께 맡기셨습니다. 언제, 어느 때, 어떤 모습으로 죽든지 다 하나님의 뜻입니다. "내 뜻대로 마옵시고 아버지의 뜻대로……" 그러니까 모든 일을 다 하나님께 맡기신 것입니다. 생명까지도 맡기셨습니다. 이 얼마나 확실한 권세요, 이 얼마나 귀중한 겸손입니까. 생명을 하나님께 맡기셨기 때문입니다.

여러분, 이제 우리에게 남은 시간이 얼마인지 모르겠습니다. 그러나 우리 모두가 언젠가는 분명히 주님 앞에 가지 않겠습니까. 어떤 모양으로, 어떻게, 어느 시간에 가든지 이의를 제기하지 마십시다. 이것이 겸손입니다. 어디서 부르시든지 "아멘!" 하고 갑시다. 어디서 내 생을 끝나게 하시든지 모든 것을 하나님의 뜻에 깨끗하게 맡깁시다. 바로 이것이 겸손입니다. 예수님께서는 생명을 하나님께 위탁하시고, 그 모진 십자가의 고난을 다 수용하십니다. 이것이 겸손입니다. 일체의 이의를 제기하지 않으십니다. 또한 예수님께서는 그 후속결과까지 다 하나님께 위탁하셨습니다. 지금까지 복음을 전하셨고, 병자를 고치셨습니다. 많은 사람들을 위해서 일하셨습니다. '내가 열두 제자를 3년 동안 데리고 다니면서 가르치느라 애를 썼다. 이들이 앞으로 어떻게 될까?' 한심한 제자들 아닙니까. 예수님께서는 모든 후속결과를 그대로 다 하나님께 맡기셨습니다. 왜요? 거기까지만 예수님께서 하실 일이기 때문입니다. '내게 맡겨진 일은 여기까지다.' 그 다음은 하나님께 맡겨야 합니다.

농사짓는 사람들은 겸손합니다. 하나님의 역사 앞에 겸손합니다. 묵묵히 씨를 뿌리고 기다립니다. 싹이 나고, 꽃이 피고, 열매가 맺습니다. 초조해할 것도 없고, 불안해할 것도 없습니다. 그러나 분명한 것은 여기까지입니다. 농부가 할 일은 여기까지입니다. 싹이 나고, 꽃이 피고, 열매를 맺는 것은 하나님의 일입니다. 풍년이 되든지 흉년이 되든지, 다 하나님의 뜻입니다. 그 하나님의 뜻 앞에 겸손해야 됩니다.

우리 학생들이 공부하느라고 애를 많이 씁니다. 가끔 이것 때문에 질문을 받습니다. "대학을 가야 하는데 무슨 과를 가야 할까요?" 이렇게 초조해하는 학생들에게 제가 하고 싶은 말은 이것입니다. "열심히 했느냐? 여기까지다. 그 다음에 합격을 하든 못 하든, 내가 원하는 대학을 가든 못 가든, 그것은 묻지 마라!" 제가 아는 어떤 분이 일류고등학교를 다녔는데, 공부를 얼마나 잘했는지 수학의 천재라는 말을 들었습니다. 시험만 봤다하면 무조건 100점입니다. 1점 모자란 99점도 맞아본 일이 없다고 할 정도로 수학의 천재입니다. 그래서 일류대학의 의과대학에 지원을 했습니다. 아버지가 의사니까 자신도 의사가 되겠다며 의과대학시험을 본 것입니다. 모든 선생님들이 이구동성으로 합격은 당연하다고 했습니다. 그것도 아주 우수한 성적으로 합격할 것이라고 믿었습니다. 그런데 참 이상하지요? 이 학생, 수학에서 빵점을 맞았습니다. 도대체가 있을 수 없는 일이 일어난 것입니다. 이쯤 되면 누구나 재수를 생각할 것입니다. 하지만 그는 여기서 지혜롭게 마음을 다잡았습니다. '내가 수학에 천재라는 말도 들었는데, 어쩌다가 수학에 빵점을 맞았나? 이것은 하나님의 뜻이다.' 이런 생각으로 그는 방향을 틀어서 신학을 공부하기로 했습니다. 그래 목사가 되어서 평생을 문둥병환자들을 위해 일했습니다. 그분이 제게 이렇게 간증했습니다. "그날 시험을 잘 보았더라면 제가 저기 1층에서 의사로 문둥병환자들을 돌아보았겠는데, 그날 빵점을 맞았기 때문에 목사가 되어서 지금 이렇게 2층에서 환자들을 돌보며 기도하고 있습니다."

이 현실을 분명히 알아야 합니다. 이것이 겸손입니다. 그 뒤에 하나님의 사역이 숨어 있습니다. 하나님의 경륜이 그 속에 들어 있습니다. 하나님의 숨은 뜻이 있습니다. 이를 잘 알았기에 그는 이의를 제기하지 않았던 것입니다. 조용히 하나님께서 하시는 일을 생각하면서 겸손해야 합니다. 모든 후속결과는 다 하나님께 맡겨야 합니다. 뿐만이 아닙니다. 겸손은 명예를 하나님 앞에 위탁하는 것입니다. 이렇게 십자가를 지고 나면 사람들이 두고두고 뭐라고 하겠습니까? "도대체 이 예수는 왜 이랬을까? 왜 이렇게 무능했을까?" 그러지 않겠습니까. 그 많은 오해와 평판을 어떻게 해야 합니까? 사람들로부터 좋은 말 들으려고 하면 안 됩니다. 사람들의 좋은 평판은 있으나마나한 것입니다. 그 평판을 염두에 두는 순간 사람이 처절해지고 비겁해집니다. 오직 하나님께서 주시는 삶이 있을 뿐입니다. 하나님께서 인정해주시면 그만입니다. 내 양심이 나를 칭찬해주면 그만입니다. '사람들이 나를 두고 뭐라고 할까?' 오해는 설명하려고 들면 들수록 점점 더 커집니다. 변명이란 절대 불필요한 것입니다. 변명할수록 오해가 점점 더 커집니다. 다 겪어보지 않았습니까.

십자가는 예수님께서 명예를 버리시는 사건입니다. 십자가를 지심으로써 얼마나 많은 비난을 받으십니까. 지금까지도 그렇지 않습니까. "왜 하필이면 십자가냐?" 그러나 사람들의 평판, 사람들의 말은 신경 쓰지 않으십니다. 이것이 겸손입니다. 예수께서는 앞에 있는 부활을 바라보셨습니다. 십자가를 통해서 이루어진 부활의 영광, 부활의 아침을 바라보시며 넉넉한 마음으로 나귀를 타고 입성하셨습니다. 남이야 뭐라고 하든 주님의 마음속에는 확실한 뜻이 있으셨습니다. 이것이 겸손입니다.

유명한 신학자 에밀 브루너가 언젠가 사소한 일로 친구와 다투고 헤어졌습니다. 그 뒤로 오랫동안 서로 연락이 없었습니다. 그는 기도할 때 가끔 친구생각이 났습니다. 마음이 아팠습니다. 그래 친구에게 사과의 편지를 네 번이나 했습니다. 그러나 대장이 없었습니다. 견디다 못해서 그는 어느 날 밤 멀리에 있는 그 친구를 찾아갔습니다. 편지를 직접 전하기 위해서 간 것입니다. 그래 문을 열고 나온 친구에게 편지를 주었습니다. 그래 비로소 둘은 화해할 수 있었습니다. 그는 유명한 말을 합니다. "화해하는 데 5분도 안 걸렸다." 그 오랜 세월 떨어져 지내다가 마음먹고 몸소 찾아갔더니 불과 5분도 안 걸려 화해를 한 것입니다. 이것입니다. 이렇게 직접 찾아가는 것이 겸손입니다. 편지를 보내서 해결될 일이 아닙니다. 전화 붙들고 있다고 되겠습니까. 찾아가는 행동이 중요합니다. 그러면 화해하는 데 5분도 걸리지 않습니다.

여러분, 겸손할 수 있습니까? 겸손이 곧 능력이라는 사실을 아십니까? 겸손은 믿음에 있다는 사실을 아십니까? 예수 그리스도의 십자가는 결코 나약함이 아닙니다. 그것은 예수그리스도의 겸손입니다. 겸손이 권세입니다. "호산나!" 이 만세 소리를 들으시면서 예수님의 마음속은 높고 신령한 겸손으로 가득했습니다. 그런고로 예수님께서는 이 모든 일을 다 극복하시고, 부활의 아침을 향해서 십자가를 지신 것입니다. 겸손하시어 나귀새끼를 타시고 예루살렘으로 올라가시는 주님의 얼굴을 봅시다. 그 속에 우리가 살 길이 있습니다. 이것이 영생의 길이요, 승리의 길이기 때문입니다. △

다 이루었다

그 후에 예수께서 모든 일이 이미 이루어진 줄 아시고 성경을 응하게 하려 하사 이르시되 내가 목마르다 하시니 거기 신 포도주가 가득히 담긴 그릇이 있는지라 사람들이 신 포도주를 적신 해면을 우슬초에 매어 예수의 입에 대니 예수께서 신 포도주를 받으신 후에 이르시되 다 이루었다 하시고 머리를 숙이니 영혼이 떠나가시니라

(요한복음 19 : 28 - 30)

다 이루었다

중국의 한나라 때에 한 국왕이 궁궐 밖에 볼일이 있어서 잠시 외출을 했다가 돌아오는 길에 한 노인을 만나게 되었습니다. 반갑게 인사하는 그 노인을 보면서 왕이 물었습니다. "올해 몇 살인고?" 노인은 대답했습니다. "폐하, 저는 네 살밖에 안되었습니다." 왕이 깜짝 놀라서 "이 영감이 나이를 들어서도 거짓말을 하고 있구나. 보아하니 여든 살은 되었을 것 같은데?" 하였습니다. 그러자 노인이 다음과 같이 대답했습니다. "폐하, 딱 알아 맞히셨습니다. 하지만 80년 중에 76년이라는 그 긴 시간을 헛되이 낭비했습니다. '이렇게 살아서는 안 된다. 이것은 사람의 도리가 아니다' 하고 철이 나서 생각을 바꾸고, 이제 다시 살기 시작한 지가 4년밖에 안되었습니다. 날마다 새롭게 배우고 깨달으며 철이 들어가고 있습니다." 인생을 얼마나 살았느냐는 중요하지 않습니다. 얼마나 사람답게 살았느냐가 중요합니다. 우리에게 후회가 많이 되는 일이 무엇입니까? 많이 배웠든 못 배웠든, 사람은 어렴풋하게라도 '이렇게 살면 안 된다. 이렇게 살아야 한다'라고 누구나 알고 있습니다. 이에 역행하고 거역하며 살아온 수많은 날들이 나 자신을 짓누릅니다. 이런 모습이 삶의 의미를 퇴색시키고 인생을 힘들게 만듭니다.

아주 오래전 일입니다마는, 제가 신촌의 세브란스 병원에 볼일이 있어서 한 번 간 적이 있습니다. 그때 입원실 복도에서 아는 분을 만났습니다. 환자복을 입고 있는 것으로 보아 입원 중인 모양이었습니다. 영락교회 장로님으로, 전에 뵌 적이 있는 분이었습니다. 제가 서른세 살 때 영락교회에 가서 남선교회 주관의 부흥회를 인도한 적이 있는데, 바로 이 장로님이 그때 남선교회의 회장이셨습니다. 그래 제가 그분과 함께 병실에 들어가서 잠깐 위문을 드리고 기도하고 그랬는데, 그 장로님이 제게 다음과 같은 이야기를 하셨습니다. "목사님, 제가 이제 나이가 꽤 들었습니다마는, 여기 병원에 입원해 있으면서 참 많이 배우고, 참 많이 회개하고 있습니다. 가만히 생각해보니 제가 잔칫집에는 많이 갔으면서도 장례식에는 간 일이 없습니다. 또 하나, 아는 사람들이 병원에 입원했을 때 그들을 찾아가서 위로하는 일을 제가 한 일이 없는 것입니다. 아무리 생각해봐도 그랬습니다. 제가 지금 3개월이나 이렇게 병원에 입원해 있다 보니 마음이 참 컬컬하고 답답합니다. 한 분 한 분, 이렇게 친구들이 찾아오고, 교인들이 찾아오는 것이 너무나 반갑고, 또 얼마나 감사한지 모르겠습니다. 그래서 참 많이 깨달았습니다. 환자를 방문하는 것이 이렇게 귀중한 일인데, 제가 일생동안 한 번도 이걸 한 일이 없습니다." 그래서 이 장로님이 병원에 있는 동안 굳게 맹세를 했다는 것입니다. '나중에 퇴원하면 일주일에 두 번은 무슨 일이 있어도 환자를 방문하겠다.' 이 장로님이 정말로 그렇게 했습니다. 일주일에 두 번씩, 아는 사람이든 모르는 사람이든 가리지 않고 환자들을 방문하면서 살다가 3년 뒤에 돌아가셨습니다. 여러분, 그러니까 이분은 고작 3년밖에 못 산 것입니다. 여러분은 사람답게 산 시간이 얼마입니까? 이 얼마나 중요한 문제입니까. 시간적으로 얼마나 살았느냐는 중요하지 않습니다.

　　마더 테레사는 「이보다 더 큰 사랑은 없다」라는 그의 유명한 책에서 이렇게 지적합니다. '현대는 혼잡한 언어의 시대다. 언어의 홍

수 속에 우리는 많은 생각에 시달리고 있다. 조용하게 자기의 내면 세계를 성찰하는 지혜도 없고, 그럴 시간도 없다. 그냥 쫓고 쫓기면서 도대체 내가 지금 뭘 하고 있는지도 모르는 채로 살아간다. 이런 삶, 잘못된 것 아니겠는가.' 그러면서 그는 '깊이 자기를 성찰하고, 하나님 앞에 기도하며 살아가는 사람이 되어야 한다'고 강조합니다. 그리고 세 가지를 말합니다. 첫째로 그는 '기도하면서 하나님의 뜻을 알 수 있는 빛을 받아야 한다'고 말합니다. 우리 영혼이 흐려졌습니다. 깨끗한 영혼이 되어야 합니다. 사람의 세계, 내 운명은 중요하지 않습니다. 하나님의 뜻이 어디에 있는지, 하나님께서 무엇을 원하시는지, 하나님께서 무엇을 기뻐하시는지를 알아볼 수 있는 깨끗한 영혼의 상태가 되어야 합니다. 둘째로 그는 '하나님의 뜻을 알았으면 이제는 받아들일 수 있어야 한다'고 말합니다. 내 뜻과 다르더라도 하나님의 뜻을 기쁘게 받아들일 수 있는, 그리고 그 하나님의 뜻을 사랑할 수 있는 마음이 되어야 합니다. 셋째로 그는 '그의 뜻을 행할 수 있는 방법, 곧 의지와 용기가 있어야 한다'고 말합니다. 그래서 그것과 반대되는 것은 과감하게 끊고, 하나님의 뜻에 가까이 가며, 하나님의 뜻을 즐기며, 하나님의 뜻을 환영하는 영혼의 상태로 생을 살아가야 하지 않겠느냐고 강조합니다. 우리는 임종의 순간까지도 하나님의 뜻을 모르고 답답해하는 영혼들을 봅니다. 분명한 사실이 있습니다. 끝은 어김없이 오고 있다는 것입니다. 그 끝을 향해 가는 동안 이제 남은 시간이 참 중요합니다. 어떻게 살아가야 합니까? 이를 위해서 기도하고, 나를 향하신 하나님의 뜻을 알고, 그 뜻을 환영하고, 그 뜻을 기뻐하고, 그 뜻을 마주 바라볼 용기가 있어야 할 것입니다.

오늘본문은 우리가 참 소중하게 여기는 말씀입니다. 신앙적으로나, 신학적으로나 결정적으로 귀한 메시지입니다. 예수께서는 33년의 짧은 생을 사셨습니다. 고작 서른세 살입니다. 오래 전 이야기입니다. 전주에서 총회가 열려서 간 적이 있습니다. 제가 일생 처음으로 참석한 총회입니다. 그래 일정을 마치고 올라올 때 그곳 역 플랫폼에서 기차를 기다리고 있는데, 한경직 목사님이 제게 가까이 다가오시더니 이러시는 것이었습니다. "곽 목사, 우리 교회 부흥회 오라우!" 그 당시는 월요일 저녁부터 시작해서 다음 월요일 새벽까지 꼬박 일주일 동안 부흥회를 하던 시절입니다. 새벽, 낮, 저녁, 이렇게 하루에 세 번씩 설교를 해야 됩니다. 처음에는 제가 사양했습니다. 부흥회를 인도해본 적도 없고, 영락교회처럼 큰 교회에서 어떻게 설교를 할 수 있겠나 싶어서였습니다. 그래 못하겠다고 말씀드렸더니, 목사님이 대뜸 제게 나이를 물어보셨습니다. 그래 "서른세 살입니다" 했더니 하시는 말씀입니다. "허허, 이 곽 목사 이거 한심하구만. 예수님은 서른세 살에 끝냈는데. 아니, 나이가 어리다 뭐다, 그게 다 뭐하는 소리야?" 그래 제가 갔습니다. 저한테는 첫 부흥회였습니다. 그 제1호 교회가 영락교회입니다. 그때부터 지금까지 수많은 부흥회를 다니고 있습니다. 고작 서른세 살입니다. 누구든 서른세 살이 넘었거든 절대로 일찍 죽는다고 말하지 마십시오. 이미 많이 살았습니다. 서른세 살이면 충분합니다. 아니, 너무 많이 살았지요. 여러분, 어찌 생각하십니까?

예수님께서는 서른세 살로 생을 마감하시는 그 귀중한 순간 십자가 위에서 큰 소리로 외치셨습니다. "다 이루었다!" 참 귀한 말씀 아닙니까. 제가 언젠가 사람들이 죽을 때 남긴 말인 '임종어'를 모아놓은 책을 읽어본 일이 있습니다. 사람들이 마지막에 무슨 말을 하느냐가 참 중요합니다. 그것이 인생의 결론이기 때문입니다. 그래서 임종어는 참 중요합니다. 예수님 생애의 결론은 "다 이루었다!"입니다. 아주 유명한 말씀 아닙니까. End가 아니라, Finished입니다. '끝났다'가 아니라, '완성했다'입니다. 뜻이 아주 많이 다릅니다. '다 이루었다'입니다. 성경은 언제나 예언을 합니다. 이 예언 속에는 약속이 있습니다. 약속은 반드시 그 다음에 성취로 이어집니다. 약속과 성취의 긴장관계 속에서 성경의 역사는 이루어지는 것입니다. 약속하시고 성취되고, 약속한 것이 또 성취되고, 또 멀리 성취됩니다. 예수님께서는 이제 말씀하십니다. "다 이루었다!" 완성되었다는 것입니다. 나 중심의 생활에서 하나님 중심의 생활로 돌아가면서 생각해 봅시다. 하나님의 그 크신 뜻에 나 자신의 뜻을 비추어보면서 "다 이루었다!" 하는 것, 이 얼마나 귀중한 말씀입니까.

오늘본문 28절 말씀이 중요합니다. "그 후에 예수께서 모든 일이 이미 이루어진 줄 아시고……" 다 아시고 말씀하시는 것입니다. 몽롱한 가운데 말씀하시는 것이 아닙니다. 다 아셨습니다. 이루어진 줄 다 아시고, 그 확신 가운데서 말씀하십니다. "다 이루었다!" 약속에 대해서는 경륜이요, 그 경륜에 능력이 함께하십니다. 나를 향한 하나님의 뜻이 있고, 또 오늘이라고 하는 현실이 있습니다. 하나님의 뜻과 나 자신에 대한 경륜, 그리고 오늘이라고 하는 이 현실, 이 사건, 이 셋을 합쳐서 "다 이루었다!"고 외치게 되어야 그것이 잘 살아낸 인생입니다. 이것이 승리입니다.

예수님께서는 겟세마네 동산에서 유명한 기도를 하셨습니다. "내 뜻대로 마옵시고 아버지의 뜻대로 하옵소서." 자신의 뜻이 아니라, 하나님 아버지의 뜻을 구하셨습니다. 아버지의 뜻은 십자가였습니다. 그것이 바로 끝이었습니다. 그 아버지의 뜻 앞에서 자기 뜻을 온전히 버리는 순간입니다. 그리고 자신을 바치는 순간입니다. 내 뜻대로 마옵시고 아버지의 뜻대로…… 이 얼마나 위대한 기도입니까.

그리고 겟세마네 동산에서 내려오실 때 예수님께서는 두 가지 말씀을 하십니다. 체포되시는 순간입니다. 아주 중요한 간증이 그 말씀 속에 있습니다. 첫째가 요한복음 18장 11절입니다. 제가 제일 귀중하게 여기는 요절입니다. "아버지께서 내게 주신 잔을 내가 마시지 않겠느냐?" 이 십자가는 빌라도가 아니요, 바라바도 아니요, 로마군인도 아닙니다. 예수님의 기도하는 마음속에는 그런 사람들이 없습니다. 십자가는 '사랑하는 아버지가 사랑하는 아들에게 주는 십자가'입니다. "아버지께서 내게 주시는 잔을 내가 마시지 않겠느냐?" 예수님께서는 십자가를 이렇게 이해하셨습니다. 모든 고통을 이렇게 이해하셨고, 역사적 사실을 이렇게 이해하셨습니다. '아버지께서 내게 주시는 잔'입니다. 사랑하는 아버지가 사랑하는 아들에게 주는 것입니다. "하나님 아버지, 감사합니다." 이렇게 받아들이고 말씀하십니다. "다 이루었다!"

또한 마태복음 26장 54절에는 예수님께서 체포되시는 순간에 하신 말씀이 있습니다. "내가 이렇게 십자가를 지지 아니하면 성경이 이렇게 이루리라 하신 말씀이 어떻게 이루어지겠느냐?" 성경을 생각하셨습니다. 성경의 맥락을 생각하셨습니다. 성경의 예언과 성취의 맥락을 염두에 두시고 그 속에 자신을 넣어서 생각하십니다. "하신 말씀이 내가 죽는 십자가 속에서 이루어지는 것이 아니겠느냐? 내가 이것을 피하면 이 성경 예언 말씀이 어떻게 되겠느냐?" 예언의 말씀을 성취하시기 위하여 자발적으로 십자가를 지시는 것이라는 말씀입니다. 하나님의 구원의 사역과 놀라운 역사입니다. 예언하시고, 예표로 말씀하시고, 성취하시고, 차근차근 이루어 가시는 하나님의 그 위대한 구원의 경륜을 생각하시면서 지금 말씀하고 계십니다. "다 이루었다!" 비록 서른세 살이지만 다 이루셨습니다. 예수님께서는 고작 3년밖에는 일하지 않으셨습니다. 아주 중요하게 생각해야 합니다.

그런고로 예수님의 사역은 그 근본목적이 잘 살고, 평화롭고, 평등한 데에 있지 않습니다. 그 정도가 아닙니다. 예수님께서 하신 일은 십자가에 돌아가시는 것입니다. 만백성의 죄를 대신하여 제물로 하나님 앞에 바쳐지는 것입니다. 생각하면 하실 일이 많지 않습니까. 예수님께서 병자를 고치셨다고 하지만, 고작 3년 동안 얼마나 고치셨겠습니까. 마가복음의 연구자들은 말합니다. '기록상으로 보면 예수님께서 공적으로 나가서 일하신 기간은 90일 밖에 안 된다.' 예수님께서 환자를 만나셨지만, 얼마나 만나셨겠습니까. 고치시고 가르치셨지만, 얼마나 하셨겠습니까. 예수님의 제자들을 보면 너무나 한심합니다. 무슨 뜻입니까? 예수님께서는 끝까지 사랑하셨다는 뜻입니다. 십자가에 돌아가시면서도 자기를 죽이는 자를 용서하십니다. 사랑 가운데 최고가 용서입니다. 자기를 죽이는 자를 용서하십니다. 위하여 기도하십니다. 끝까지 사랑하십니다. 제자들의 발을 씻기시면서 끝까지 사랑하십니다. 사랑의 완성입니다. 당신이 하셔야 할 사랑을 다 하신 것입니다.

또한 예수님께서는 믿으셨습니다. 추호도 의심하지 않으셨습니다. '십자가는 절대로 잘못된 일이 아니다. 이것은 예언의 완성이다. 구원의 완성이다.' 예수님께서는 하나님의 뜻을 믿으셨습니다. 동시에 제자들을 믿으셨습니다. '지금은 저들이 한심한 것 같아도 결국은 저들이 중생하고 돌아와 교회를 세우고 큰 역사를 이룰 것이다.' 이렇게 제자들을 믿으셨습니다. '지금은 모르겠지만, 이후에는 알리라.' 그런가하면 끝까지 소망에 사셨습니다. "내 아버지 집에 거할 곳이 많도다." "다시 와서 너희를 나 있는 곳으로 영접할 것이다." "내가 곧 길이요, 진리요, 생명이다. 나로 말미암지 않고는 아버지께로 올 자가 없느니라." 완전한 소망, 확실한 소망입니다.

할 일이 많습니다. 그러나 끝까지 사랑하고, 끝까지 믿고, 끝까지 소망 중에 있으면 다 이룬 것입니다. 물리적으로 사회적으로 분리하려고 하면 안 됩니다. 이것은 실존적입니다. 하나님과 나와의 관계입니다. 내게 향하신 뜻을 다 이룬 것입니다. 내가 해야 할 일을 다 한 것입니다. 하나님께서 내게 원하시는 것을 다 하신 것입니다. 그것을 말하는 것입니다. "다 이루었다." 우리는 인생을 돌아볼 때 후회가 많습니다. 해야 할 일도 많았고, 할 수 있는 일도 많았는데, 못한 것이 너무나 많습니다. 잘못한 것이 너무나 많습니다. 그러나 예수님께는 임종의 순간에 후회의 빛이 없으십니다. 어둠이 없으십니다. 다 이루셨습니다. 얼마나 아름답습니까. 이것은 예수님만이 아닙니다. 예수 믿는 사람, 우리 모두가 이 같은 고백을 할 수 있어야 할 것입니다.

십자가를 보는 시각에 중요한 문제가 있습니다. 예수님께서는 승리로 십자가를 지셨고, 승전가를 부르며 십자가를 지신 것입니다. 이 승리는 영원한 승리의 시작입니다. 예수님은 친히 말씀하셨습니다. "밀알 한 알이 땅에 떨어져 썩지 아니하면 그대로 있고 죽으면 많은 열매를 맺느니라." 말씀하시고 그대로 사시고, 그대로 죽으셨습니다. 저 부활의 아침을 바라보면 이것은 절대 끝이 아닙니다. 승리의 시작이요 선포입니다. "다 이루었다!" 하시고 그 뒤에 부활의 아침이 다가옵니다. 이 얼마나 아름다운 역사입니까.

미국 LA에 가면 글렌데일이라는 곳에 '포레스트 론'이라고 하는 유명한 묘지가 있습니다. 그 묘지의 맨 위에 가면 화랑이 하나 있습니다. 제가 60년대 초에 처음 가 봤을 때 얼마나 감격했는지 모릅니다. 성전이 지어져 있는데, 거기 큰 그림 하나가 있습니다. 예수님께서 십자가에 돌아가시는 장면인데, 폭이 무려 27미터나 됩니다. 그 그림 하나를 위해 그 건물을 지었는데, 한 사람이 일생 동안 그렸다고 합니다. 예수님께서 십자가에 돌아가시는 장면을 연출하는데, 처음에는 캄캄하게 불을 껐다가 점점 밝히 보여줍니다. 그러면 예수님께서 십자가에 돌아가시는 장면이 나옵니다. "다 이루었다!" 하시는 순간 지진이 납니다. 그리고 다시 깜깜해집니다. 땅이 막 흔들립니다. 예수님께서 십자가에 돌아가시는 장면을 연출한 것입니다. 이어 조용해졌다가 새 소리가 들리면서 빛이 환하게 비칩니다. 부활의 아침이 찾아온 것입니다. 부활하신 예수님이 환하게 보입니다. 참 감격스럽습니다. 저는 LA에 오시는 목사님들에게 여기를 소개해드리느라 여러 번 가 보았습니다. 한번 꼭 볼 만합니다. 참 감격스럽습니다. 십자가 뒤에 오는 부활의 아침이 있습니다. "다 이루었다!" △

마음에 더디 믿는 자들

그 날에 그들 중 둘이 예루살렘에서 이십오 리 되는 엠마오라 하는 마을로 가면서 이 모든 된 일을 서로 이야기하더라 그들이 서로 이야기하며 문의할 때에 예수께서 가까이 이르러 그들과 동행하시나 그들의 눈이 가리어져서 그인 줄 알아보지 못하거늘 예수께서 이르시되 너희가 길 가면서 서로 주고받고 하는 이야기가 무엇이냐 하시니 두 사람이 슬픈 빛을 띠고 머물러 서더라 그 한 사람인 글로바라 하는 자가 대답하여 이르되 당신이 예루살렘에 체류하면서도 요즘 거기서 된 일을 혼자만 알지 못하느냐 이르시되 무슨 일이냐 이르되 나사렛 예수의 일이니 그는 하나님과 모든 백성 앞에서 말과 일에 능하신 선지자이거늘 우리 대제사장들과 관리들이 사형 판결에 넘겨 주어 십자가에 못 박았느니라 우리는 이 사람이 이스라엘을 속량할 자라고 바랐노라 이뿐 아니라 이 일이 일어난 지가 사흘째요 또한 우리 중에 어떤 여자들이 우리로 놀라게 하였으니 이는 그들이 새벽에 무덤에 갔다가 그의 시체는 보지 못하고 와서 그가 살아나셨다 하는 천사들의 나타남을 보았다 함이라 또 우리와 함께 한 자 중에 두어 사람이 무덤에 가 과연 여자들이 말한 바와 같음을 보았으나 예수는 보지 못하였느니라 하거늘 이르시되 미련하고 선지자들이 말한 모든 것을 마음에 더디 믿는 자들이여 그리스도가 이런 고난을 받고 자기의 영광에 들어가야 할 것이 아니냐 하시고 이에 모세와 모든 선지자의 글로 시작하여 모든 성경에 쓴 바 자기에 관한 것을 자세히 설명하시니라

(누가복음 24 : 13 - 27)

마음에 더디 믿는 자들

　성경을 읽으면서 우리는 종종 특별한 느낌을 받을 때가 있습니다. 왜냐하면 극과 극의 사건인 은혜의 만남을 보면서 난센스를 경험하기 때문입니다. 신앙의 세계와 불신앙의 세계, 믿는 사람과 믿음 없는 사람, 믿음 있는 사건과 믿음 없는 사건처럼 대립하는 많은 사건들을 볼 때 우리는 굉장한 난센스를 느끼고, 또 해학을 느낄 수밖에 없습니다. 성경으로 돌아가 봅시다. 구약에 야곱이라는 사람이 나옵니다. 그의 아들 요셉은 형제들의 손으로 애굽에 팔려갔습니다. 요셉은 고생을 참 많이 했습니다마는 끝내 살아남았고, 마침내 애굽 전체를 총괄하는 총리대신이 되었습니다. 그야말로 영광된 권세의 보좌에 앉게 된 것입니다. 그러나 그 아버지 야곱은 아들 요셉이 죽은 줄 알고 무려 13년 동안을 울며 지냈습니다. 야곱은 요셉을 특별히 사랑했기에 그 아들에 대한 연민과 슬픔을 극복할 수 없어서 그 오랜 세월을 슬픔에 잠겨서 산 것입니다. 이쪽에서 아버지는 울고 있는데, 저쪽에서는 아들이 영광을 누리고 있습니다. 이 두 사건을 어찌 보아야 하겠습니까?
　신약성경에 회당장 야이로라는 사람이 나옵니다. 그의 열두 살짜리 딸이 병들었습니다. 그래 그는 예수님께로 가서 무릎을 꿇고 자신의 딸을 살려달라고 간청합니다. 예수님께서 그와 동행하여 그의 집으로 향하십니다. 도중에 사람이 와서 그의 딸이 죽었다는 소식을 알립니다. 따라서 이제 예수님을 모시고 갈 필요가 없어진 것입니다. 회당장 야이로는 딜레마에 빠졌습니다. 딸이 아직 살아 있다면 의원 되시는 예수님을 모시고 가는 게 의미가 있지만, 이미 죽었으니 예수님을 모시고 가서 뭘 어쩌겠습니까. 진퇴양난입니다. 바로 그 간에 예수님께서 귀한 말씀을 하십니다. "믿기만 하라. 네가 하나님의 영광을 보리라." 그래 회당장 야이로는 딸이 이미 죽었다는 소식을 듣고도 그대로 예수님을 모시고 집에 갑니다. 그랬더니 많은 동네 사람들이 모여서 소리 내어 울고 있습니다. 예수님께서 조용히 말씀하십니다. "죽은 것이 아니라 잔다." 이 말씀을 듣고 많은 사람들이 예수님을 비웃었습니다. "죽은 것이 확실한데, 잔다니?" 그러나 예수님께서는 가만히 안으로 들어가셔서 그 딸을 일으키십니다. "달리다쿰!" "딸아 일어나라!" 딸이 일어납니다. 여기서 생각해봐야 합니다. 믿음 있는 예수님과 믿음 없는 모든 사람들, 믿을 수도 없고 안 믿을 수도 없어 우왕좌왕하는 야이로라는 사람, 이 믿음의 문제를 놓고 이 관계된 사람들이 이렇게 서로 다른 생각과 마음과 느낌으로 만나고 있는 것입니다.

여기에 또 하나의 난센스가 있습니다. 요한복음 11장에는 예수님께서 사랑하시던 나사로가 죽은 사건이 나옵니다. 분명히 죽었습니다. 예수님께서도 그 사실을 알고 계십니다. 그러나 예수님께서는 말씀하십니다. "나사로가 잠들었느니라. 우리가 깨우러 가자." 아주 해학이 있는 이야기입니다. 그때 옆에 있던 사람의 대답이 또 재미있습니다. "잠들었으면 깰 겁니다. 깨우러 갈 것까지야 없지 않습니까?" 예수님께서 다시 말씀하십니다. "죽었느니라. 내가 잔다고 한 것은 죽었다는 뜻이다." 예수님께서는 자는 것을 죽은 것으로 말씀하신 것입니다. 그리고 한 말씀 더 하셨습니다. "이렇게 된 것을 내가 기뻐하노라. 내가 죽어가는 것을 만났으면 살릴 수밖에 없었는데, 죽었으니 죽은 자 가운데서 살리는 역사를 이루게 될 테니까 죽은 것은 잘된 일이다. 그런고로 나는 기뻐하노라." 정말 성경을 읽어가다 보면 이런 장면이 매우 헷갈립니다. 참 이해하기 어렵습니다. 난센스요 해학입니다. 그렇지 않습니까. 이 엄청난 삶과 죽음의 사건 앞에서 이렇듯 해학이 이루어지고 있습니다.

오늘본문에서 예수님께서는 십자가에 죽으셨습니다. 이 사실을 알고 두 제자가 엠마오로 가고 있습니다. 그들은 실망했습니다. 왜냐하면 예수님께서 늘 말씀하신 바와 같이 그들은 예수님을 이스라엘을 회복하실 분이라고 믿었는데, 그 예수님께서 죽으신 것입니다. 이스라엘을 회복하실 분, 곧 능하신 분이요, 지혜로우신 분이요, 권능을 행하시어 이스라엘을 구원하실 분으로 믿었는데, 그런 분이 비참하게 죽으셨습니다. 이 슬픔을 안고 그들은 지금 엠마오로 돌아가고 있는 것입니다. 그런데 부활하신 예수님께서 그들을 뒤따라가십니다. 하지만 그들은 부활하신 예수님을 못 알아봅니다. 그들이 서로 주고받는 이야기를 들으시고 예수님께서 물으십니다. "무슨 걱정들이 그렇게 많으냐?" 그러니까 "아, 당신은 예루살렘에 있으면서 그 엄청난 사건을 모른단 말이요? 당신만 몰라요? 예수님이 죽으셨어요" 합니다. 그때 예수님께서 하신 말씀입니다. "성경에 말씀한 바를 더디 믿는 자들이여!" Slow believer! 이 '더디 믿는 자'라는 말 한마디 속에 복음이 있습니다. 지금은 믿지 못하지만, 앞으로 믿게 되리라는 뜻이 있습니다. 그렇지 않습니까. 지금은 아닙니다. 그러나 믿게 될 것입니다. 곧 믿게 될 것이요, 언젠가 믿게 될 것입니다. 바로 예수님의 믿음입니다. "너희들이 지금은 믿지 못하지만, 곧 믿게 될 것이다."

그런고로 '믿음이 없는 자들'이라고 말씀하지 않으시고, '더디 믿는 자들'이라고 하십니다. 오늘도 보면 더디 믿는 사람들이 많습니다. 지금은 흔들리고 있습니다. 그런 상황을 우리가 많이 보지 않습니까. 믿음이 있는 자와 믿음이 없는 자 사이의 대결현상을 볼 수 있습니다. 오늘본문은 누누이 우리에게 설명해줍니다. 눈이 가리어진 탓에 부활하신 예수님과 동행하면서도 그 예수님을 몰라보았습니다. 예수님과 함께하면서도 예수님을 몰라보았다는 것, 이 얼마나 기막힌 이야기입니까. 그런가하면 31절은 '눈이 밝아져서 예수님을 알아보더라'고 말씀합니다. "눈이 가리어졌다. 눈이 밝아졌다." 이 귀한 역사가 함께 따라가야 되는 것입니다. 부활사건은 엄연한 객관적 사실이지마는, 그에 대한 부활신앙은 눈이 가리어진 자에게는 없고, 눈을 뜬 사람에게만 있습니다.

이 엄청난 부활사건에 대한 실존적 기적이 오늘본문에 나옵니다. 참으로 고마운 복음이라고 생각합니다. "더디 믿는 자들이여!" 거기다가 설명을 조금 붙이면 "조금 있으면 믿게 될 사람들"이라는 말씀입니다. 언젠가는 확실하게 믿게 될 사람들입니다. 그러한 복음적 의미가 여기에 있다고 생각합니다. 예수님께서 이제 해석을 하십니다. "왜 지금은 못 믿느냐?" 왜 그 부활의 영광을 못 믿고, 그 부활의 기쁨을 지금 체험할 수 없다는 것입니까. 잘못된 기대감 때문입니다. 집착하고 있는 욕망 때문입니다. 세속적인 욕망입니다. 오늘 본문에서도 그렇게 말씀하고 있습니다. "이스라엘을 회복할 자라고 믿었노라." 그 안에 지속적인 욕망이 있었습니다. '메시아 대망사상'입니다. 메시아를 기다린다고 하지마는, 그 메시아는 지극히 세속적이고 민족적이고, 이 세상의 것이었습니다. 메시아가 오시어 이 나라를 회복하시고, 경제를 회복하시고, 정치를 회복하시고, 도덕을 회복하십니다. 이런 메시아의 영광입니다. 솔로몬의 영광이 다시 이 땅에 회복되기를 바라는 간절한 마음입니다. 이런 세속적인 욕망이 있었습니다. 이 끈질긴 욕망 때문에 그들은 예수님을 알아볼 수 없었던 것입니다.

오늘본문에서 엠마오로 가는 제자들이 말하지 않습니까. "이스라엘을 회복할 자라고 믿었노라." 그랬는데 죽어버렸습니다. 그러니까 모든 세속적인 욕망과 메시아에 대한 기대와 그 모든 소망이 그냥 박살이 나고 말았다는 말씀입니다. 그래서 슬퍼합니다. 사도행전 1장에 보면 부활하신 예수님께서 다시 나타나셨을 때 참 서글픈 이야기가 또 한 번 나옵니다. 부활하신 예수님을 쳐다보면서 제자들이 하는 말입니다. "이스라엘을 회복할 때가 이때입니까?" 또 물어봅니다. 개인적이건 민족적이건 이 세속적인 욕망을 끊어버리기가 참 어렵습니다. 이 욕망이 끊어지기 전에는 예수님을 바로 알아볼 수가 없습니다. "더디 믿는 자들이여!" 성경에는 메시아께서 고난을 당하시기로 예언되어 있습니다. 고난을 당하신 다음에야 비로소 영광을 누리시기로 되어 있는 것입니다. 고난의 메시아가 계시고, 영광의 메시아가 계십니다. 백성을 대속하여 십자가에 죽으시는 예수가 계시고, 부활하시는 예수가 계십니다. 사실을 말하면, 이 귀한 관계는 대단히 웅변적입니다. 보십시오. 죽음이 없다면 부활이 있겠습니까. 고난의 메시아가 없이는 영광의 메시아도 없습니다.

우리는 이것을 날마다 너무나도 잘 경험하고 있습니다. 고난이 있고야 기쁨이 있고, 슬픔이 있고야 행복이 있고, 많은 고생을 하고야 지혜가 있습니다. 이런 과정을 그렇게도 많이 경험하고, 듣고, 보고 하면서도 우리는 여전히 오늘도 성경 이야기를 더디 믿습니다. 성경을 읽을 때 꼭 자기에게 좋은 것만 읽습니다. 그저 듣기 좋은 것, 예를 들어, 병자가 낫고, 죽은 자가 살아나고, 복을 받고…… 이런 부분만 좋아하는 것입니다. 그런데 욥이 고생했다, 모세가 고생했다, 아브라함이 나그네로 고생스럽게 살았다…… 이런 이야기에는 마음이 불편합니다. 성경은 아브라함을 가리켜 '복의 근원'이라고 말씀합니다. 아브라함에게는 일생동안 발붙일 만큼의 자기 땅조차 없었습니다. 그러니까 부동산을 많이 가지고 있는 사람에게는 받아들이기 곤란한 내용입니다. 그런데 그 아브라함은 복된 사람입니다. 아브라함의 복은 믿으면서도 아브라함의 나그네 같은 삶은 믿고 싶지가 않은 것입니다. 복 받은 사실만 믿고 받아들이고 싶어 합니다. 이것이 우리의 생각입니다.

성경은 순수한 마음으로 읽어야 하는데, 성경에서 자기한테 편리하고 자기 욕심에 관계된 것만 믿고 생각합니다. 그런고로 예수님께서 말씀하십니다. "성경에 메시아는 와서 고난을 받으리라고 이미 예언되어 있지 않느냐? 왜 고난의 메시아는 믿지 않고 영광의 메시아만 믿으려고 하느냐?" 성경의 진리를 바로 믿지 않는 자들이라고 꾸짖으시는 것입니다. 또한 이 사람들은 죽음이 없는 영광을 바랐습니다. 죽음이 있고야 부활이 의미 있지 않습니까. 부활의 영광을 생각하면서 죽음을 부인해서는 안 되지요. 죽음을 인정해야 부활의 아침이 있습니다.

중국에서 선교사의 딸로 태어나 아주 큰 역사를 이루었던 아그네스 샌포드가 쓴 「기도에 대한 편지」라는 책이 있습니다. 그는 이 책에서 감동적인 말을 합니다. 하나님 앞에 기도하는 시간이 있습다. 그 순간까지도 욕망을 버리지 못하고, 분노를 버리지 못합니다. 악함과 허약함을 버리지 못합니다. 이래서 기도하면서도 고민이 된다는 것입니다. 그래 이렇게 권면합니다. "딱 한 가지만 생각하라. '나는 곧 죽을 것이다'라고 생각하라. 메멘토 모리. '나는 죽을 것이다. 나는 곧 죽을 것이다. 언젠가는 죽을 것이다'라고 스스로에게 말하라. 그리하면 생명의 주인 되신 하나님의 주권에 겸손히 순종하게 되고, 불가피한 죽음을 환영하며, 죽음 다음에 있는 영생을 바라볼 수 있고, 그 소망으로 앞에 있는 어두운 그림자를 극복할 수 있다." 대단히 중요한 말씀입니다. 여러분, 욕심이 있습니까? 곧 죽을 것이라고 생각해보십시오. 끝없는 근심이 있습니까? 곧 죽을 것이라고 생각해보면 잘난 것도 없고, 못난 것도 없고, 성공도 없고, 실패도 없습니다. 죽음 뒤에만 영생이 있다는 사실을 잊지 말아야 합니다. 이 엠마오로 가는 제자들은 죽음이라고 하는 사건을 너무 크게 생각했습니다. 끝이라고 생각했습니다. 그러나 예수님께서는 말씀하십니다. "죽음은 당연한 것이고, 죽음 뒤에 부활이 있는 것이다." 생태학적인 죽음이 아닙니다. 구속사적인 죽음입니다. 이것을 확인해야 됩니다.

또한, 왜 엠마오로 가는 제자들이 이렇게 되었습니까? 그들이 하는 말이 있습니다. "예수님께서 이렇게 비참하게 죽으셨습니다. 그런데도 놀란 것은 새벽에 예수님의 시체를 보러 갔다가 여인들이 시체는 못 보고 천사만 보았다고 합니다. 다른 제자들도 따라가 보았다가 시체를 못 보고 그냥 왔다고 합니다. 예수님께서 부활하셨다고 하는데 말입니다." 여기에 덧붙여 딱 한마디 제가 하고 싶은 말이 있습니다. 예수님께서 꼭 이 말씀을 하고 싶으셨을 것 같습니다. "야

이놈들아! 너희도 가봐야 될 것 아니냐! 누가 이랬다더라 하지 말고 너희가 직접 무덤을 찾아가 봐야지, 어째서 엠마오로 오고 있는 거냐? 너희들은 왜 가지 않았느냐?" 이 제자 둘은 아주 소극적입니다. 신앙은 적극적이어야 합니다.

어떤 분이 하나님의 존재에 대해서 많은 의심을 품고 있었습니다. 그래 그 문제로 목사님을 괴롭혔습니다. 목사님이 이 사람한테 물어보았습니다. "성경을 읽어보셨습니까?" "마태복음 조금 읽다 말았지요." "그것 가지고는 안 됩니다. 더도 말고 지금부터 딱 열 번만 읽어보시고 저와 이야기를 하면 좋겠습니다." 정말로 이 사람이 약속을 지켜서 열 번을 읽었습니다. 그리고 훌륭한 믿음의 사람이 되었습니다. 우리는 너무나 소극적입니다. 하나님의 말씀이라고 하면서도 성경을 안 읽습니다. 여기에 믿음의 길이 있는 줄 알면서도 들리는 말씀대로 순종하지 않습니다. 그리고 믿음이 생기기를 바랍니다. 얼마나 난센스입니까.

오늘 예수님께서 넌지시 꾸짖으십니다. "예수님께서 부활하셨다고 한다면, 여자들이 예수님께서 부활하셨다고 말했다면, 제자들이 가서 시체를 못 봤다고 말했다면, 네가 직접 가 봐야 하지 않겠느냐?" 적극적이어야 합니다. 적극적이어야 참 믿음에 들어갈 수 있습니다. 가장 중요한 결론입니다. 더디 믿는 자가 이제 믿게 될 것입니다. 말씀을 좀 더 계속 읽어나가면 이런 말씀이 있습니다. "우리 마음이 뜨거워지지 않더냐?" 마음이 뜨거워질 때 예수님을 보았습니다. 뜨거워질 때야 예수님을 만나볼 수 있었습니다. 그래서 부활절에 꼭 말씀드려야 할 메시지 가운데 핵심이 무엇인지 아십니까? 바로 부활절과 오순절입니다. 오순절 없는 부활절은 객관적 사건에 불과합니다. 이 점을 잊지 말아야 합니다. 역사적으로 이루어진 사건에 대해서는 가부를 말하지 말아야 합니다. "어디 앉아서 부활했을까? 안 했을까? 그럴 수 있을까? 없을까?" 아닙니다. 내가 있다고 해서 있어지고, 없다고 해서 없어지는 것이 아닙니다. 역사적 사건에 대해서는 그냥 두십시오. 문제는 내가 믿느냐 안 믿느냐, 이것입니다. 이것이 중요합니다. 이 믿음은 오순절에 있습니다. 성령 충만해지는 오순절 사건이 있을 때 부활사건이 있었습니다. 부활절이 있고 오순절이 있고, 오순절이 있어서 부활절이 되는 것입니다. 이 사실을 잊지 말아야 합니다. 이 부활신앙에 깊이 들어갈 때 하나님께서 역사하십니다. 빌립보서 3장 21절은 말씀합니다. "우리의 낮은 몸을 자기의 영광의 몸의 형체와 같이 변케 하시리라." 그의 부활을 보며 나의 부활을 봅니다. 그의 영광을 보며 나의 영광을 봅니다. 그날의 아침을 바라보며 우리의 부활신앙을 새롭게 해야 할 것입니다. △

너는 내 양을 먹이라

　그들이 조반 먹은 후에 예수께서 시몬 베드로에게 이르시되 요한의 아들 시몬아 네가 이 사람들보다 나를 더 사랑하느냐 하시니 이르되 주님 그러하나이다 내가 주님을 사랑하는 줄 주님께서 아시나이다 이르시되 내 어린 양을 먹이라 하시고 또 두 번째 이르시되 요한의 아들 시몬아 네가 나를 사랑하느냐 하시니 이르되 주님 그러하나이다 내가 주님을 사랑하는 줄 주님께서 아시나이다 이르시되 내 양을 치라 하시고 세 번째 이르시되 요한의 아들 시몬아 네가 나를 사랑하느냐 하시니 주께서 세 번째 네가 나를 사랑하느냐 하시므로 베드로가 근심하여 이르되 주님 모든 것을 아시오매 내가 주님을 사랑하는 줄을 주님께서 아시나이다 예수께서 이르시되 내 양을 먹이라 내가 진실로 진실로 네게 이르노니 네가 젊어서는 스스로 띠 띠고 원하는 곳으로 다녔거니와 늙어서는 네 팔을 벌리리니 남이 네게 띠 띠우고 원하지 아니하는 곳으로 데려가리라

　　　　　(요한복음 21 : 15 - 18)

너는 내 양을 먹이라

　세계적인 부흥사였던 디엘 무디 목사님은 누가복음 22장 61절을 묵상하고 아주 깊은 생각에 잠기면서 많은 은혜를 받았다고 고백합니다. 베드로는 예수님의 수제자로서 예수 그리스도를 한평생 따랐습니다. 갈릴리의 어부로서 물고기를 잡던 사람이 예수님의 부르심을 받고 배와 온 친척을 다 버리고 예수님을 따른 것입니다. 그래 3년 동안을 예수님의 제자로 지냈고, 제자 중의 제자, 수제자가 되었습니다. 마태복음 16장에는 너무나도 유명한 이야기가 있지 않습니까. "너희는 나를 누구라 하느냐?"라고 예수님께서 물으실 때 베드로가 선뜻 나서서 이렇게 대답합니다. "주는 그리스도시요, 살아 계신 하나님의 아들입니다." 이 놀라운 고백이 오늘 교회의 기초가 되었습니다. 이 고백이 얼마나 만족스러우셨는지, 예수님께서는 "그래, 그것은 네 혈육이 안 것이 아니고, 하나님께서 네게 알게 하신 것이니라"라고 칭찬해주셨습니다. 이 고백 자체가 큰 은사임을 예수님께서 말씀하시고, 이어서 천국열쇠를 주시겠다고 말씀하십니다. 굉장한 이야기 아닙니까. 유럽을 여행하면 곳곳에서 많은 성당을 볼 수 있습니다. 성당 안에는 또 많은 석상들이 있는데, 가장 쉽게 찾을 수 있는 것이 베드로 상입니다. 왜냐하면 눈에 확 띄는 큰 열쇠를 들고 있는 사람이 베드로이기 때문입니다. 한편 큰 검을 들고 있는 사람은 사도 바울입니다. 이름 하여 '말씀의 검'입니다. 그러니까 베드로는 천국열쇠를 들고 있고, 사도 바울은 말씀의 검을 들고 있습니다. 베드로는 이렇듯 크게 높임을 받은 대단히 중요한 예수님의 제자였습니다.

    하지만 마태복음 26장을 보면 예수님께서는 성만찬 예식을 행하실 때 경고의 말씀을 베드로에게 주십니다. "네가 닭이 울기 전에 세 번 나를 부인하리라." 이 말씀을 듣고 베드로가 대답합니다. "다 주를 버릴지라도 저는 언제든지 주를 버리지 아니하겠나이다." 여기서 조금 걸리는 대목이 있습니다. 다른 사람과 자신을 비교한 것입니다. "다 주를 버릴지라도 저는 주를 부인하지 않겠습니다." 자기 스스로를 높이는 장담을 한 것입니다. 이 말을 듣고 다른 제자들도 똑같은 말을 합니다. 그리고 이제 예수님께서는 체포되시어 재판을 받으십니다. 여기서 예수님께서는 재판을 딱 한 번 받으신 것이 아닙니다. 먼저 제사장 앞에 가서 재판을 받으셨고, 다음으로 빌라도 앞에 가서 재판을 받으십니다. 그리고 로마 군인의 손으로 십자가에 못박혀 돌아가십니다. 그러니까 예수님께서는 제사장들의 공의회에서 처음 재판을 받으십니다마는, 그 최종결정은 빌라도 앞에서 이루어집니다.

    예수님께서 먼저 가야바의 법정에 가셨을 때 베드로는 예수님을 멀찍이서 따라갔습니다. 이때부터 문제가 있습니다. 가까이서 따라가지 않고 왜 멀찍이서 따라갑니까? 아주 도망가지도 않고, 그렇다고 가까이 가지도 못하면서 예수님께서 재판받으시는 장면을 멀리서 그저 지켜보고만 있었습니다. 성경을 보면 그때가 좀 추운 시기였던 것 같습니다. 뜰 가운데 불을 피워놓고 몇 사람이 마주 둘러앉아 있었으니까요. 바로 그 시간에 한 여자 아이가 나와서 하는 말입니다. "이 사람이 그와 함께 있었습니다." 겨우 이 정도 말을 듣고 베드로가 예수를 부인하다니, 말이 안 되는 일 아닙니까. 그런데 베드로는 아니라고 말합니다. 그러자 다른 사람이 또 말합니다. "너도 그 당이다." 이번에도 베드로는 아니라고 부정합니다. 마지막에는 이런 말까지 듣습니다. "이 사람, 갈릴리 사람 맞소!" 누가 베드로의 발음을 듣고 그가 갈릴리 출신의 제자인 줄 알아차린 것입니다. 하지만 베드로는 끝까지 아니라고 극구 부인합니다.

누가복음 22장에 중요한 장면이 나옵니다. "예수님께서 돌이켜 베드로를 보시니……" 베드로가 부인할 때 예수님께서 그 베드로를 뒤돌아보셨습니다. 예수님을 부인하는 제자, 그 비참한 사람, 그 형편없는 인간을 응시하셨습니다. 무디 목사님은 그 순간 예수님께서 베드로를 보시면서 속으로 많은 말씀을 하셨을 것이라고 믿습니다. 말이란 귀로 듣는 것만이 아닙니다. 눈으로 듣는 말도 있습니다. 그렇기 때문에 누구한테 무슨 말을 할 때는 그 상대를 보고 해야지, 외면하고 말하는 것은 처음부터 싸움을 거는 것과 같습니다. 보고 말하고, 보고 듣는 것입니다. 말하고 듣는 것은 입과 귀입니다. 그러나 중요한 것은 눈입니다. 눈으로 보고, 눈으로 듣는 것입니다.

지금 예수님의 입에는 말씀이 없습니다. 그러나 베드로가 예수를 모른다고 부인하는 순간 예수님께서는 보고 계십니다. 그 속에 말씀이 있습니다. 무디 목사님은 예수님께서 이렇게 말씀하셨으리라고 생각했습니다. "베드로야, 정말 네가 나를 모르느냐? 네가 갈릴리 바다에서 물고기를 잡을 때 내가 너를 부르지 않았느냐? 네가 물에 빠져 들어갈 때 내가 네 손을 잡아 일으키지 않았느냐? 네가 세 번 나를 부인하리라고, 바로 몇 시간 전에 내가 경고하지 않았더냐? 베드로야, 참으로 네가 나를 모르느냐?" 이렇게 눈으로 말씀하셨다는 것입니다. 무디 목사님은 "주께서 돌이켜 베드로를 보시니"

라는 말씀과 그 장면을 생각하며 은혜를 받고, 그렇게 많이 울었다고 합니다.

예수님께서는 오늘도 우리를 보고 계십니다. 그리고 "네가 나를 사랑하느냐? 네가 시험에 빠질 때 나를 모른다고 한다는 말이 사실이냐?"라고 물으십니다. 이것이 예수님의 말씀입니다. 베드로는 예수님의 눈과 마주치는 순간 거기서 많은 말씀을 듣고 밖에 나가 통곡했습니다. 예수께서 부활하셨다는 소식을 듣고 맨 먼저 무덤을 찾아갔습니다. 베드로는 요한과 함께 달려가 빈 무덤을 확인했습니다. 그리고 예수님의 부활을 믿었습니다. 그리고 여러 차례 예수님을 만나 뵈었습니다. 하지만 베드로는 마음에 깊은 자책이 있었습니다. 예수님의 부활이 의심스러워서가 아닙니다. 부활은 사실이지만, 자신이 너무나 원망스러웠기 때문입니다. 베드로는 자신이 너무나 초라하고 부끄러웠습니다. 그래서 성경에는 기가 막힌 이야기가 나옵니다.

요한복음 21장 3절에서 시몬 베드로는 이렇게 말합니다. "나는 물고기 잡으러 가노라." 베드로는 일찍이 "다 버릴지라도 나는 주님을 따르겠습니다"라고 장담했던 사람입니다. 그런 베드로가 부활하신 예수님을 만나 뵙고도 "나는 물고기 잡으러 가노라"라고 말합니다. 이 얼마나 초라한 모습입니까. 아마도 가책이 되었겠지요. 속에는 이런 말이 있었을 것입니다. "예수님, 죄송합니다. 제자 잘못 선택하셨습니다. 저 같은 놈을 수제자로 선택하신 것, 잘못입니다. 도대체 제가 예수님 앞에 나설 수가 없습니다. 제가 예수님의 제자로 있으면 앞으로 또 어떤 일이 생길지 모릅니다. 예수님, 포기하십시오. 저는 옛날직업으로 돌아갑니다." 그러자 일곱 사람이나 너도나도 베드로를 줄레줄레 따라나섰습니다. 그리고 밤새껏 그물을 던졌습니다. 3년이나 손을 놓고 있던 일이라서인지 한 마리도 못 잡았습니다. 지금 베드로는 두 겹 세 겹으로 비참하고 초라하고 낙심되는 순간입니다. 참 피곤한 시간이지요.

성경을 보면, 바로 그때 아주 다정한 음성이 들려옵니다. "얘들아, 너희에게 물고기가 있느냐?" 베드로가 대답합니다. "한 마리도 못 잡아서 없습니다." 예수님이신 줄 못 알아보고 하는 말입니다. 그래서 예수님께서 말씀하십니다. "그물을 배 오른 편에 던져라." 배에 있는 그들은 다 물고기 잡는 데 전문가들입니다. 뭍에 있으면서 그들에게 그물을 던지라고 말하는 사람은 목수의 아들입니다. 그 예수님께서 시키시는 대로 하자 그들은 물고기를 무려 153마리나 잡았습니다. 그 순간 베드로는 3년 전에 비슷한 일이 있었던 것을 기억해 내고 예수님 앞으로 달려가 무릎을 꿇었습니다. 이 사람이 베드로입니다. 그는 몹시 부끄러웠습니다. 할 말이 없습니다. 고개를 들 수조차 없습니다. 스스로가 너무나 초라하고 비참합니다.

이제 예수님께서 귀중한 말씀을 하십니다. "베드로야, 내 양을 먹이라." 무슨 말씀입니까? "내가 하던 일을 네가 계속 해라. 내가 십자가에 죽어서 구속한 양, 앞으로도 계속 구속하게 될 많은 양을 네가 먹이라. 내가 하던 일을 네가 하라." 굉장한 시간입니다. 베드로는 아무 말도 할 수 없습니다. 베드로가 예수님을 세 번이나 모른다고 하지 않았습니까. 그 원인이 어디에 있습니까? 예수님께서 조용한 말씀 속에서 원인을 분석하십니다. 사랑이 없기 때문이라고요. 앞으로 네가 내 양을 먹이려면 그 원동력, 그 능력, 그 동기, 그 근본은 사랑이라고요. 그래서 베드로에게 물으십니다. "네가 나를 사랑하느냐?" 헬라어로 이 사랑은 아가페의 사랑입니다. 하지만 베드로는 아가페라고 대답하지 못합니다. 오히려 필레오의 사랑으로 대답합니다. 아가페는 희생적 사랑이요, 하나님의 사랑입니다. 필레오는 친구의 사랑입니다. 우정이나 친구로서의 친한 관계를 뜻합니다. 예수님께서 재차 물으십니다. "아가페의 사랑으로 사랑하느냐?" 베드로의 대답은 여전합니다. 예수님께서는 마지막 세 번째로 더 심각하게 물으십니다. "그렇다면 나를 필레오의 사랑으로 사랑하느냐? 친구의 사랑은 하느냐? 친구를 위하여 목숨을 버리는 데 너는 정말 친구의 사랑을 하느냐?"

오늘본문에서 다급해진 베드로가 하는 말입니다. "근심하여 이르되 모든 것을 아시오매……" 여기에 괄호를 치고 몇 마디 써넣고 싶습니다. "모든 것을 아시오매, 제가 주를 세 번 모른다고 하기는 했습니다마는, 제 마음 속으로 주님을 사랑하는 줄 주께서 잘 아시지 않습니까." 여기까지 내려갔을 때 주께서 말씀하십니다. "내 양을 먹이라." 여러분, 이것이 얼마나 중요한 말씀인지 아십니까? 사랑입니다. 문제는 사랑인데, 사랑의 바탕이 무엇입니까? 겸손이고 자기부정입니다. 사랑하면서도 아직 내가 남아 있으면 안 됩니다. 내 지식, 과거, 고집, 의로움…… 안 되지요. 아주 바닥까지 떨어져야 합니다. 사랑하는 순간 나는 아무것도 아닙니다. 여러분 아시지 않습니까. 부부사랑도 그렇습니다. 남편을 사랑합니까? 남편은 크고, 나는 작습니다. 쉽게 말하면 아무것도 아닙니다. 아내를 사랑합니까? 아내가 크고, 나는 아무것도 아닌 머슴입니다. 이것이 돼야 합니다. 사랑한다면서 '저거 언제 사람 되나?' 하고 있으면 안 됩니다. 남편이, 아내가 작아 보이고, 형편없어 보인다면 그것은 사랑이 아닙니다.

오늘본문에 귀중한 말씀이 있습니다. "네가 나를 사랑하느냐? 사랑하느냐? 사랑하느냐?" "주여, 제가 사랑합니다. 비록 주님을 모른다고 했습니다마는, 아주 낮은 곳에서 사랑하고 있음을 주께서 아시지 않습니까." 바로 그 순간, 예수님 말씀하십니다. "네 양을 먹이라." 베드로에게 말씀하십니다. "사랑하라. 사랑하면 과거를 이길 수 있다. 나약함을 이길 수 있다. 초라함을 이길 수 있다. 과거의 실패를 불식할 수 있다." 사랑하는 자는 자기를 이길 수 있습니다. 사랑하는 자는 자기의 과거를 떠날 수 있습니다. 지난날의 모든 부족함을 다 사랑 안에서 소화해버립니다. "네가 나를 사랑하느냐? 사랑하면 스스로 능력의 사람이 될 것이다. 모든 부끄러움을 이길 수 있을 것이다. 자기를 이길 수 있을 것이다. 그리고 내 양을 먹이라. 내 양, 십자가로 구속한 양, 앞으로 계속해서 십자가의 은혜로 구원받을 사람들, 주님 앞에 나아와 보혈의 공로로 구원받게 될 그 사람들을 네가 먹이라."

그리고 그 다음 이야기를 자세히 읽어보면 재미있는 말씀이 있습니다. 예수님께서 베드로에게 하시는 예언의 말씀입니다. "네가 앞으로 나를 위해서 큰 환난을 당하고 아마도 순교할 것이다." 베드로가 그 말씀을 들으면서 마음이 침통할 때입니다. 그때 생각한 것입니다. '나는 예수님을 세 번이나 모른다고 했으니까 당연히 이런 고난을 치러야겠지. 사도 요한은 예수님을 끝까지, 십자가 밑에까지 따라갔으니까 예수님을 부인한 일이 없거든.' 그리고 가만히 보니 사도 요한이 예수님 옆에 있습니다. 그래 베드로가 아주 묘한 질문을 합니다. "예수님, 그러면 이 사람은 어떻게 될까요?" 예수님께서 아주 단호하게 말씀하십니다. "이 사람아, 내가 다시 올 때까지 머무르게 할지라도 너와 무슨 상관이냐? 너는 나를 쫓으라." 무슨 말씀입니까? 주님을 사랑할 때에는 다른 사람을 보지 말아야 합니다. 다른 사람의 운명을 보지 마십시오. 내가 주님께 갈 때 다른 사람은 어떻게 되나, 사람들이 나를 인정해주나, 하는 것은 상관하지 마십시오. 비교가 필요 없습니다. 비교하면 그 순간 약해집니다. 오직 주님만 봐야 합니다. 주님께서 물으십니다. "네가 나를 사랑하느냐? 내 양을 먹이라. 다른 사람에 대해서 신경 쓰지 마라." 신앙의 문제에 관한한 다른 사람과 비교해서는 안 됩니다. 다른 사람이 잘 되는지 못 되는지, 오래 사는지 일찍 죽는지, 어떤 고난을 당하는지 마는지…… 상관할 것 없습니다. "네가 나를 사랑하느냐? 내 양을 먹이라." 얼마나 귀한 말씀입니까.

　마더 테레사가 사역했던 '어린이를 위한 집'의 벽에는 유명한 켄트 키스라는 사람의 시가 걸려 있었다고 합니다. 제목은 '그럼에도 불구하고'입니다. 내용은 이렇습니다. '당신이 선한 일을 할 때 이기적인 동기라고 비난 받을 수 있을 것이다. 그럼에도 불구하고 사랑하라. 정직하고 솔직하면 상처 받을 수도 있을 것이다. 그럼에도 불구하고 사랑하라. 도와주면 공격을 받고, 독설이라는 비난도 받을 수 있을 것이다. 그럼에도 불구하고 사랑하라. 좋은 것을 주면 발길에 채일지도 모른다. 그럼에도 불구하고 사랑하라.' 사랑에는 아무 조건이 없습니다. 아무 반응도 기대하지 마십시오. 바로 이것입니다. "주님을 사랑하는 마음으로 사랑하라." 주님을 사랑하는 마음으로 양을 사랑합니다. 하나님을 사랑하는 마음으로 사람을 사랑합니다. 주님께서 오늘도 물으십니다. "네가 나를 사랑하느냐? 내 양을 먹이라." △

은혜로 내게 주신 자녀

　야곱이 눈을 들어 보니 에서가 사백 명의 장정을 거느리고 오고 있는지라 그의 자식들을 나누어 레아와 라헬과 두 여종에게 맡기고 여종들과 그들의 자식들은 앞에 두고 레아와 그의 자식들은 다음에 두고 라헬과 요셉은 뒤에 두고 자기는 그들 앞에서 나아가되 몸을 일곱 번 땅에 굽히며 그의 형 에서에게 가까이 가니 에서가 달려와서 그를 맞이하여 안고 목을 어긋맞추어 그와 입맞추고 서로 우니라 에서가 눈을 들어 여인들과 자식들을 보고 묻되 너와 함께 한 이들은 누구냐 야곱이 이르되 하나님이 주의 종에게 은혜로 주신 자식들이니이다 그 때에 여종들이 그의 자식들과 더불어 나아와 절하고 레아도 그의 자식들과 더불어 나아와 절하고 그 후에 요셉이 라헬과 더불어 나아와 절하니 에서가 또 이르되 내가 만난 바 이 모든 떼는 무슨 까닭이냐 야곱이 이르되 내 주께 은혜를 입으려 함이니이다 에서가 이르되 내 동생아 내게 있는 것이 족하니 네 소유는 네게 두라 야곱이 이르되 그렇지 아니하니이다 내가 형님의 눈앞에서 은혜를 입었사오면 청하건대 내 손에서 이 예물을 받으소서 내가 형님의 얼굴을 뵈온즉 하나님의 얼굴을 본 것 같사오며 형님도 나를 기뻐하심이니이다 하나님이 내게 은혜를 베푸셨고 내 소유도 족하오니 청하건대 내가 형님께 드리는 예물을 받으소서 하고 그에게 강권하매 받으니라

　　　　　(창세기 33 : 1 - 11)

은혜로 내게 주신 자녀

　　초등학교 3학년 어린이가 어느 날 어머니 앞에서 아주 두꺼운 책 한 권을 읽고 있었습니다. 어머니가 아이에게 다가가서 "무슨 책 읽고 있니?" 하고 물으면서 봤더니 「육아교육법」이라는 책이었습니다. 그래 어머니가 "왜 이런 책을 읽고 있니?" 하고 물었더니 그 아들이 이렇게 대답했다고 합니다. "제가 올바른 교육을 받고 있나 알아보려고요."
　　한 달 전 외신에 감동적인 이야기 하나가 실렸습니다. '남자는 암에 걸린 여자를 살리고, 여자는 아기를 살렸다'라는 제목의 기사입니다. 주인공은 미국의 30대 부부인 엘리자베스와 맥스입니다. 두 사람은 2년 동안의 연애 끝에 결혼했습니다. 그때 이미 여자는 자신이 폐암에 걸린 사실을 알고 있었습니다. 그래서 여자는 절대 결혼을 하지 않겠다고 했지만, 남자는 괜찮다고 여자를 설득했습니다. 결국 두 사람은 결혼하였습니다. 그리고 용기를 내어 여자가 폐암수술을 받았고, 꾸준한 항암치료로 마침내 완치되었습니다. 너무나 감사했습니다. "우리의 사랑이 모든 것을 이겼다"고 하며 좋아했습니다. 그런데 3년 뒤에 폐암이 재발했습니다. 다시 치료를 시작해서 수술을 받으려고 보니 여자가 임신 중이었습니다. 문제가 생긴 것입니다. 항암치료는 태아에 심각한 영향을 줄 수 있습니다. 그래 어머니는 수술을 거부했습니다. 뱃속에 있는 아기를 위해서 항암치료를 받지 않기로 한 것입니다. 그리고 예정일이 되어 아이를 낳았습니다. 하지만 이 어머니는 그 두 달 뒤에 세상을 떠났습니다. 그래서

이런 제목이 나온 것입니다. '남자는 암에 걸린 여자를 살렸고, 어머니는 아기를 살렸다.'

제가 목회하면서 환갑잔치를 비롯하여 참 많은 돌잔치 예배를 인도하러 갔습니다. 제 일생에 최고로 감격적인 백일잔치에 대한 기억이 있습니다. 어마어마하게 준비한 백일잔치였습니다. 그래서 제가 물어보았습니다. "백일잔치를 왜 이렇게 성대하게 합니까?" 그랬더니 그 아기 어머니가 이런 이야기를 해주었습니다. 이 여자 분은 예쁘기도 하지만, 집안이 부유해서 부모님 덕으로 잘 살았습니다. 형편이 넉넉한 덕에 여자는 처녀 시절 마음껏 놀며 자기 멋대로 살았습니다. 남자관계가 복잡했습니다. 피임이 잘 되지 않아서 중절수술도 여러 번 받았습니다. 그렇게 함부로 살았습니다. 그러다가 지금의 남편을 만난 것입니다. 처음에 여자는 남자의 청혼을 거절했습니다. 자신이 어떤 여자인 줄 아느냐며, 자기가 살아온 이야기를 해주면서 결혼할 수 없다고 말했습니다. 그런데도 이 남자는 괜찮다며 결혼을 원했습니다. 여자는 자신이 중절수술을 많이 받아서 아기를 갖지 못할 수도 있다고까지 말했습니다. 하지만 남자는 뜻을 굽히지 않았습니다. 마침내 둘은 결혼했습니다. 그리고 아이를 낳은 것입니다. 여자는 이 사실을 공개적으로 밝히며 이렇게 말했습니다. "이 아이는 하나님께서 저를 긍휼히 여기시고, 제 과거의 모든 어두운 그림자와 죄를 사하신 결과입니다. 이 아이는 저의 면죄부요, 사랑의 증거입니다." 이 얼마나 감격스러운 간증입니까.

오늘본문에서 야곱은 자기 형을 맞이하며 자녀들을 소개합니다. 처음으로 만난 큰아버지에게 조카들을 소개하는 것입니다. 그리고 "저 아이들이 누구냐?"는 에서의 질문에 야곱이 대답하는 말입니다. "하나님께서 제게 은혜로 주신 자녀들입니다." 엄청난 의미를 지닌 한마디입니다. 야곱은 아내가 합법적으로 둘입니다. 언니와 동생이 둘 다 야곱의 아내입니다. 하지만 야곱이 진짜 사랑한 여자는 동생 라헬이었습니다. 세상에 이런 사람이 또 있을까요? 야곱은 무려 14년 동안이나 라헬과 연애를 하였습니다. 얼마나 뜨겁고 질긴 사랑입니까. 성경은 이렇게 말씀합니다. "14년을 하루같이 지냈다." 야곱은 라헬과의 연애에 정신이 팔려 세월 가는 줄도 몰랐습니다. 그렇게 한 결혼입니다. 그런데 언니 레아는 그때 벌써 아이를 넷이나 낳았습니다. 문제는 정작 야곱이 사랑했던 여인 라헬은 아이를 못 낳는 불임이었다는 사실입니다. 바로 그런 관계로 라헬은 고민이 깊었습니다. 뿐만 아니라, 라헬은 질투가 심한 여자였습니다. 그래 참 못되게 굴었습니다. 야곱의 생애를 면밀히 연구해보면 그는 바로 이 라헬 때문에 많이 힘들었습니다. 라헬은 일마다 야곱을 몹시 곤란하고 힘겹게 만들었습니다. 심지어 라헬은 남편 야곱에게 이런 끔찍한 말까지 합니다. "나로 자식을 낳게 하라. 그렇지 않으면 내가 죽겠노라." 야곱은 이렇게 대답합니다. "그대로 성태치 못하게 하는 이는 하나님이시니 내가 하나님을 대신하겠느냐?"

그런데 이 불임의 여인 라헬에게 하나님께서 은혜를 베푸시어 그 유명한 요셉이라는 아이가 태어나게 됩니다. 이어 동생 베냐민도 태어납니다. 불임 여인 라헬이 아들을 둘이나 낳게 된 것입니다. 그리고 20년의 세월이 흘렀습니다. 그 야곱이 자기 모든 가족을 데리고 형님 에서를 만나러 갑니다. 에서는 4백 명의 장정들을 데리고 동생 야곱을 만나러 옵니다. 그야말로 야곱은 이제 완전히 독 안에 든 쥐 신세입니다. 형님이 살려주면 사는 것이고, 죽이면 죽는 것입니다. 20년 동안이나 서로 원수로 지낸 사이입니다. 형님은 지금껏 동생을 죽이겠다고 이를 갈고 있었습니다. 그런 가운데 야곱이 형님을 만납니다. 일곱 번 엎드려 절을 하고, 예물을 앞세우면서 정성을 다하여 형님을 만납니다. 에서도 그에 호응하여 동생 야곱을 아주 반갑게 대해줍니다. 서로 끌어안고 입을 맞춥니다. 유명한 고백이 나오지 않습니까. "제가 형님의 얼굴을 보니 하나님을 뵙는 것 같습니다." 얼마나 큰 감격입니까. 20년간 원수로 지내다가 이제 화합하는 시간입니다. 이 화목의 은혜가 얼마나 큰 것입니까. 이제 형님이 아우에게 묻습니다. "이 아이들이 다 누구냐?" 야곱이 대답합니다. "하나님께서 주의 종에게 은혜로 주신 자식들입니다." 하나님께서 주셨으니 사람의 일이 아니라는 뜻입니다. 하나님께서 주신 생명입니다. 이 사실을 잊어서는 안 됩니다. 은혜로 주신 것입니다. 야곱의 의로 받은 것이 아닙니다. 야곱의 행동, 야곱의 거룩함, 야곱의 선한 일에 대한 보상이 아닙니다. 오로지 은혜로 주신 것입니다. 야곱은 잘못한 일이 많습니다. 그러나 하나님께서 은혜로 주셨습니다. 우리는 하나님 앞에 몹시 부족하지만, 하나님께서는 은혜로 그 모든 허물을 다 덮어주시고 귀한 생명을 우리 가정에 주십니다. 은혜의 열매입니다. 기적입니다. 은혜와 기적의 역사입니다.

    여기서 잠시 의학적인 이야기를 하겠습니다. 저는 어렸을 때부터 사람이 어떻게 태어나는지 궁금했습니다. 그래 여러 가지 관련된 책을 많이 읽었습니다. 남자가 한 번 사정을 하면 정자의 수가 무려 5억이나 됩니다. 그 5억 마리 가운데 하나가 당선되어서 생명이 태어나는 것입니다. 5억 분의 1, 기적에 가까운 확률 아닙니까. 그러다가 시사주간지 「타임」지를 보았는데, 깜짝 놀랐습니다. 5억 분의 1

이라면 나머지는 다 필요 없고 딱 한 마리만 있으면 될 것 같지 않습니까. 아니랍니다. 5억 마리가 다 필요하다는 것입니다. 정자 5억 마리가 수정될 때까지 올라가는 동안 장애물이 참 많은데, 그것들을 피해서 가는 동안 대부분이 다 죽고 오직 60마리 정도만이 난자 앞에까지 간답니다. 거기서 또 대부분이 난자를 들이받다가 안으로 들어가지 못한 채 죽고 맨 마지막에 딱 한 마리만이 마침내 열린 문으로 들어가게 되는 것입니다. 그래서 한 생명이 태어나는 것입니다. 기적도 보통 기적이 아닙니다. 엄청난 기적입니다. 세상에 불임이 얼마나 많습니까. 여자만이 아니라 요새는 남자 때문에 불임되는 경우가 많아졌습니다. 운동을 안 하고 책상에만 붙어 앉아 있으니 정자가 비실비실하고 그 수도 많이 모자랍니다. 그래서 정자 수가 3억 이하로 떨어지면 자연임신이 안 되어 인공수정을 할 수밖에 없다고 합니다. 정말 요새 불임이 많기는 참 많은가 봅니다. 목사로 시무하면서 아기를 가질 수 있도록 기도해달라는 전화를 수없이 받습니다.

'은혜로 주신 자녀'입니다. 기적으로 주시고, 은혜로 주십니다. 이 감격이 있어야 됩니다. 하나님의 용서가 있고, 사랑이 있고, 은총이 있어야 합니다. 그런고로 자녀들이 자라는 모습을 볼 때 하나님께 감사할 수 있습니다. 신기하지 않습니까. 순간순간 은혜를 느끼고, 은혜를 고백할 수 있어야 합니다. 그 옛날 아브라함은 백세에 이삭이라는 아들을 얻었습니다. 그 이삭을 아브라함은 너무나 사랑했던 것 같습니다. 그 탓에 하나님을 사랑하는 마음까지도 얼마간 등한히 여기게 되지 않았나 싶습니다. 하나님께서 아브라함을 부르십니다. "네 아들 이삭을 모리아 산에 가서 내게 바쳐라." 이에 아브라함이 참 많은 고민을 합니다마는, 마지막에는 하나님께서 주신 자녀를 하나님께 바치기로 결단합니다. 그래 이삭을 데리고 모리아 산에 가서 하나님께 바칩니다. 그때 하나님께서 말씀하십니다. "이제야 네가 나를 사랑하는 줄 알았노라." 그리고 그 자손으로 메시아가 태어나실 것을 말씀하십니다. 이 얼마나 큰 복입니까. 은혜로 주신 자녀니 감사하고 사랑해야겠지마는, 바쳐야 될 때는 바쳐야 되지 않겠습니까. 하나님께서 주신 것이니 하나님께 바치는 것이 당연합니다. '은혜로 주신 자녀'입니다. 참으로 귀한 말씀입니다.

랍비의 교훈을 담은 「복된 사람이 누구냐」라는 책이 있습니다. 복된 사람의 유형 10가지를 말합니다. 첫째, 복된 사람은 죽을 때까지 건강한 사람이라는 것입니다. 얼마나 오래 사느냐는 중요하지 않습니다. 그저 죽을 때까지 건강하게 사는 사람이 최고로 복된 사람입니다. 마지막 열째가 중요합니다. 자녀들한테서 존경받는 사람입니다. 자녀들이 감사하는 사람이 정말 복된 사람입니다. 창세기 31장에 이런 말씀이 있습니다. "그 자식들은 일어나 사례하며……" 자식들이 일어나 부모님께 사례한다는 것은 곧 감사한다는 뜻입니다. 이래야 복된 사람입니다. 그런데 자식들한테서 원망을 듣고, 불평을 듣는 사람이 있습니다. 마지막에는 자식이 부모를 저주하기까지 합니다. 당신 같은 사람들한테서 태어난 것이 원망스럽다는 것이지요. 어떻게 하면 좋겠습니까?

어느 가정에서 아버지가 정치경제문제로 몇 달 동안 감옥에 갔다 왔습니다. 그래 목사님과 함께 가정예배를 드리고 싶다고 해서 제가 간 적이 있습니다. 그 자리에서 아들이 이렇게 말하는 것을 들었습니다. "아버지, 저는 아버지 때문에 장가도 못 갑니다. 부정한 사람의 아들이라고 해서 딸을 안 주겠답니다. 저는 아버지의 아들이 된 것을 저주합니다." 이 말을 듣고 아버지가 펄펄 뜁니다. "나는 자수성가한 사람이다. 그 과정에서 너무 심한 고생을 했다. 그래 너희들은 고생시키고 싶지 않아서 돈을 마련하느라고 조금 잘못을 저질렀다. 다 너희들을 위해서 한 일이다." 한데도 아들은 오히려 그런 아버지를 향해 이렇게 설교합니다. "아버지, 가난한 건 죄가 아닙니다. 가난한 건 부끄러움이 아닙니다. 아버지가 부정하게 사셨기 때문에 저희들은 이제 부끄러워서 살 수가 없습니다." 참 기가 막힌 장면 아닙니까.

여러분, 이제 이와 정반대의 상황을 상상해보십시오. 자식이 부모님께 감사의 마음을 표합니다. "아버지 어머니, 감사합니다. 저를 낳아주시고 키워주셔서 감사합니다. 아버지 어머니의 명예를 높이며 살게 해주셔서 감사합니다." 얼마나 귀한 모습입니까. 그런데 부모가 자식한테서 이런 사례를 받으려면 한 가지 전제가 필요합니다. 부모가 먼저 자식에게 감사해야 한다는 것입니다. "태어나주어서 고맙다. 잘 자라주어서 고맙다. 공부도 잘해주어서 고맙다. 이 어려운 세상 사느라고 어려울 텐데, 이렇게 잘 커줘서 감사하다." 이렇게 부모가 자식에게 감사해야 됩니다. 저는 종종 생각합니다. 옛날에야 조금만 공부하면 우등생이 될 수 있었지만, 요즘에는 얼마나 공부하는 것이 힘듭니까. 요새 아이들은 공부하느라 너무나 고생이 많습니다. 어쩌다 승강기에서 아이들을 만나면 그렇게 측은해보일 수가 없습니다. 여러분, 자식에게 고마워할 줄 알아야 합니다. 얼마나 나가 놀고 싶겠습니까. 그런데 놀지도 못하고 만날 공부하느라 하루 종일 책상머리에 붙어 앉아 있습니다. 그 좋은 나이에, 불쌍하지 않습니까. 고맙게 여겨야 됩니다. 사례해야 합니다.

감사는 감사를 낳고, 사례는 사례를 낳습니다. 내가 자식을 향해서 "고맙다" 해야 자식들도 부모를 향해서 "고맙습니다" 하는 것입니다. 나는 원망하는데, 저쪽에서 감사하겠습니까. 이 점을 잊지 말아야 합니다. 어떤 경우에든지 마찬가지입니다. 공부야 잘하건 못하건 상관없습니다. 우선 건강하니 고마운 것입니다. 볼 때마다 행복하게 여기고 감사해야 합니다. "너희들을 생각할 때마다 감사하고, 너희들을 위해서 하나님 앞에 기도할 때마다 나는 생애 최고의 영광과 긍지를 느낀다." 이렇게 되어야 아이들 역시 하나님 앞에 감사합니다. "이런 부모님을 주셔서 감사합니다." 감사는 감사로, 은혜는 은혜로 이어집니다.

미국의 제16대 대통령인 아브라함 링컨은 이런 말을 남겼습니다. '내 현재의 생활 전부와 내가 바라는 생활 전부는 천사 같은 내 어머니께 배운 것이다.' 그의 어머니는 계모였습니다. 아주 중요한 이야기입니다. 자신의 기도생활과 생활철학과 가치, 이 모두를 링컨은 그 어머니께 배웠노라고 고백합니다. 링컨 대통령은 그런 천사 같은 어머니를 주신 하나님께 감사한다고 했습니다. 가장 귀중한 교육은 은혜를 아는 것입니다. 하나님의 은혜를 알고, 감사하고, 하나님의 은혜 안에 자녀에게 감사하고, 자녀는 부모님께 감사하고⋯⋯ 이것이 바로 하나님께 영광 돌리는 길이요, 주의 은총입니다. △

네 부모를 기쁘게 하라

너를 낳은 아비에게 청종하고 네 늙은 어미를 경히 여기지 말지니라 진리를 사되 팔지는 말며 지혜와 훈계와 명철도 그리할지니라 의인의 아비는 크게 즐거울 것이요 지혜로운 자식을 낳은 자는 그로 말미암아 즐거울 것이니라 네 부모를 즐겁게 하며 너를 낳은 어미를 기쁘게 하라 내 아들아 네 마음을 내게 주며 네 눈으로 내 길을 즐거워할지어다

(잠언 23 : 22 - 26)

네 부모를 기쁘게 하라

　최근에 아주 재미있는 책 한 권을 읽었습니다. 「잡담의 위력」이라는 제목인데, 그리 심각한 내용은 아닙니다마는, 근자에 읽었던 책들 가운데 제일 재미있는 책이었습니다. 조용하게 출간되었는데, 지금은 베스트셀러에 올랐습니다. 이 잡담이라는 것은 알맹이도 없고, 시작도 없고, 끝도 없고, 생각할 것도 없고, 기억할 만한 내용도 없는 것입니다. 그러나 인생의 운명은 잡담에서 좌우됩니다. 인격도 잡담으로 평가됩니다. 성공과 실패가 잡담에 있다는 사실을 잊지 말아야 합니다. 대단히 중요합니다. 영어로는 Small Talk입니다. 특별한 내용이 있는 것은 아니지만, 이 잡담을 잘 들어주면 상대방의 마음을 얻을 수 있습니다. 소중한 마음을 얻을 수 있습니다. 뭔가 기여할 만한 내용은 아무것도 없지마는, 상대방의 마음을 얻고 내 마음을 주는 것입니다. 이보다 더 큰일이 어디에 있겠습니까. 머릿속에 무엇이 꼭 기억되어야 하는 것은 아닙니다. 가슴과 가슴의 문제입니다. 이 가슴이 열리려면 잡담이 중요합니다. 그리고 잡담에 대한 자세가 중요합니다. 그래 제가 이 책을 읽고 아주 큰 감동을 얻었습니다.
　어떤 비행기의 여승무원이 승객들을 살펴보다가 혼자 신문을 읽고 있는 한 할아버지를 발견하고 다가가서 "원하시는 음료가 있으시면 갖다드리겠습니다" 하고 공손히 여쭈었습니다. 그랬더니 이 할아버지가 "예, 아가씨. 그러면 보드카를 한 잔 갖다 주세요" 하고 부탁했습니다. 보드카는 50도가 넘는 아주 독한 술입니다. 그래 이 여승무원이 보드카 한 잔을 갖다드렸습니다. 할아버지가 그 보드카를 한 모금 마셨습니다. 그걸 보면서 이 여승무원이 한마디 덧붙였습니다. "선생님, 저도 보드카를 좋아합니다." 그러자 이 할아버지가 기분이 좋아져서 "한 잔 더요!" 하고 말했습니다. 두 사람이 서로 마음이 열려서 대화를 나누었다는 것입니다. 이 이야기가 평범한 것 같지만, 아닙니다. 반대로 생각해보십시오. 보드카를 마시는 순간 "할아버지, 그 독한 것을 어떻게 드세요? 예전에 한번 먹어봤는데, 저는 목구멍이 타는 줄 알았어요" 하고 말했다면 어떻게 되었겠습니까? "저도 그것을 좋아합니다." 이 얼마나 값비싼 이야기입니까. 음식을 대접하고 남이 음식을 먹을 때 "저도 그것을 좋아합니다!" 하면 이 대답, 참으로 귀한 대답 아니겠습니까.

　오늘본문에 이런 말씀이 있습니다. "네 부모를 즐겁게 하며 너 낳은 어미를 기쁘게 하라. 내 아들아 네 마음을 내게 주며 네 눈으로 내 길을 즐거워할지니라." 무엇입니까? 이는 '나도'라는 말과 같습니다. 부모님의 선택, 부모님의 직업, 부모님께서 살아오신 생을 다 통괄하여 '나도'라는 말입니다. 한마디로 말하면 이것입니다. "부모님, 잘 사셨습니다. 훌륭하셨습니다. 돈은 못 버셔도 정직하셨습니다. 또한 큰 성공은 못하셨다 하더라도 저는 부모님을 자랑스럽게 생각합니다. 잘 하셨습니다." 그리고 한마디 더하는 것입니다. "저도 부모님처럼 살고 싶습니다." 이보다 더 큰 효도는 없습니다. 효도가 여행 보내드린다고 되는 것이 아닙니다. 요새는 효도 가운데 하나가 성형수술 해드리는 것이라고도 합니다. 이제 와서 얼굴 뜯어고쳐봐야 별것 없습니다. 안 그렇습니까. "부모님, 잘하셨습니다. 저를 낳아주신 것도 잘 하셨고, 고생스럽게 사신 것 같으나, 그 삶 때문에 오늘 제가 있습니다." '네 마음을 내게 주라'라는 성경말씀이 바로 이것입니다. 이것이 효도입니다. 우리는 효도의 개념에 대해서 잘못 생각하고 있습니다. 세상에 효도의 보답이 어디 있습니까. 어떻게 부모님께 받은 은혜를 보답할 수 있다는 말입니까. 돈으로 할 수 있습니까? 아닙니다. "잘 하셨습니다. 그래서 오늘 제가 있는 것 아닙니까. 그리고 저도 어머니처럼, 아버지처럼 살고 싶습니다." 마음 깊은 곳에서 우러나오는 이 한마디가 얼마나 값진 것인지 모릅니다. 그럴 때 오늘까지의 수고가 모두 눈 녹듯 사라집니다. 신학적으로 '의롭게(Justification)' 되는 것입니다. 부모님의 살아온 생애가 전부 정당화되고 의로 바뀌는 것입니다. 이것이 바로 신학적으로 중요한 효도의 문제입니다.

어느 학자가 현대의 자녀들 마음속에 있는 아버지의 이미지, 곧 '도대체 아버지를 어떻게 생각하는가?' 하는 문제를 심리학적으로 연구하였습니다. 재미있는 표현을 합니다. 아이들이 네 살 때에는 '아버지는 전능하시다' 하고 생각한다고 합니다. 아버지는 못하는 일이 없다고 생각하는 것입니다. 다섯 살 때는 '아버지는 전지하시다' 하고 생각합니다. 아버지는 모르는 것이 없다고 생각하는 것입니다. 여섯 살 때는 '아버지는 똑똑하시다' 하고 생각합니다. 여덟 살 때는 '아버지가 다 아시는 것은 아니다' 하고 생각하고, 열두 살이 되면 '아버지는 아무것도 모르신다', 열네 살이 되면 '아버지에게는 신경 쓸 필요가 없다. 아주 구닥다리니까' 하고 생각합니다. 그러다 스무 살이 되면 이제 '아버지는 구제불능이다' 하고 생각하고, 서른 살이 되면 '아버지의 의견을 듣는 것이 좋다. 왜냐하면 그는 많은 경험을 하셨고, 그 속에서 많은 지혜를 얻으셨기 때문이다' 하고 생각하게 됩니다. 그리고 서른다섯 살이 되면 '아버지께 여쭈어보지 않고는 내가 아무것도 할 수 없다' 하고 생각한답니다. 사십 세가 되면 '아버지라면 어떻게 생각하셨을까?' 하고 한번 마음을 돌려봅니다. 오십 세가 넘으면 '아버지께서는 훌륭한 분이셨다. 나는 아버지만큼 살 수 없다' 하고 생각한답니다. 그러니까 나이 오십이 되어서야 비로소 효자가 된다는 것입니다. 부모님을 존경하게 됩니다.

내가 지금 무엇을 생각하고 있습니까? 오늘 본문은 말씀합니다. "네 마음을 내게 주라." 마음에서부터 순종하고, 마음에서부터 부모를 즐거워하고 기뻐하고 고맙게 여기는 것입니다. 그래서 성경은 말씀합니다. "진심에서 그 길을 즐거워할지니라." 그 길, 곧 살아온 생애를 즐거워하라, 이것입니다. 내가 그의 길을 즐거워할 때 비로소 부모님의 마음에는 살아온 생애의 모든 서러움이 다 씻깁니다. 부모님도 살아오시면서 잘못하신 일이 많습니다. 좀 더 잘하고 싶으셨는데, 좀 더 정직하게 살고 싶으셨는데, 좀 더 바르고 훌륭하게 하고 싶으셨는데 결국 할 수 없는 것들이 있었습니다. 마음에 아쉬움이 많으십니다. 그렇듯 부족함과 아쉬움이 많으신데, 누가 위로해드릴 수 있겠습니까. 후회되시는 것도, 뉘우치시는 것도 많습니다. 아니, 잘못 살았다 싶으신 것도 많습니다. 누가 위로해드릴 수 있겠습니까. "부모님, 잘 사셨습니다." "혼자 사시며 우리들을 키우시느라 고생 많이 하셨습니다." "그 수고가 있어서 오늘 제가 있는 것입니다. 잘 하셨습니다. 훌륭하셨습니다. 놀라운 일이었습니다." 자녀가 부모님께 이렇게 말씀해드릴 때 비로소 지난날 부모님의 모든 생애가 정당화되는 것입니다. 그래야 부모님이 "그래, 나는 생을 헛살지 않았다"라고 말씀하실 수 있게 되는 것입니다.

맥아더 장군의 유명한 '아들을 위한 기도'가 있습니다. 그 기도문 맨 끝부분을 저는 참 중요하게 여깁니다. '그리하여 나로 생을 헛되이 살지 아니하였다고 말하게 하옵소서.' 내가 잘못 산 게 아니었다는 그 한마디가 얼마나 중요한 효도입니까. 금으로 비교할 수 있겠습니까? '네 마음을 내게 주라. 내 길을 기뻐하라.' 얼마나 귀중한 말씀인지 모릅니다. 참된 효도는 진리에 있습니다. 오늘본문은 말씀합니다. "진리와 의와 지혜……" 부모님의 마음속 깊은 곳에 진리가 있습니다. 의가 있습니다. 부모님은 늘 말씀하십니다. "나는 바르게 살지 못했지만, 너만은 바르게 살아라." "나는 거짓말을 많이 했지만, 너만은 거짓말하지 말고 살아라." "나는 어리석게 살았지만, 너만은 지혜롭게 살아라." 이것이 부모님의 마음입니다. 부모님의 깊은 곳에는 의와 진리와 지혜가 있습니다. 그런고로 그 의와 깊은 뜻을 자녀가 이해하고, 오늘 그에 응답할 때 이것이 진정한 효도입니다. 부모님의 소원, 그 깊은 곳에는 언제나 진리와 의와 지혜가 있습니다. 부모님은 본의 아니게 더러 거짓말을 하면서 살았지만, 자식만은 거짓말하지 않고 살아가기를 바라십니다. 자신은 여러 가지로 잘못한 일이 많지만, 자녀만은 잘해주기를 바라십니다. 이것이 잘못되어서 공부를 잘 하지 못한 부모가 아이들한테는 공부 잘하라고 다그칩니다. "내가 못했으니 너는 잘해라." 잘못된 일입니다. "나는 게을렀지만, 너는 부지런해라. 나는 공부에 소홀했지만, 너는 공부 열심히 해라." 이것 아닙니까. 그렇다면 우리는 부모님의 그 속 깊은 마음, 그 뜻을 이해해야 합니다.

그래서 유명한 종교개혁가 마르틴 루터는 그의 「대요리문답」에서 이렇게 말합니다. '세상에서 부모는 하나님의 대변자다.' 그 속에

의가 있고, 진리가 있고, 거룩함이 있기 때문입니다. 그래서 부모님의 마음과 말씀 속에서 하나님의 음성을 들으며 살아가야 하는 것입니다. 성경은 말씀합니다. "부모님의 마음을 즐거워하라." 구약성경에 이런 이야기가 있습니다. 요셉이 형들의 손으로 애굽에 팔려가서 13년 동안 억울하게 죽을 고생을 한 끝에 마침내 총리대신이 됩니다. 그러다 어느 해 흉년이 들어서 식량을 구하러 형들이 애굽에 갔다가 뜻하지 않게 그 동생을 만나게 됩니다. 기가 막힌 이야기입니다. 자기들이 팔아먹은 동생이 지금 저기 권좌에 앉아 있는 것입니다. 그래 그 동생이 형들한테 호령합니다. 이제 형들은 죽은 목숨입니다. 동생이 그 옛날의 복수를 할까봐 형들은 벌벌 떱니다. 그때 이 형들을 누가 위로할 수 있겠습니까. "걱정하지 마세요." "용서합니다." "과거의 얘기, 지난 얘기는 하지 맙시다." "제가 형들을 잘 모시겠습니다." 다 소용없습니다. 오직 "형님들, 저를 팔아먹었다고 해서 걱정하지 마세요. 당신들이 팔아서 팔려온 것이 아니고, 하나님께서 저를 여기로 보내신 것입니다" 하는 한마디만이 형들의 마음을 편하게 해줄 수 있었습니다.

　오늘 우리 부모님들에 대해서도 마찬가지입니다. 이런 일 저런 일, 좋은 일 나쁜 일이 다 있었습니다. 그러나 그날 그 모든 사건 속에 하나님의 뜻이 있었습니다. 하나님의 은총이 있었습니다. 부모님들의 그 많은 수고의 결과로 오늘 내가 여기 있는 것입니다. 부모님의 그 깊은 마음을 이해하고, 그 마음을 기뻐하는 것입니다. "내 길을 기뻐하라." 곧 부모님의 길을 내가 기뻐하는 것입니다. 얼마나 소중합니까. 이것만이 부모님의 마음속에 큰 위로와 기쁨을 드릴 수 있습니다. 우리가 다 같이 자녀 된 도리에서 부모님께 무슨 말씀을 드리겠습니까. 가장 중요한 것은 아버지와 어머니의 자녀가 된 일을 자랑스럽게 생각하는 것입니다. 이보다 더 큰 효도가 없습니다. 가장 중요합니다. 천하의 불효자는 누구겠습니까? 만약 "저는 제가 이 집안에 태어난 것을 저주스럽게 생각합니다" 한다면 어떻게 되겠습니까. 부유하고 가난하고의 문제가 아닙니다.

제가 오래 전 소망교회에서 목회할 때 있었던 일입니다. 정치적인 변동이 있었던 시기입니다. 그 일로 감옥에 가서 몇 달 동안 고생하다 돌아온 아버지가 있었습니다. 그 아버지가 집에 도착한 다음 가정예배를 드리게 되어 제가 가서 환영예배를 드렸습니다. 제가 그때 큰 충격을 받았습니다. 그 아들이 뭐라고 했는지 아십니까? "아버지, 저는 아버지 때문에 장가도 못 가게 되었습니다. 저렇게 부정한 아버지의 아들한테는 딸을 줄 수 없다고 합니다. 저는 제가 아버지의 아들 된 것을 일생 부끄럽게 생각합니다." 아버지가 이 말을 듣고 통곡하며 말합니다. "내가 자수성가 했는데, 너희들 잘 되라고 내가 조금 부정을 저질렀다마는, 너희들 고생 시키지 않으려다가 그만 이렇게 되었다." 그런데 아들이 설교를 합니다. "가난은 부끄러운 일이 아닙니다. 차라리 아버지가 가난하게 사셨더라면 저는 그런 아버지가 자랑스러웠겠습니다." 부모님들이 참 고생을 많이 합니다. 그 인생, 아쉬움도 많고, 후회되는 것도 많습니다. 그러나 오늘 자녀가 하는 딱 한마디가 효도입니다. "아버지 어머니, 잘 사셨습니다. 의롭게 사셨습니다. 바르게 사시기 위해서 가난하셨습니다. 정직하게 사시기 위해서 고생하셨습니다. 저는 그것을 자랑스럽게 생각합니다." 이 말을 들을 때 부모는 일생을 사는 동안 쌓인 모든 피로가 한순간에 다 사라질 것입니다.

여러분이 잘 아는 음악가 베토벤은 17세에 어머니를 잃었습니다. 그리고 그 11년 뒤에 청각장애인이 되었습니다. 음악가의 귀가 어두워지면 어떻게 되겠습니까? 소리를 못 듣는 것입니다. 그야말로 절망 아니겠습니까. 마지막에 그는 자살을 하려고 했습니다. 작곡가로 자기가 작곡한 음악의 소리를 못 들으니 얼마나 괴로웠겠습니까. 그래 유서를 작성합니다. 그때 그의 눈앞에 인자한 어머니의 얼굴이 떠오릅니다. 그는 통곡합니다. "어머니, 감사합니다. 저 안 죽겠습니다." 그리고 다시 일어나서 청각장애인으로 역사에 길이 남을 명곡들을 작곡합니다. 그가 베토벤입니다. 그의 마음속에는 항상 어머니에 대한 고마움과 사랑이 깃들어 있었습니다.

에베소서 6장에 우리가 너무 잘 아는 말씀이 있습니다. "자녀들아 네 부모를 주 안에서 순종하라 이것이 옳으니라 네 아버지와 어머니를 공경하라 이것이 약속 있는 첫 계명이니 이는 네가 잘 되고 땅에서 장수하리라." 얼마나 확실한 말씀입니까. 마르틴 루터는 말합니다. '공경은 존경을 겸한 말이다.' 부모님을 높이는 것입니다. Honor! 부모님을 높이고 존경하는 일입니다. "잘 하셨습니다. 훌륭하셨습니다. 놀라웠습니다." 부모님을 진정으로 존경하고 칭찬하는 마음, 그리고 그 부모님의 자녀 된 바를 자랑스럽게 여기는 마음, 바로 거기에 진정한 효도가 있습니다. 이렇게 살 때 성경은 약속합니다. "범사에 형통하고 장수하리라." △

곽선희목사 설교집·강해집·기타

⟨설교집⟩

08권 물가에 심기운 나무
09권 최종승리의 비결
10권 종말론적 윤리
11권 참회의 은총
12권 궁극적 관심
13권 한 나그네의 윤리
14권 모세의 고민
15권 두 예배자의 관심
16권 이 산지를 내게
17권 자유의 종
18권 하나님의 얼굴
19권 환상에 끌려간 사람
20권 복받은 사람의 여정
21권 좁은문의 신비
22권 내게 말씀을 주소서
23권 약속의 땅을 바라보며
24권 결단이 있는 자의 행로
25권 이 세대에 부한 자
26권 행복한 사람의 정체의식
27권 미련한 자의 지혜
28권 홀로 남은 자의 고민
29권 자기결단의 허실
30권 자기십자가의 의미
31권 자기승리의 비결
32권 자유인의 행로
33권 너는 저를 사랑하라
34권 주도적 신앙의 본질
35권 행복을 잃어버린 부자
36권 지식을 버린 자의 미로
37권 신앙인의 신앙
38권 예수께 잡힌바된 사람
39권 군중 속에 버려진 자
40권 한 수난자가 부르는 찬송
41권 복낙원 인간상
42권 내가 아는 이 사람
43권 한 수난자의 기쁨
44권 스스로 종이 된 자유인
45권 내게 주신 경륜

46권 자유인의 간증
47권 한 신앙인의 신앙간증
48권 그리스도의 침묵
49권 한 알의 밀의 신비
50권 자기 승리의 비결
51권 선으로 악을 이기라
52권 한 아버지의 눈물
53권 진리를 구하는 한 사람
54권 한 고독한 선지자의 기도
55권 자유함의 은총
56권 한 지성인의 고민

〈강해집〉
(빌립보서 강해) 희락의 복음
(갈라디아서 강해) 은혜의 복음
(고린도전서 사랑장 강해) 진정한 사랑의 의미
(예수님의 이적 강해) 이적으로 계시된 말씀
(사도신경 강해) 사도들의 신앙고백
(야고보서 강해) 참믿음 참경건
(예수님의 잠언 강해) 예수의 잠언
(사도행전 강해)(상) 교회의 권세
(사도행전 강해)(하) 교회의 권세
(로마서 강해) 믿음에서 믿음으로
(고린도전서 강해) 복음의 능력
(고린도후서 강해) 생명에로의 길
(예수님의 비유강해)(상) 하나님의 나라/(중) 이 세대를 보라/(하) 생명에로의 초대
(에베소서 강해) 내게 주신 은혜의 선물
(골로새서 강해) 위엣것을 찾으라
(데살로니가서 강해) 사도의 정체의식
(디모데서 강해) 네 직무를 다하라

〈기타〉
행복한 가정/참회의 기도/영성신학/종말론의 신학적 이해/생명의 길